고전으로
미래를
읽는다
024

철학이란 무엇인가

B.A.W. 러셀 지음 권오석 옮김

The problems of philosophy

홍신문화사

저자의 서문

나는 이 책에서 긍정적이고 건설적으로 설명할 수 있으리라 생각되는 철학 문제만을 취급하고자 한다. 왜냐하면 부정하는 것으로 일관된 비판은 적합하지 않다고 생각하기 때문이다. 따라서 이 책에서는 형이상학보다는 인식론이 훨씬 큰 비중을 차지하고 있다. 또한 철학자들에 의해 논의되어 온 문제들을 다룸에 있어 가능한 한 간략하게 하고자 애썼다.

나는 G. E. 무어와 J. M. 케인스의 발간되지 않은 저술에서 매우 유익한 도움을 받았다. 즉 무어의 물질적 대상과 감각소여의 관계, 그리고 케인스의 개연성과 귀납법에서 큰 도움을 받았다. 또한 길버트 머레이 교수의 비평과 제의도 도움이 되었다.

1912년 버트런드 러셀

— 제17판 발행에 부치는 글 —

  50, 83, 145페이지의 논술과 관련하여, 이 책은 중국이 아직 제국(帝國)으로 남아 있던 1912년 초에 저술되었으며, 그 당시 작고한 수상의 이름이 B로 시작되었음을 말해 둔다.

철학이란 무엇인가

contents

저자의 서문 _ 2

제1장 현상과 실재 _ 7

제2장 물질의 존재 _ 19

제3장 물질의 본성 _ 30

제4장 관념론 _ 41

제5장 직접지에 의한 지식과 기술에 의한 지식 _ 52

제6장 귀납(歸納) _ 67

제7장 일반 원리에 대한 지식 _ 78

제8장 어떻게 선천적 지식이 가능한가 _ 91

제9장 보편의 세계 _ 101

제10장 보편에 대한 지식 _ 113

제11장 직관적 지식 _ 124

제12장 진리와 오류 _ 132

제13장 지식, 오류 및 개연적 의견 _ 145

제14장 철학적 지식의 한계 _ 156

제15장 철학의 가치 _ 168

문헌노트 _ 178

■ 부록

동서양 철학 비교 _ 179

1. 철학에의 길 _ 181

2. 인식에 대하여 _ 191

3. 상상력과 기억 _ 205

4. 사고에 대하여 _ 224

5. 형이상학과 신앙 _ 247

6. 생존했던 세계 _ 267

철학 연표 _ 282

옮긴이의 말 _ 288

현상과 실재 제1장

합리적인 사람이면 누구나 의심할 수 없을 만큼 확실한 지식이 과연 이 세상에 있는가? 이 질문은 언뜻 생각하기에는 그다지 어려운 것 같지 않지만, 실은 가장 어려운 질문들 중의 하나이다. 이와 같은 질문을 받고, 정당하고 확신에 찬 대답을 찾는 과정에서 부딪치게 되는 여러 가지 장애를 깨달을 때, 우리는 벌써 철학을 올바르게 연구하기 시작하는 셈이 된다. 왜냐하면 철학이란 이와 같은 궁극적인 질문에 대답하려는 시도에 불과하기 때문이다. 그러나 그것은 우리가 일상생활에서, 아니 과학에서조차 볼 수 있듯이 부주의하고 독단적인 방법으로 대답하는 것이 아니라, 이러한 질문을 난해하게 만드는 모든 문제점을 인식한 연후에 비판적으로 대답하고자 하는 시도를 말한다.

우리는 일상생활에서 수많은 것들을 확실하다고 생각하지만, 잘 검토해 보면 그것들이 명백한 모순으로 가득 차 있음을 알 수 있다. 따라서 무엇을 진실로 믿어도 되는지는 생각에 생각을 거듭한 연후에야 비로소 알 수 있는 것이다. 확실한 것을 탐구할 때 우리가 현재의 경험에서부터 출발하는 것은 지극히 자연스러운 일이며, 어떤 의미로는 명백한 지식이란 현재의 경험으로부터 유추되는 것이라고 할 수 있다.

그러나 직접적인 경험에 의해 알게 되는 것이 무엇이냐 하는 데 대한 진술은 대부분 잘못되어 있다. 지금 나는 글씨가 쓰여 있거나 인쇄된 몇 장의 종이가 놓인, 어떤 형태를 지닌 책상을 마주하고 의자에 앉아 있다. 고개를 돌리면 창문을 통해 건물과 구름과 태양이 보인다. 나는 태양이 지구로부터 9,300만 마일 가량 떨어진 거리에 있고, 지구보다 훨씬 큰 열구(熱球)이며, 지구의 자전에 의해 매일 아침 떠오르고, 이 운동은 앞으로도 영원히 계속될 것이라 믿고 있다. 또한 누구든지 정상적인 사람이 내 방에 들어온다면, 그도 내가 보고 있는 것과 같은 의자, 책상, 책, 종이 등을 볼 수 있을 것이다. 그리고 내가 바라보는 책상이 내 팔로 누르고 있는 책상과 같은 것임을 알게 될 것이다. 이러한 모든 일은 지극히 분명한 사실이기 때문에, 만약 나의 지력(知力)을 의심하는 사람에게 대답하는 경우만 아니라면 거의 논의할 필요조차 없는 듯싶다. 그러나 이런 모든 일에 의심을 갖는 데는 정당한 이유가 있으며, 또한 이 모든 일을 완전히 옳은 형식으로 말했다고 확신하기 전에 상당히 신중한 논의를 필요로 한다.

우리의 어려운 문제가 무엇인지 분명히 하기 위해 책상에만 주의를 집중시켜 보자. 이 책상은 육안으로는 장방형이고 갈색이며 윤이 나고, 손으로 밀어 보면 평평하고 차가우며 단단하다. 두드려보면 나무 소리가 난다. 이 책상을 보고, 만지고, 두드려본 사람이라면 누구나 나의 이 묘사에 동의할 것이다. 그러므로 이것만으로는 아무런 문제점도 없는 듯싶다. 그러나 우리가 좀 더 깊이 들어가 검토해 보면 곧 골치 아픈 문제가 생긴다. 나는 이 책상이 '실제로' 어느 부분이나 같은 색깔을 하고 있다고 믿는다. 그런데 실은 빛을 반사하는 부분은 다른 부분보다 더 밝게 보이고, 또 어떤 부분은 반사되는 빛 때문에 하얗게 보이기까지 한다. 만약 내가 움직인다면 빛을 반사하는 부분은 달라질 것이다. 그리하여 시각적으로 나타난 책상 위 색채들의 분포도 달라질 것이다. 따라서 몇 사람이 동시에 이 책상을 보더라도 그들 가운데 두 사람도 정확하게 같은 색깔의 분포를 볼 수 없다는 말이 된다. 왜냐하면 어떤 두 사람도 정확히 같은 시점에서 책상을 보는 것은 불가능하며, 시점이 조금이라도 다르면 빛이 반사되는 방법도 다소 달라지기 때문이다.

이와 같은 차이는 실용적인 목적을 위해서는 별로 중요하지 않지만, 화가에게는 상당히 중요하다. 화가는 어떤 사물이 상식적으로 '실제' 갖고 있다고 생각되는 색깔을 하고 있다는 관습적인 태도를 버리고, 사물을 눈에 보이는 대로 관찰하는 습관을 익혀야 한다. 여기서 우리는 철학에서 가장 성가신 문제가 되는 구분에 접하게 된다. 즉 '현상(現象, appearance)'과 '실재(實在, reality)', 요컨대 사물이 어떻게 보이는가 하는 것과, 사물의 실재는 무엇인가 하는 구분이다. 화가는 사물이 어떻게 보이는지에 대해 알고 싶어하고, 실제적인 사람이나 철학자는 사물의 실재가 무엇인지에 대해 알고자 한다. 그런데 이런 것을 알고자 하는 욕구는 실제적인 사람보다 철학자 쪽이 훨씬 강렬할뿐더러, 이런 문제에 대한 대답이 쉽지 않기 때문에 철학자들은 훨씬 많은 곤란을 겪게 되는 것이다.

다시 책상의 예로 되돌아가자. 우리가 지금까지 고찰한 점으로 미루어 명백한 사실이지만, 특별히 어느 것이 책상의 진짜 색깔이라고 할 수 있는 색깔은 없다. 시점에 따라 색깔이 변화하기 때문에, 그 많은 색깔 가운데 어느 것이 다른 것보다 더 책상의 진짜 색깔에 가깝다고 믿어야 할 이유는 없는 것이다. 또 어떤 일정한 시점에서 본다고 해도 색맹이거나 청색 안경을 쓴 사람에게는 색깔이 다르게 보일 것이다. 그리고 주위가 캄캄할 때에는, 만지거나 두드리는 데는 변함이 없지만, 책상의 색깔은 전혀 없게 된다. 그렇다면 색깔은 책상 고유의 것이 아니라, 책상과 보는 사람과 책상에 비치는 광선의 상태에 의존하는 그 무엇인 것이다.

우리가 일상생활에서 그 책상의 색깔이라고 말하는 것은 정상적인 사람이 보통의 광선 아래서 보통의 시점으로 관찰한 색깔을 의미하는 것일 뿐이다. 그러나 다른 조건하에서 나타나는 다른 색깔도 진짜 색깔로 간주될 동등한 권리가 있다. 따라서 공정을 기하기 위해서 우리는 이 책상이 어떤 특정한 색깔을 가지고 있다는 생각을 완강히 떨쳐버려야만 하는 것이다. 책상의 나뭇결에 대해서도 같은 말을 할 수 있다. 주의 깊게 관찰하면 나뭇결을 볼 수 있지만, 예사로 보면 그저 매끄럽고 평평하게만 보인다. 그러나 만약 현미경으로 본다면 우리는 울퉁불퉁한 언덕과 골짜기, 그리고 육안으로는 감지할 수 없는 여러 가지 차이를 알게 될 것이다. 그러면 그 어느 쪽이 '진짜' 책상인가? 대개의 경우 우리는 현미경으로 본 책상 쪽이 보다 진짜에 가깝다고 말하게 된다. 그러나 그것도 더욱 정밀한 현미경으로 본다면 달라질 것이다. 그런데 우리가 육안으로 보는 것을 믿을 수 없다고 하면, 어째서 현미경으로 보는 것은 믿어야 하는가? 이리하여 우리가 처음에 감관(感官)에 대해서 가졌던 신뢰는 다시금 허물어지고 만다.

책상의 모양이라는 것도 사정은 이와 다르지 않다. 우리에게는 모두 사물의 '진짜' 모양에 대해 판단하는 습관이 있으며, 그것도 아무런 반성 없이 판단하기 때문에 참다운 실재의 모양을 보고 있는 것으로 믿어버리게 된다. 그러나 실제로는 우리가 그림을 그리려고 할 때 알 수 있듯이, 같은 사물도 보는 각도에 따라 여러 가지 모양으로 보이게 마련이다. 이 책상이 '실제로'는 장방형이라 하더라도, 거의 모든 시점에서 두 개의 예각(銳角)과 두 개의 둔각(鈍角)을 갖고 있는 것처럼 보인다. 대변(對邊)은 평행인데도 관찰하는 사람에게는 그것들이 멀리 떨어진 한 점에서 교차되는 것처럼 보일 것이다. 또한 대변의 길이가 같다 하더라도 가까운 쪽이 더 길게 보인다.

대체로 사람들은 책상을 보면서 이런 사실을 깨닫지 못한다. 왜냐하면 경험은 우리에게 외견상의 모양으로부터 '진짜' 모양이 구축된다고 가르쳐 왔고, 또한 실제적인 사람으로서의 우리가 관심을 갖는 것은 이런 '진짜' 모양 뿐이기 때문이다. 그러나 이 '진짜' 모양은 현재 우리가 보는 것이 아니라 우리가 보고 있는 것으로부터 추론된 것이다. 그리고 우리가 현재 보고 있는 것은 방안을 왔다갔다하는 데 따라 그 모양이 끊임없이 변화한다. 따라서 이 경우에도 감각은 우리에게 책상 그 자체에 대한 진리를 제시하지 않고, 단지 책상의 현상에 대한 진리만을 제시하는 듯싶다.

촉각에 대해 생각할 때도 똑같은 어려움이 발생한다. 책상은 항상 우리에게 막막한 느낌을 주고, 또한 우리는 책상이 압력에 저항한다고 느끼게 된다. 그러나 이런 느낌은 우리가 얼마나 세게 책상을 누르느냐, 그리고 몸의 어느 부분으로 누르느냐에 따라 달라진다. 그러므로 누르는 힘이나 신체의 부분이 달라짐에 따라 변화하는 모든 감각이 그대로 직접 책상의 어떤 일정한 성질을 나타낸다고 할 수는 없다. 그 성질에 의해 모든 감각이 야기되기는 하지만, 그 어느 것들에도 실제로 명백히 나타나지 않는 어떤 성질의 기호일 따름이다. 그리고 이 말은 책상을 두드릴 때 나는 소리의 경우에는 더욱 명확하게 적용될 수 있다.

이와 같은 사실로 미루어 실재하는 책상은 — 만약 그런 것이 정말로 있다면 — 우리가 보거나 만지거나 듣거나 해서 직접 경험하는 것과는 다르다는 것이 명백해진다. 만일 책상이 실재한다면, 그것은 우리에게 직접 인식되는 것이 아니라 직접 인식되는 것으로부터 추론되는 것이다. 여기서 다음과 같은 매우 곤란한 두 가지 문제가 제기된다.

즉, 첫째 과연 책상이 실재하는가? 둘째 만약 있다고 하면 그것은 어떤 종류의 대상일 수 있는가?

이런 문제를 생각하기 위해서는 그 의미가 명백하게 확립되어 있는 몇 가지 단순한 용어들을 알아두는 편이 도움이 될 것이다.

감관에 있어 직접 인식되는 것들, 즉 색깔이라든가 소리, 냄새, 강도(强度), 그리고 굴곡 정도 등은 '감각소여(感覺所與, sense datum)', 이런 것들을 직접 감지하는 경험을 '감각(感覺, sensation)'이라고 하자. 이렇게 되면 우리가 어떤 색깔을 볼 때 언제나 그 색깔에 대한 감각을 지니게 되지만, 색깔 그 자체는 감각소여일 뿐 감각은 아니라는 말이 된다. 색깔은 우리가 직접 지각하는 것이고, 이 지각 자체는 감각이다.

우리가 책상에 대해 어떤 것을 안다고 하면, 그것은 책상과 결부되는 감각소여, 즉 갈색·장방형·매끄러움 등과 같은 것에 의존해야 한다는 것은 명백하다. 그러나 지금까지 말한 이유로 해서 책상이 감각소여라고 하거나 또 감각소여가 직접적으로 책상의 성질이라고 말할 수는 없는 것이다. 그러므로 책상이 실재한다는 전제하에, 이 실재하는 책상과 감각소여와의 관계는 무엇인가 하는 문제가 제기된다.

만약 그것이 존재한다면, 그 실재하는 책상을 '물질적 대상(物質的對象, physical object)'이라고 부르기로 한다. 따라서 우리는 감각소여와 물질적 대상과의 관계를 생각하게 된다. 모든 물질적 대상을 통괄적으로 '물질(物質, matter)'이라고 부르자. 그러면 우리는 이미 제기된 두 가지 문제를 달리 표현하여 다음과 같이 말할 수 있다. 첫째 대체 물질이라는 것이 존재하는가? 둘째 존재한다면 그 본성은 무엇인가?

우리의 감각의 직접적인 대상이 우리로부터 독립하여 존재한다고 생각할 수 없는 이유를 처음으로 명백하게 주장한 철학자는 버클리 주교(主敎)[1]였다. 그는 《회의론자와 무신론자에 반대하여 힐라스와 필로누스 사이에 오간 세 가지 대화》라는 저술을 통해, 물질이라는 것은 존재하지 않으며, 세계는 단지 정신과 그 관념만으로 구성되어 있다는 것을 증명하려고 했다.

당시 힐라스는 물질이 존재한다고 확신하고 있었지만 필로누스에게 대항할 수는 없었다. 왜냐하면 필로누스는 냉혹하게 힐라스를 모순과 역설에 빠지게 하고, 마침내는 힐라스로 하여금 물질을 부정하는 것을 거의 당연하게 생각하도록 만들어버렸기 때문이다. 그 과정에서 사용된 논의는 여러 가지 가치를 지니고 있다. 말하자면 어떤 것은 중요하고 정당하며, 또 어떤 것은 혼란스러운 억지 이론이다. 그러나 버클리는 무시할 수 없는 공적을 이루어 놓았다. 즉 물질의 존재는 합리적으로 부정될 수 있으며, 우리로부터 독립하여 존재하는 것이 있다 하더라도 그것은 우리 감각의 직접적인 대상은 될 수 없다는 것을 밝혀냈다는 점이다.

물질이 존재하는가 하는 질문 속에는 두 가지 어려운 문제가 포함되어 있으므로 이 두 문제를 분명히 구별하는 것은 매우 중요하다. 대체로 '물질' 이란 '정신'과 대립되는 어떤 것, 즉 공간을 차지하고 어떤 종류의 사고도 의식도 전혀 갖지 못한다고 생각되는 그 무엇을 의미한다.

버클리도 주로 이런 의미에서 물질을 부정한 것이다. 즉 그는 우리가 일반적으로 존재한다는 기호로 생각하는 감각소여가 실제로는 우리로부터 독립된 '그 무엇'의 존재를 나타내는 기호임을 부정하는 것이 아니라, 이와 같은

---

[1] George Berkeley(1685~1753). 영국의 철학자이자 성직자로서, 16~17세기 영국 고전 경험론의 대표자이다. 버클리 철학의 근본 명제는 '존재한다는 것은 고로 지각된다는 것'으로 요약된다. 대표적인 저서로는 《시각신설론(視覺新設論)》, 《인지원리론(人知原理論)》 등이 있다.

그 무엇은 정신적인 것이 아니라는 사실, 다시 말해서 정신이나 정신에 의해 수용하게 된 관념이 아니라는 사실을 부정한 것이다. 우리가 방 밖으로 나가거나 눈을 감더라도 거기에는 계속 존재하는 그 무엇이 틀림없이 있다는 점, 그리고 책상을 보는 것은 사실상 우리가 그것을 보지 않을 때에도 존재하는 그 무엇이 있다고 믿을 만한 이유가 된다는 점을 그는 인정한다. 그러나 그는 이 그 무엇이 그 성질상 우리가 보는 것과 근본적으로 다를 수는 없으며, 그것이 '우리가' 보는 것으로부터는 독립된 것이어야 한다 하더라도 전적으로 우리가 보는 것과 독립될 수는 없다고 생각한다. 그리하여 그는 결국 '실재하는' 책상은 신의 정신 속에 있는 관념이라고 생각하게 되었다. 이런 관념은 항구성(恒久性)이 요구될 뿐만 아니라 우리로부터의 독립성을 가지고 있다. 또한 물질의 경우와는 달리 이와 같은 관념을 어떤 매개 없이 직접 지각하진 못하지만 추론할 수는 있다는 점에서 볼 때 전혀 인식할 수 없는 것은 아니다.

버클리 이후에도 책상의 존재는 우리가 본다는 것에 의존하지는 않는다 하더라도 어떤 정신이 본다는 것에(또는 감각으로 감지되는 데) 의존한다고 생각한 철학자들이 있었다. 이때의 어떤 정신은 꼭 신의 정신일 필요는 없으며, 오히려 우주의 모든 집합적 정신이라고 할 수 있는 것이다. 그들이 이렇게 주장한 이유는 버클리와 마찬가지로 정신과 그 사고 및 감정 이외에 실재하는 것 — 또는 아무튼 실재한다고 인식되는 것 — 은 없다고 생각했기 때문이다.

이와 같은 그들의 견해를 뒷받침해 주는 논법을 우리는 다음과 같이 말할 수 있다. 즉 '생각할 수 있는 것은 모두 그것을 생각하는 사람의 정신 속에 있는 관념이다. 따라서 정신 속에 있는 관념을 제외하고는 생각할 수 있는 관념은 없다. 그러므로 이 관념 이외의 것은 생각할 수 없고, 생각할 수 없는

것은 존재할 수도 없다.'

나는 이 논법을 모순이라고 생각한다. 물론 이것을 주장하는 사람들이 이처럼 간단하고 유치한 논법을 사용했던 것은 아니다. 그러나 온당하든 그렇지 않든 이런 논법은 매우 널리 여러 가지 형태로 지금까지 전개되었으며, 많은 철학자들이, 아니 아마도 거의 모든 철학자들이 정신과 그 관념을 제외하면 아무것도 실재적인 것은 없다고 주장해 왔다.

이와 같은 철학자들을 일컬어 '관념론자(觀念論者, idealists)'라고 한다. 물질을 설명할 때 그들은 버클리처럼 "물질은 실제로는 관념의 집합에 불과하다"고 말하거나, 라이프니츠[2]처럼 "물질로 보이는 것은 실제로 어느 정도까지는 채 발달하지 못한 상태의 정신의 집합"이라고 말한다.

그러나 이들 철학자들은 정신에 대립되는 것으로서의 물질을 부정하지만, 그럼에도 불구하고 어떤 의미로는 물질을 인정한다고 할 수 있다. 여기서 이미 제시한 두 가지 질문, 즉 '첫째 책상은 실재하는가? 둘째 만약 존재한다면 그것은 어떤 종류의 대상일 수 있는가?'라는 질문을 상기해 주기 바란다. 버클리와 라이프니츠는 둘 다 책상이 실재한다는 것을 인정한다. 다만 버클리는 그것을 신의 정신 속에 있는 어떤 관념이라고 말하고, 라이프니츠는 영혼의 집단이라고 말한다. 따라서 이 두 철학자는 우리의 첫번째 질문에 대해서는 긍정적인 대답을 하고 있으나, 두 번째 질문에 대해서는 일반적인 사람들과 다른 견해를 가지고 있는 것이다.

실제로 대다수의 철학자들이 책상이 실재한다는 점에는 동의하는 것처럼

---

[2] Leibniz, Gottfried Wilhelm von(1646~1716). 독일의 철학자, 수학자. 다방면에 정통한 천재로서 독일 학사원(學士院)을 창설했으며, 철학·물리학·수학 등에 많은 업적을 남겼다. 저서로는 《단자론》, 《형이상학 서설》, 《변신론》 등이 있다.

보인다. 동시에 그들은 거의 모두가 우리의 감각소여, 즉 색깔이나 모양, 굴곡 등이 우리에 의해 크게 좌우된다고 해도, 이와 같은 감각소여의 발생이 우리로부터 독립하여 존재하는 어떤 것, 다시 말해 아마도 우리의 감각소여와는 완전히 다르면서도 우리가 실재하는 책상과 적절한 관계에 있으면 언제나 이러한 감각소여를 유발시킨다고 간주되는 어떤 것의 기호임을 나타낸다는 점에는 의견이 일치하고 있다. 그런데 철학자들의 견해가 일치하는 이 점 — 그 본성이 어떤 것이든 책상이 실재한다는 견해 — 는 명백히 매우 중요한 문제이다. 그러므로 실재하는 책상의 본성에 대한 두 번째 문제로 넘어가기 전에 이러한 견해를 수용하는 이유를 고찰해 보는 것도 가치 없는 일은 아닐 것이다. 그래서 다음 장에서는 책상이 실재한다고 생각하는 이유를 고찰해 보기로 하겠다. 그런데 다음 장으로 넘어가기 전에 잠시 동안 우리가 지금까지 알아낸 것이 무엇인지 정리해 두는 편이 좋을 듯싶다.

감관으로써 인식된다고 간주되는 보통의 대상을 생각해 보면, 감관이 '직접적으로' 알려주는 것은 우리로부터 분리되어 있는 대상에 대한 진리가 아니라 우리가 알고 있는 한도 내에서는 우리와 대상의 관계에 의존하는 어떤 감각소여에 대한 진리일 따름인 것 같다. 따라서 우리가 직접 보거나 느끼는 것은 '현상'일 뿐이며, 우리는 이 현상을 배후에 있는 어떤 실재의 기호라고 믿는다. 그러나 실재가 현상으로 나타나는 것과 다르다면, 우리는 실재라는 것이 있는지 없는지 어떻게 알 수 있겠는가? 만일 그것을 알 수 있다 하더라도 실재가 어떤 것인지 찾아내는 수단을 갖고 있는가?

이런 문제는 우리를 혼란에 빠뜨리며, 설령 매우 기묘한 가설이라도 그것이 진리가 아님을 밝히기는 어려운 일이다. 따라서 지금까지 아무도 우리의 사고 대상이라고 생각한 적이 없을 만큼 친숙했던 저 책상이 우리를 놀라게 하기에 충분한 가능성이 있는 문제로 변하는 것이다. 현재 우리가 알고 있는 것은 책상이 보이는 것과는 다르다는 점뿐이다. 이 온당한 결론에서 한 걸음 나아가면 우리는 얼마든지 자유로운 추측을 할 수 있다. 라이프니츠는 책상을 정신의 집합체라 하고, 버클리는 신의 정신 속에 있는 관념이라고 말하면서, 냉정할 만큼 경이로운 과학은 심하게 운동하는 하전체(荷電體)의 방대한 집적(集積)이라고 했다. 이처럼 놀라운 여러 가능성 속에는 어쩌면 책상 같은 것은 애초부터 존재하지 않았을지도 모른다는 의심도 포함되어 있다. 철학에는 우리가 원하는 많은 문제에 '대답' 할 힘은 없을지라도, 적어도 세상 사람들의 관심을 고조시키고 일상생활의 지극히 평범한 일도 한 꺼풀 벗겨보면 그 내부에는 기이함과 불가사의가 도사리고 있음을 나타내는 문제를 '질문' 할 힘을 가지고 있다.

물질의 존재　제2장

이 장에서는 어떤 의미로든 물질이라는 것이 존재하는지 여부를 우리 자신에게 질문해 보기로 하자. 어떤 고유한 성질을 가지면서 내가 보지 않을 때에도 계속 존재하는 책상이 있는가? 또는 그런 책상은 나의 상상의 산물, 즉 길고 긴 꿈속에서 보이는 환상의 책상에 불과한가?

이것은 매우 중요한 문제이다. 왜냐하면 만약 대상의 독립된 존재를 확신하지 못한다면 다른 사람의 신체의 독립된 존재도 확신하지 못하고, 따라서 다른 사람의 정신의 독립된 존재도 확신하지 못하기 때문이다. 그들의 신체를 관찰함으로써 얻는 것 이외에는 그들의 정신의 존재를 믿게 할 만한 근거가 없는 것이다.

이리하여 대상의 독립된 존재를 믿을 수 없다면 우리는 홀로 사막에 남겨지는 셈이 된다—외계(外界)는 모두 한낱 꿈에 불과하고, 우리는 홀로 존재하게 될 것이다. 이것은 그리 즐겁지 않은 가능성이다. 그런데 우리는 이것이 잘못이라는 것을 철저하게 증명할 수는 없지만, 그렇다고 참이라고 생각할 이유도 전혀 없다. 이 장에서는 그것이 왜 그런지 살펴보기로 하자.

이 미심쩍은 문제들을 연구하기 전에 조금이라도 확실한 출발점을 찾아보기로 하자. 우리는 책상이 물질적으로 존재하는지 의심하고 있다. 그러나 책상이 존재한다고 생각하게 한 감각소여의 존재를 의심하는 것은 물론 아니다. 우리가 바라보는 동안에는 우리 앞에 나타나는 어떤 색채와 모양을 의심하지 않으며, 우리가 압박을 가하는 동안에는 어떤 단단한 감각을 경험하게 되는 것을 의심하지 않는다. 이것은 모두 심리학적인 사설이므로 우리는 이 점을 조금도 의심하지 않는 것이다. 사실 그 밖의 것은 모두 의심한다 할지라도, 최소한 우리의 직접적 경험의 일부는 절대적으로 확실한 것 같다.

근대철학의 창시자인 데카르트[1]는 오늘날에도 적절하게 사용될 수 있는 한 가지 방법, 즉 체계적인 회의(懷疑)의 방법을 발견해 냈다. 그는 지극히 분명하고 확연하게 진리라고 인정되지 않는 것은 믿지 않겠다고 결심했던 것이다. 그는 의심할 수 있는 것은 무엇이든, 더 이상 그것을 의심하지 않아도 될 이유가 밝혀질 때까지 의심하려고 했다. 이 방법을 사용함으로써 그가 점차로 깨닫게 된 것은, 약간의 의심도 없이 믿을 수 있는 유일한 존재는 오직 자기 자신뿐이라는 사실이었다. 그는 실재하지 않는 사물을 언제나 환영의 상태로 감관에 제시하여 자기를 기만하는 악마가 있을지도 모른다고 생각했다. 이런 악마가 있다는 것은 도저히 있을 법한 일이 아니지만, 가능성은 있다. 그래서 감관에 의해 감지된 사물에 대한 의심이 가능했던 것이다. 그러나 자기 자신의 존재에 대해 의심하는 것은 불가능한 일이었다. 만약 그가 존재하지 않는다면 어떤 악마도 그를 기만할 수 없기 때문이다. 그가 의심하고 있다면, 의심하는 그는 존재해야만 한다. 또한 그가 무엇인가를 경험할 때에도 그는 존재해야 하는 것이다.

---

[1] Descartes, René(1596~1650). 프랑스의 대철학자, 수학자, 자연과학자. 근대철학의 시조이다. 모든 학문 중 수학만이 확실한 것으로, 철학도 또한 수학과 같은 자명한 진리를 출발점으로 삼아야 한다고 주장했다. 저서로는 《방법론 서설》 등이 있다.

이리하여 그에게 자기 자신의 존재는 절대적인 확실성이 되는 것이다. 그는 "나는 생각한다, 그러므로 나는 존재한다(Cogito, ergo sum)"고 말했다. 이런 확실성을 기반으로 하여 그는 자신의 회의가 파괴해 버린 지식의 세계를 다시금 추구하기 시작했다. 회의의 방법을 발견하고, 주관적인 것이 가장 확실한 것임을 증명함으로써 그는 철학에 위대한 공헌을 했다. 그리고 이것은 철학을 연구하는 모든 사람들에게 아직까지도 유용한 것이다.

그러나 데카르트의 논법을 적용하는 데는 약간의 주의가 필요하다. '〈나〉는 생각한다, 그러므로 〈나〉는 존재한다' 는 명제는 엄밀히 확실한 것 이상을 나타내고 있다. 아마도 사람들은 오늘의 나는 어제의 나와 동일한 인간이라고 생각하고 있을 것이다. 물론 이것은 어떤 의미로는 진리다. 그러나 실재하는 '자아' 에 도달하는 것은 실재하는 책상에 도달하는 것만큼이나 어려운 일이며, 특수한 경험에 속하는 절대적이고 설득력 있는 확실성은 갖지 못한 듯싶다.

내가 책상을 쳐다보고 어떤 갈색을 보았을 때 즉시 확신을 갖고 말할 수 있는 것은, '내가 갈색을 보고 있다' 가 아니라 오히려 '갈색이 보인다' 는 것이다. 물론 여기에는 갈색을 보고 있는 어떤 것(또는 어떤 사람)이 포함되어 있다. 그러나 그렇다고 해서 '나' 라고 표현되는, 어느 정도는 영속적인 인간까지 여기에 포함되는 것은 아니다. 직접적인 확실성에 관한 한 갈색을 보고 있는 어떤 것은 지극히 순간적인 것이므로, 다음 순간 다른 경험을 하는 어떤 것과는 같지 않을 수도 있다. 그러므로 근본적인 확실성을 갖는 것은 우리의 특수한 사고와 감정이다. 그리고 정상적인 지각은 물론 꿈이나 환각에도 같은 말을 할 수 있다.

꿈을 꾸거나 유령을 볼 때 우리는 반드시 우리가 갖고 있다고 생각하는 감각을 지니고 있다. 그러나 몇몇 이유를 내세워 이런 감각에 대응하는 물질적 대상은 없다고 생각한다. 따라서 자기 자신의 경험에 관한 지식의 확실성에 대해서는 단 하나의 예외도 인정할 필요가 없다. 그러므로 우리는 여기서 지식 탐구의 출발점으로 삼을 만한 확고한 기반을 갖게 된다. 우리가 염두에 두어야 할 문제는 다음과 같다. 말하자면 자기 자신의 감각소여가 확실한 것일지라도 그것을 물질적 대상이라고 부를 수 있는 어떤 다른 것의 존재를 나타내는 기호라고 단정할 이유가 있느냐는 점이다.

우리가 당연히 책상과 결부된다고 생각하는 모든 감각소여를 열거할 때, 책상에 대해서 말할 수 있는 것은 모두 말한 것인가? 또는 그 밖의 어떤 것, 즉 감각소여가 아니라 우리가 방을 나간 뒤에도 여전히 존재하는 어떤 것이 계속 남아 있는 것인가? 상식은 조금도 망설이지 않고 남아 있다고 대답한다. 사고팔거나, 밀고 당기거나, 커버를 씌울 수 있는 것은 결코 감각소여의 '단순한' 집합이 아니다. 만약 커버가 책상을 완전히 덮어버렸다면 우리는 책상으로부터 어떤 감각소여도 얻을 수 없다. 그러므로 만약 책상이 감각소여에 불과하다면 책상은 존재하지 않는 것이 되고, 커버는 원래 책상이 있었던 곳의 공중에 기적과도 같이 남아 있을 것이다. 이것은 분명히 모순처럼 보인다. 그러나 철학자가 되기를 희망하는 사람은 어떤 모순에도 놀라지 않는 태도를 몸에 익혀 배워야 한다.

우리가 감각소여에 덧붙여 물질적 대상도 확보해 두어야 한다고 느끼는 한 가지 커다란 이유는 다른 사람들에게도 대상이 '동일' 하기를 원하기 때문이다. 식탁에 앉아 있는 열 사람의 눈에 들어온 식탁보나 나이프, 포크, 스푼, 컵 등이 제각기 다른 것이라고 주장한다면 말도 안 되는 소리라고 반박할 것이다. 그러나 감각소여는 한 사람 한 사람에게 개인적인 것이다. 한 사람의 눈에 직접 비친 것이 다른 사람의 눈에도 직접 비치지는 않는다. 그들은 저마다 조금씩 다른 시점에서 사물을 보고 있기 때문에 같은 사물이라도 조금씩 다르게 보일 수밖에 없는 것이다.

그러므로 저마다 다른 사람들에게 인식되는 공통된 중립적 대상이 있다면, 그것은 여러 사람들에게 나타나는 개인적이고 특수한 감각소여를 초월한 어떤 것이어야만 한다. 그렇다면 이와 같은 중립적 대상이 존재한다고 믿어야 할 어떤 이유가 있는가?

당연하게도 내 머리에 가장 먼저 떠오르는 대답은 다음과 같다. 사람들이 저마다 조금씩 다르게 책상을 보기는 하지만, 그들이 책상을 볼 때는 역시 어느 정도는 같은 것을 보게 된다. 그런데 그것이 달리 보이는 까닭은 원근법과 빛의 반사법칙 때문이다. 따라서 사람들은 어렵지 않게 여러 사람들의 모든 감각소여의 근본이 되는 불변의 대상에 도달할 수 있다. 나는 이 방에 먼저 살던 사람으로부터 이 책상을 사왔지만, '그의' 감각소여까지 살 수는 없었다. 그가 떠남과 동시에 그의 감각소여도 소멸되었기 때문이다. 그러나 다소나마 비슷한 감각소여를 가지며 특정한 장소에 있는 사람은, 비록 시간은 다르더라도 비슷한 감각소여를 갖는다고 할 수 있다. 이런 사실로 미루어 우리는 감각소여를 초월한 영속적인 공통의 대상이 있고, 이런 대상이 언제나 여러 사람들의 감각소여의 근저에 놓여 있거나 감각소여를 유발시킨다고 가정할 수 있다.

그런데 이상과 같은 고찰은 우리 외에도 다른 사람이 있다는 가정에 근거를 두고 있는 이상 아직 해결되지 않은 문제점이 있다. 다른 사람들은, 그들의 모습을 보거나 목소리를 듣거나 하는 어떤 감각소여에 의해 나에게 지각된다. 만약 나의 감각소여로부터 독립된 물질적 대상이 존재한다는 것을 믿을 아무런 이유가 없다면, 다른 사람들이 내 꿈의 일부로서밖에 존재하지 않는다고 믿을 이유도 없을 것이다. 따라서 우리 자신의 감각소여로부터 독립된 대상이 존재한다는 것을 증명하고자 할 때 우리는 다른 사람의 증언에 호소할 수는 없다. 왜냐하면 그 증언 자체가 감각소여로 구성된 것이며, 우리 자신의 감각소여가 우리로부터 독립하여 존재하는 사물의 기호가 아닌 이상 이런 증언은 다른 사람의 경험을 표출시킨 것이라고 할 수는 없기 때문이다. 그러므로 만약 가능하다면 우리는 세계에는 우리 자신과 우리의 개인적인 경험 말고도 다른 사물이 존재한다는 것을 보여주거나, 또는 보여주는 데 도움이 되는 특성을 우리 자신의 순수하게 개인적인 경험 속에서 찾아내야 한다.

어떤 의미로 우리는 우리 자신과 우리의 경험 이외의 다른 사물도 존재한다는 것을 결코 증명할 수 없다는 사실을 인정할 필요가 있다. 세계가 나 자신과 나의 사고, 감정, 감각으로 구성되어 있으며 그 이외의 것은 모두 환상일 뿐이라고 가정한다 할지라도, 여기에 논리적 모순은 없다. 꿈을 꿀 때는 지극히 복잡한 세계가 현존하는 것처럼 여겨지지만, 잠에서 깨어나는 순간 그것이 환상이있음을 인식한다. 즉 꿈속의 감각소여는 물질적 대상—우리의 감각소여로부터 자연스럽게 추론되는 물질적 대상—과 대응되지 않는 것처럼 여겨진다(물질적 세계를 가정할 때 꿈속의 감각소여의 물질적 원인을 발견할 수 있다는 것은 확실하다. 예를 들면, 요란한 문소리는 바다에서 싸우는 꿈을 꾸게 하는 원인이 되기도 한다. 그러나 이 경우 감각소여의 물질적 '원인'은 있지만, 현실의 해상 전투에 대응하는 것과 동일한 방법으로 '대응하는' 물질적 대상은 없다).

삶 전체가 꿈이며, 이 꿈속에서 우리 스스로 눈앞에 나타나는 일체의 대상을 만들어낸다는 가정은 논리적으로 불가능한 것이 아니다. 그러나 논리적으로 가능하다고 해서 그것을 진리라고 생각해야 할 이유는 전혀 없는 것이다. 그리고 이런 가정은 우리 생활에 있어서의 사실을 설명하는 수단이라는 관점에서 볼 때, 우리로부터 독립된 대상이 실재하고, 이런 대상이 우리에게 작용하여 감각을 유발시킨다고 하는 상식적인 가정보다는 단순하지 않다.

물질적 대상이 실제로 있다고 가정하면 사태가 단순해진다는 것을 쉽게 알 수 있다. 고양이가 어떤 순간 방의 어떤 부분에 나타났다가 다음 순간 다른 부분에 나타나면, 우리는 당연히 이 고양이가 하나의 연결된 중간지점을 거쳐 한 곳에서 다른 곳으로 옮겨갔다고 생각할 수 있다. 그러나 이 고양이가 일련의 감각소여에 불과하다면, 나의 시선이 닿지 않았던 장소에 있었을 리가 없다. 따라서 우리는 이 고양이가 내가 보지 않는 동안에는 전혀 존재하지 않다가 갑자기 새로운 장소에 나타났다고 가정해야만 할 것이다.

만약 이 고양이가 내가 보든 보지 않든 존재한다면, 우리는 저마다의 경험에 의해 고양이가 음식을 먹고 다음 번 음식을 먹을 때까지 점차로 허기를 느껴가는 상태를 이해할 수 있다. 그러나 내가 보지 않을 때에는 존재하지 않는다면, 존재하지 않을 때에도 존재하고 있을 때와 동일한 속도로 식욕이 증대한다는 것은 이상한 일이다. 또한 고양이가 단지 감각소여일 뿐이라면 '배고파 할' 수는 없는 것이다. 왜냐하면 나 자신의 허기는 나에게 감각소여가 될 수 있기 때문이다.

그러므로 내 앞에 고양이를 나타나게 하는 감각소여의 행동은, 그것을 허기의 표현이라고 보면 지극히 자연스럽지만, 반점(斑點)이 이동하거나 변화하는 것이라고 보면 도저히 설명할 수 없는 것이 되고 만다. 삼각형이 축구를 할 수 없듯이 반점이 허기를 느낄 수는 없기 때문이다.

그러나 고양이의 경우에 나타난 곤란은, 인간의 경우에 나타나는 곤란과 비교하면 아무것도 아니다. 즉 우리의 관념과 결부시킬 수 있는 어떤 소리를 들으면서 동시에 입술의 움직임과 얼굴 표정을 볼 때, 우리가 듣는 소리가 사상의 표현이 아니라고 생각하기는 대단히 어렵다. 우리는 자기 자신이 같은 소리를 낼 때 그것이 사상의 표현이라는 것을 알기 때문이다. 물론 꿈속에서도 이와 비슷한 일이 일어난다. 꿈속에서 우리는 다른 사람의 존재에 대해 착각을 하기도 한다. 그러나 다소의 차이는 있지만 꿈은 깨어서 활동하고 있을 때의 생활에 의해 암시되는 것이고, 가령 물질적 대상이 실재한다면 과학적 원리에 입각하여 어느 정도는 설명될 수 있다. 그러므로 단순성과 우리의 감각소여 이외에도 우리의 지각에 의존하지 않으면서 존재하는 대상이 실재한다는 자연스러운 견해를 취하도록 요구하는 것이다.

물론 우리가 독립된 외부 세계를 확신하는 것은 논증에 의해서는 아니다. 우리는 반성을 시작하자마자 이런 신념이 이미 우리 내부에 자리잡고 있다는 것을 깨닫게 된다. 이것이 바로 '본능적' 신념인 것이다. 그런데 만약 다음과 같은 사실만 없었더라면 우리는 이런 신념을 조금도 의심하지 않았을 것이다. 즉 시각의 경우에는 마치 감각소여 자체가 거의 본능적으로 독립된 대상인 것처럼 생각되지만, 논증에 있어서는 이 대상이 감각소여와 같을 수는 없다는 사실이다.

그러나 이 발견 — 이런 발견은 맛이나 냄새나 소리의 경우에는 조금도 역설적이 아니지만, 단지 촉각의 경우에는 다소 역설적이라고 할 수 있다 — 은 우리의 감각소여에 '대응하는' 대상이 '존재한다'는 우리의 본능적 신념을 약화시키지는 않는다. 본능적 신념은 어떤 문제도 야기하지 않으며, 오히려 우리의 경험에 대한 설명을 단순하고 체계적인 것으로 만드는 데 도움이 되므로 이 신념을 거부할 하등의 이유도 없는 듯싶다. 그러므로 우리는 — 꿈의 경우를 생각하면 다소 미심쩍은 부분이 있지만—외부 세계는 실제로 존재하며, 그 존재는 우리의 연속적인 지각에 전적으로 의존하는 것은 아니라는 점을 인정해도 무방하다.

이와 같은 결론에 도달하도록 이끌어 온 논증은 물론 우리가 기대했던 만큼 강력한 것은 아니다. 그러나 이것은 수많은 철학적 논증 중 대표적인 것이므로 그 보편적인 성질과 타당성을 간단하게나마 고찰해 볼 필요가 있다. 우리는 모든 지식이 우리의 본능적인 신념 위에 구축되어 있으며, 만약 이 신념이 부정된다면 아무것도 남지 않게 된다는 사실을 알고 있다. 그러나 우리의 본능적 신념 가운데 어떤 것은 다른 것보다 훨씬 강하고, 또한 대부분의 신념은 습관과 연상에 의해 본능적이 아닌 다른 신념—이것은 실제로 본능적 신념이 아니지만 본능적으로 믿고 있는 것의 일부라고 잘못 판단되고 있다—과 연관되어 있다.

철학은 우리의 가장 강렬한 신념에서 시작하여 그 하나하나를 되도록 개별적으로, 그리고 불필요한 부가물을 제거하고 제시함으로써, 본능적 신념의 위계(位階) 조직을 밝혀야 한다. 그리고 동시에 최종적으로 배열된 형태에 있어서는 우리의 본능적 신념이 서로 충돌하는 일 없이 언제나 조직적인 체계를 취하도록 노력해야 한다. 하나의 본능적 신념이 다른 본능적 신념과 충돌하지 않는 이상 그것을 배척할 아무런 이유도 없다. 그러므로 본능적 신념들이 서로 자연스럽게 조화된다면 그 모든 체계를 수용해도 무방할 것이다. 물론 우리의 모든 신념, 또는 그 일부가 오류일 '가능성'은 있으며, 따라서 모든 신념은 최소한 어느 정도까지는 의심의 여지를 가지고 주장되어야만 한다. 그러나 우리는 다른 신념을 근거로 하지 않는 한 하나의 신념을 부정할 '이유'를 가질 수 없다.

그러므로 우리의 본능적 신념과 그 결과를 체계적으로 조직함으로써, 그리고 이런 신념들 가운데 반드시 필요하다면 어떤 것을 수정하거나 포기해야 하는지 고찰함으로써 본능적으로 믿는 것을 유일한 여건으로 수용한다는 것을 기초로 하여 지식의 질서정연한 체계적 조직에 도달할 수 있다. 이런 조직에도 오류의 가능성은 남아 있지만, 각 부분을 서로 결부시키고 사실로 받아들이기 전에 비판적인 조사를 행함으로써 그 가능성은 적어진다.

철학은 적어도 이 정도의 역할은 해낼 수 있다. 대부분의 철학자들은 옳든 그르든 철학이 이 이상의 역할은 해낼 수 있다고 믿는다. 즉 철학은 우주 전체와 궁극적 실체의 본성에 대하여 다른 방법으로는 얻을 수 없는 지식을 줄 수 있다고 확신하는 것이다. 이와 같은 생각이 옳든 옳지 않든 방금 말한 지극히 겸허한 역할을 철학은 분명히 수행할 수 있으며, 또한 상식의 타당성을 의심하기 시작한 사람들에게는 이 기능만으로도 충분히 철학적 문제의 해결에 수반되는 집요하면서도 어려운 노력을 정당화시킨다.

물질의 본성 제3장

우리는 앞 장에서 논증적인 이유를 밝히지는 못했지만, 우리의 감각소여 — 예를 들어, 내 책상과 연관된 것으로 생각되는 감각소여 — 는 실로 우리와 우리의 지각으로부터 독립된 어떤 것의 존재를 나타내는 기호라고 믿는 것이 합리적이라는 견해에 도달했다. 달리 표현하면 나에게 책상을 출현시키는 색깔, 단단함, 소리 등의 감각을 초월하여 다른 그 무엇이 존재하며, 또한 이 그 무엇에 대한 감각은 현상에 불과할 뿐이라고 가정한 것이다.

내가 눈을 감으면 색깔은 더 이상 존재하지 않고, 책상에서 팔을 떼면 단단하다는 감각은 존재하지 않으며, 또 손가락으로 책상을 두드리지 않으면 소리는 존재하지 않게 된다. 그러나 나는 이 모든 것이 사라졌다고 해서 책상이 존재하지 않게 되었다고는 생각하지 않는다. 오히려 나는 책상이 계속 존재하고 있기 때문에 내가 눈을 뜨고, 다시 책상 위에 팔을 올려놓고 손가락으로 책상을 두드리면 그 모든 감각소여가 다시 나타나리라고 확신한다.

이 장에서 우리가 짚고 넘어가야 할 문제는 다음과 같다. 즉 나의 지각과는 아무 상관없이 지속되는 이 실재하는 책상의 본성은 무엇인가?

이 물음에 대해서는 자연과학이 하나의 해답을 제시한다. 이 해답은 다소 불완전하고 부분적으로는 지나치게 가설적(假說的)이지만, 그럼에도 불구하고 하나의 해답인 이상 주목할 만한 가치가 있다. 자연과학은 어느 정도는 무의식적으로 모든 자연현상이 운동으로 환원되어야 한다는 견해에 집착하고 있다. 빛, 열, 소리 등은 모두 그것을 발생시키는 물체로부터 그 빛을 보고 열을 느끼고 소리를 듣는 사람에게 전달되는 파동(波動)에 연유한다고 한다. 이런 파동을 갖는 것으로는 에테르나 '농밀(濃密)한 물질'이 있는데, 철학자들은 이 두 가지를 모두 물질이라고 부른다.

과학이 여기에 귀속시키는 성질은 공간에서의 위치와 운동법칙에 의한 운동력뿐이다. 이것이 어쩌면 그 이외의 성질을 '가졌을지도 모른다'는 점을 과학은 부정하지 않는다. 그러나 만약 가지고 있다 하더라도 이와 같은 다른 성질은 과학자에게는 아무 가치가 없을 뿐더러 현상의 설명에도 전혀 도움이 되지 않는다.

흔히 '빛은 파동의 한 형태이다'라고 하는데, 이 말은 오해를 불러일으킬 소지를 다분히 가지고 있다. 왜냐하면 우리가 직접 보고 감각을 통해 직접 아는 빛은 파동의 한 형태가 '아니라' 완전히 다른 어떤 것 — 장님이 아니라면 누구나 알고 있는 것이지만 장님이 납득하도록 묘사할 수는 없는 어떤 것 — 이기 때문이다. 그러나 파동은 장님에게도 얼마든지 설명할 수 있다. 왜냐하면 장님도 촉각을 통해 공간에 대한 지식을 획득할 수 있기 때문이다. 뿐만 아니라 장님은 만일 항해를 한다면 우리와 거의 같은 정도로 파동을 경험할 수 있다. 그러나 장님이 이해할 수 있는 이것은 우리가 빛이라고 부르는 것과는 다르다. 우리가 말하는 '빛'을 장님으로서는 결코 이해할 수 없고, 또 우리의 설명을 통해 알 수 있는 것도 아니다. 그런데 장님이 아닌 우리 모두가 알고 있는 이것은 과학에 의하면 실로 외부 세계에서 발견되는 것은 아니다. 그것은 빛을 보는 사람의 눈과 신경과 뇌에 작용하는 어떤 파동 때문에 생기는 것이다.

  빛의 파동이라고 할 때 그 말의 참뜻은 파동이 빛에 대한 우리 감각의 물리적 원인이라는 것이다. 그러나 과학은 빛 자체, 즉 정상적인 사람은 경험할 수 있지만 장님은 경험할 수 없는 것이 우리 및 우리의 감관과 독립된 세계의 일부를 이루는 것이라고 생각하지는 않는다. 그리고 다른 종류의 감관에 대해서도 이와 비슷한 말을 할 수 있다.

  과학적인 물질세계에는 색깔이나 소리 같은 것이 없을 뿐만 아니라 우리가 시각이나 촉각에 의해 알 수 있는 '공간'도 없다. 과학적 물질세계의 물질이 '어떤' 공간의 내부에 있어야 한다는 것은 과학에서 근본적인 것이지만, 그 물질이 존재하고 있는 공간은 우리가 보거나 느끼는 공간과 정확히 같을 수는 없다. 우선 우리가 보는 공간은 촉각으로써 알게 되는 공간과는 다르다. 단지 우리는 어린 시절의 경험을 통해서 보이는 사물을 만지는 법이나, 만지고 있다고 느끼는 것을 보는 법을 배울 수 있을 뿐이다. 그러나 과학에서 말하는 공간은 촉각과 시각 사이에 있는 중립적인 것이고, 그렇기 때문에 그것은 촉각의 공간도 시각의 공간도 아니다.

  다시 말해서 동일한 대상도 그 시점에 따라 다른 형태의 것으로 보이게 마련인 것이다. 예컨대 둥근 동전은 비록 우리가 언제나 둥글다고 '판단' 하더라도 정면에서 바라보지 않으면 타원형으로 '보이게' 된다. 동전이 둥글다고 판단할 때, 우리는 밖으로 드러난 형태가 아니라 그 현상과는 달리 원래 동전에 속해 있는 진짜 모양이 있다고 판단하는 것이다. 그러나 과학이 문제시하고 있는 이 진짜 모양은 어떤 사람에게 '밖으로 드러나는' 공간과는 다른 진짜 공간 속에 존재하지 않으면 안 된다.

  실재하는 공간은 공통적인 것이고, 밖으로 드러난 공간은 그것을 지각하는 사람 고유의 것이다. 각기 다른 사람들의 '개인적'인 공간에서는 같은 대상도 다른 모양인 것처럼 보인다. 그러므로 그 대상이 실재의 모양을 갖게 되는 실재하는 공간은 개인적인 공간과는 다를 수밖에 없다. 그런 까닭에 과학적 공간은 우리가 보고 느끼는 공간과 결속되어 있지만 그것과 같지는 않으며, 더욱이 그 관련 방법은 조사할 필요가 있다.

우리는 우리의 감각소여와 물질적 대상이 전적으로 같을 수는 없지만 우리의 감각을 '유발시키는' 것으로 생각할 수는 있다는 견해를 일단 인정한 바 있다. 이와 같은 물질적 대상은 과학적 대상에 존재하며, 이 과학적 공간을 '물질적' 공간이라고 불러도 무방할 것이다. 만약 우리의 감각이 물질적 대상에 의해 야기된다면, 이런 대상과 우리의 감각기관 및 신경과 뇌를 포함하는 물리적 공간이 반드시 필요하다는 점에 특히 주목해야 할 것이다.

우리는 어떤 대상과 접촉할 때 그것에서 촉감을 얻는다. 즉 우리 신체의 일부가 그 대상이 차지하고 있는 공간과 매우 가까운 물리적 공간에 놓여 있을 때 촉감을 얻는다는 말이다. 우리는 (대강 말하면) 물리적 공간에서 대상과 우리의 눈 사이에 불투명한 물체가 없을 때 대상을 볼 수 있다. 이와 마찬가지로 우리는 대상에 충분히 접근해 있을 때, 또는 대상이 혀에 닿거나 물리적 공간에서 우리의 신체에 적당한 위치를 차지하고 있을 때에만 어떤 대상의 소리를 듣고 냄새를 맡고 맛을 느낄 수 있다.

대상과 우리의 신체가 동시에 같은 물리적 공간에 속해 있다고 생각되지 않는다면, 우리는 서로 다른 조건하에서 하나의 주어진 대상으로부터 어떤 다른 감각을 얻을 수 있다고 하지 못한다. 우리가 대상으로부터 어떤 감각을 얻을 수 있는가를 결정하는 것은 주로 대상과 우리 신체의 상대적 위치이기 때문이다.

그런데 시각의 공간이든 촉각의 공간이든, 또는 다른 감관에서 나타나는 막연한 공간이든 우리의 감각소여는 개인적 공간에 위치해 있다. 과학이나 상식이 가정하는 것처럼 만약 물질적 대상이 존재하는 하나의 공통되고 포괄적인 물리적 공간이라는 것이 있다면, 그 물리적 공간에 있어서 물질적 대상의 상대적인 위치는 우리의 개인적 공간 안에 있는 감각소여의 상대적 위치와 어느 정도까지는 대등한 것이어야만 한다. 우리가 이렇게 가정하더라도 거기에서 어떤 난점이 제기되지는 않는다.

길에서 어떤 집이 다른 집보다 더 가깝게 보인다면 우리의 다른 감관도 이 집이 더 가깝다는 견해의 편에 설 것이다. 예를 들어, 그 길을 따라가면 그 집에 먼저 도착할 것이고, 또 다른 사람들도 우리가 더 가깝다고 본 이 집보다 더 가깝다는 데 기꺼이 동의할 것이다. 육지측량부(陸地測量部)의 지도도 마찬가지 견해를 나타낼 것이다.

이렇듯 모든 것이 집 사이의 공간적 관계와, 우리가 집을 볼 때의 감각소여 사이의 관계가 대응하고 있음을 나타내고 있다. 따라서 우리는 물리적 대상이 있으며, 이 공간 속에서 물리적 대상은 이에 대응되는 감각소여가 우리의 개인적 공간 속에서 갖는 공간적 관계에 대응하는 공간적 관계를 갖는다고 가정할 수 있다. 기하학에서 취급하고 물리학이나 천문학이 가정하는 것도 바로 이와 같은 물리적 공간인 것이다.

물리적 공간이라는 것이 있어 그것이 앞에서 살펴본 바와 같이 개인적 공간에 대응한다고 가정하면, 우리는 이에 대해 무엇을 알 수 있을까? 우리는 단지 이런 대응을 확보하기 위해 필요한 것만 알 수 있을 뿐이다. 즉 우리는 물리적 공간 자체가 무엇인지는 알 수 없지만, 물질적 대상의 여러 가지 공간적 관계에서 생기는 물질적 대상의 배열 방법만은 알 수 있는 것이다. 예를 들면, 우리는 물리적 직선이 본질적으로 어떤 것인지를, 우리가 시각적 공간에서 직선이 어떻게 보이는지를 아는 것처럼 알지는 못하더라도, 일식 때에는 지구와 태양과 달이 일직선을 이룬다는 것을 알 수 있다.

이렇듯 우리는 거리 그 자체보다는 물리적 공간에서의 거리의 관계에 대해 더 많은 지식을 얻는다. 우리는 어떤 거리가 다른 거리보다 멀다거나, 어떤 거리가 다른 거리와 동일한 직선에 놓여 있다는 것은 알 수 있지만, 우리의 개인적인 공간에 있어서 거리나 색깔이나 소리나 그 밖의 감각소여를 직접 아는 것처럼 물리적 진리를 직접 알 수는 없다.

우리는 고작 날 때부터 장님인 사람이 다른 사람을 통해 시각 공간을 아는 정도로만 물리적 공간에 대해 알 수 있을 뿐이다. 그러나 날 때부터 장님인 사람이 시각 공간에 대해 절대로 알 수 없는 것처럼 우리도 역시 물리적 공간에 대해 알 수 없다. 우리는 감각소여와의 대응관계를 지속시키는 데 필요한 여러 관계의 성질에 대해서는 알 수 있지만, 이런 여러 관계가 성립하는 관계항(關係項)의 성질을 알 수는 없다.

시간에 대해 생각하면 지속이나 시간의 경과에 대한 우리의 '느낌'은 시계에 의해 흘러가는 시간에 대한 안내자로는 완전치 못하다고 할 수 있다. 무료하거나 고통을 받을 때는 시간이 천천히 지나가고 즐거울 때는 빨리 지나가며, 잠들어 있을 때는 시간이 거의 존재하지 않는 것처럼 지나간다. 그러므로 시간이 지속으로 이루어져 있는 이상, 공간에서의 경우처럼 공통된 시간과 개인적 시간을 구별해야만 할 것이다. 그러나 시간이 전후의 '순서'로 이루어져 있다면, 그런 구별을 할 필요는 없다.

사건이 갖고 있는 듯이 생각되는 시간적 순서는 우리가 알고 있는 한에서는 이 사건들이 실제로 가지고 있는 시간적 순서와 같다. 아무튼 이 두 개의 순서가 같지 않다고 상정할 이유는 전혀 없다. 이 말은 보편적으로 공간에 대해서도 적용된다. 일개 연대의 군사들이 거리를 행진하고 있을 때 연대의 '모양'은 시점에 따라 다르게 보이지만, 군사들은 어느 시점에서 보더라도 같은 '순서'로 배열되어 있을 것이다. 그런 이유로 우리는 '순서'라는 것은 물리적 공간 속에서도 변하지 않는다고 간주한다. 반면에 모양은 순서의 유지에 필요한 경우에 한하여 물리적 공간에 대응한다고 여겨질 따름이다.

사건이 '갖고 있는 듯이 보이는' 시간적 순서와 사건이 '실제로 갖고 있는' 시간적 순서가 같다고 할 경우, 흔히 있을 수 있는 오해에 빠지지 않도록 유의하지 않으면 안 된다. 말하자면 온갖 물질적 대상의 다양한 상태가 이런 대상들의 지각을 구성하는 감각소여와 같은 시간적 순서를 갖는다고 생각해서는 안 된다는 것이다. 천둥과 번개를 물질적 대상으로 생각한다면, 이는 동시적인 것이다. 즉 번개는 공기의 교란이 시작되는 곳, 이를테면 번개가 있는 장소에서 공기의 교란과 동시에 발생한다. 그러나 우리가 천둥소리를 듣는 것이라고 말하는 감각소여는, 공기의 교란이 우리가 있는 곳으로 전달되기 전까지는 발생하지 않는다.

이와 마찬가지로 태양광선이 우리에게 도달하기까지는 약 8분이라는 시간이 소요된다. 그러므로 우리가 태양을 볼 때 그것은 8분 전의 태양을 보고 있다는 말이 된다. 우리의 감각소여가 물질적 태양에 대한 증거를 제시한다고 하면 그것은 8분 전의 물질적 태양에 대한 증거를 주는 것이다. 만약 물질적 태양이 마지막 8분 동안에 존재하지 않게 되더라도 우리가 '태양을 본다'고 하는 감각소여에 어떤 차이가 생길 수는 있다. 이것은 감각소여와 물질적 대상을 반드시 구별해야 한다는 것을 알려주는 명백한 사례이다.

공간에 대해 우리가 발견한 것은 감각소여와 물질적 대응물 사이의 대응관

제3장 물질의 본성 _ 37

계에서 발견한 것과 같다. 만약 어떤 대상은 푸르게 보이고 어떤 대상은 붉게 보인다면 우리는 당연히 물질적 대상에도 이에 대응하는 차이가 있다고 가정할 수 있다. 또 두 개의 대상이 모두 푸르게 보인다면 우리는 이에 대응하는 유사성을 가정할 수 있다. 그러나 대상을 푸르게, 또는 붉게 보이도록 만드는 물질적 대상의 성질을 우리가 직접 알게 되기를 바랄 수는 없다. 과학에서는 이 성질이 일종의 파동이라고 설명되며, 우리는 이때 우리가 보는 공간 속에서의 파동을 생각하기 때문에 그 설명이 낯설지 않게 여겨진다. 그러나 이 파동은 사실 우리가 직접 알 수 없는 물리적 공간 속에 있는 것이어야만 한다. 그러므로 참된 파동은 우리가 알고 있다고 생각하는 것처럼 친숙한 것이 아니다.

　이와 같이 색깔에 대해 한 말은 다른 감각소여에 대해서도 거의 비슷하게 적용된다. 이리하여 우리는 물질적 대상의 '관계'는 모든 종류의 인식할 수 있는 성질을 가지고 있고, 이와 같은 성질은 감각소여와의 대응관계에서 도출시킬 수 있지만, 물질적 대상 자체는 적어도 감관을 통해 발견되는 한에서는 그 내재적 성질을 알 수 없다는 사실을 깨달았다. 그리고 물질적 대상의 내재적 본성을 발견하는 다른 방법의 유무(有無)에 대한 문제는 아직까지도 그대로 남아 있다.

　비록 궁극적으로 가장 유력한 것은 아니라 할지라도 우선 첫번째로 손꼽아야 할 가장 자연스러운 가정은, 적어도 시각적 감각소여에 대해서는 지금까지 고찰한 여러 가지 이유로 보아 물질적 대상은 감각소여와 일치하지는 않지만 어느 정도는 비슷하다는 것이다. 이 견해에 의하면 물질적 대상이 예컨대 실제로 색깔을 가지고 있는 것이 되며, 우리는 운만 좋으면 어떤 대상의 실제의 색깔을 볼 수 있을지도 모른다. 어떤 대상이 일정한 순간에 갖고 있는 것처럼 생각되는 색깔은, 각기 다른 시점에서 볼 때 비록 완전히 일치하지는 않더라도 일반적으로 매우 비슷한 것이다. 따라서 우리는 그 '실재의' 색깔을 일종의 중간색, 즉 각기 다른 시점에서 보이는 여러 가지 색깔의 중간에 있는 색이라고 가정할 수도 있을 것이다.

이와 같은 이론은 아마도 결정적으로 논박될 수는 없겠지만, 근거가 결여되어 있다는 것을 보여줄 수는 있다. 첫째로 우리가 보는 색깔은 단지 눈을 자극하는 광파(光波)의 성질에만 의존하기 때문에 빛이 대상으로부터 눈의 방향으로 반사되는 방법에 의해 변화하는 것과 같이 우리와 대상 사이에 끼여 있는 매개체에 의해서도 변화된다는 것은 분명한 사실이다. 중간에 개재하는 공기는 완전히 투명하지 않으면 색깔을 변화시키고, 강렬한 반사는 어떤 색깔이라도 완전히 변화시킬 것이다.

이렇듯 우리가 보는 색깔은 눈에 도달할 때의 광선의 결과이며, 단순히 광선에서 나오는 대상의 성질은 아니다. 따라서 어떤 광선이 눈에 도달하면, 그 광선이 나오는 대상이 색을 갖고 있든 없든 우리는 어떤 색깔을 보게 된다. 그러므로 물질적 대상이 색깔을 갖고 있다고 상정하는 것은 전혀 근거가 없으며, 결국 그런 상정을 정당화할 만한 것도 없다. 이와 똑같은 논의가 다른 감각소여에도 적용될 수 있다.

이제 남은 문제는, 만약 물질이 실제로 존재한다면 물질은 이러이러한 성질이어야만 한다고 주장할 만한 어떤 일반적인 철학적 논의가 있느냐 없느냐 하는 것이다. 이미 앞에서 설명했듯이 수많은 철학자들이, 아니 거의 대부분의 철학자들이 실제로 존재하는 것은 무엇이든지 어떤 의미로는 정신적인 것이며, 또는 적어도 그것에 대해 다소라도 알 수 있는 것은 무엇이든지 어떤 의미로는 틀림없이 정신적인 것이라고 주장해 왔다. 이런 철학자들을 일컬어 '관념론자'라고 한다.

관념론자들은 물질로 보이는 것은 실은 정신적인 것이라고 말한다. 이를테면 그것은 (라이프니츠가 주장한 것처럼) 어느 정도는 아직 미숙한 정신이거나, (버클리가 주장한 것처럼) 우리가 흔히 말하듯이 물질을 '지각하는' 정신 속의 관념이다. 이처럼 관념론자들은 우리의 감각소여가 개인적인 감각으로부터 독립하여 존재하는 어떤 것의 기호라는 것을 부정하지는 않지만, 정신과는 본질적으로 다른 어떤 것으로서 물질이 존재한다는 것은 부정한다.

다음 장에서는 관념론자들이 자신들의 이론을 옹호하기 위해 내세우는 이유 — 나는 그것을 잘못된 이론이라고 생각하지만 — 를 간단히 고찰해 보기로 하자.

관념론 제4장

'관념론'이라는 말은 여러 철학자들에 의해 조금씩 다른 뜻으로 사용되고 있다. 우리는 이 말을 존재하는 것, 또는 적어도 존재한다고 알려진 것은 모두 어떤 의미로는 정신적인 것이어야만 한다는 이론이라고 생각하기로 하자. 철학자들 사이에서 매우 넓은 의미로 주장되고 있는 이 이론은 여러 가지 형태가 있고, 동시에 몇몇 다른 근거에서 옹호된다. 이 이론은 광범위하게 주장되고 있을 뿐만 아니라 그 자체가 매우 흥미롭기 때문에 아무리 간략한 철학의 개관(槪觀)이라도 약간의 설명을 덧붙이지 않을 수 없다.

철학적 사변에 서툰 사람이라면 이런 이론은 합리적이 아니라는 이유를 내세워 거부할지도 모른다. 분명히 상식적으로 생각하면 책상, 의자, 태양, 달 등과 같이 일반적으로 물질적인 대상들은 정신이나 정신의 내용과는 본질적으로 다르고, 정신이 소멸된다 하더라도 계속 존재하는 것이다.

우리는 물질이 정신이 존재하기 훨씬 전부터 존재했었다고 생각하므로, 물질이 단지 정신활동의 소산일 뿐이라고 생각하기는 어려운 일이다. 그러나 옳든 옳지 않든 관념론을 완전히 불합리한 것으로서 배척할 수는 없는 일이다.

이미 살펴본 바와 같이 물질적 대상이 독립된 존재를 갖는다 하더라도 그것은 감각소여와는 명백히 다른 것이고, 카탈로그가 여기에 기재되어 있는 사물과 대응되는 것과 같은 방식으로 감각소여와 '대응' 될 수 있을 뿐이다. 따라서 상식은 우리를 물질적 대상의 진정한 내적 성질에 대해서는 무지의 상태에 머물게 하며, 만약 물질적 대상을 정신적인 것으로 간주할 합당한 이유가 있다면 우리는 이 견해가 단지 기묘하게 생각된다는 이유만으로 그것을 부인할 수는 없다. 물질적 대상에 대한 진리가 기묘하다는 것은 '명백한' 사실이다. 그것은 도달할 수 없는 것인지도 '모르지만', 어떤 철학자가 그것에 도달했다고 확신한다면 그가 내세우는 진리가 기묘하다는 것을 그 견해에 반대하는 근거로 삼아서는 안 된다.

관념론이 지지받는 근거는 대체로 인식론(認識論), 즉 우리가 사물을 인식하기 위해 사물이 만족시켜 주어야만 하는 여러 조건들을 검토하는 것에서 도출된 것이다. 버클리 주교는 이와 같은 근거에 의거하여 관념론을 확립하고자 최초로 진지하게 시도한 사람이었다. 그는 대체로 설득력 있는 논증에 의해 우리의 감각소여는 우리로부터 독립된 존재를 갖는다고는 생각되지 않지만, 보거나 듣거나 만지거나 냄새를 맡거나 맛보거나 하지 않으면 그 존재가 지속되지 않으리라는 의미에서는 적어도 그 일부는 '정신 속에' 있어야 한다는 것을 증명했다.

비록 그의 논증에 일부 모순이 있다 하더라도 여기까지의 그의 주장은 대체로 옳은 것이었다. 그러나 그는 이에 그치지 않고, 감각소여는 우리의 지각이 그 존재를 보증해 주는 유일한 것이므로 인식된다는 것은 '정신 속에' 있는 것, 따라서 정신적인 것이라고 말했다. 그런 이유로 그는 어떤 정신 속에 존재하는 것을 제외하고는 아무것도 인식할 수 없으며, 나의 정신 속에 존재하지는 않지만 인식되는 것은 모두 어떤 다른 정신 속에 존재해야만 한다는 결론에 도달했다.

그의 논의를 이해하려면 먼저 그가 '관념(idea)'이라는 말을 어떤 뜻으로 사용했는지를 알아야 한다. 그는 이를테면 감각소여와 같이 '직접적으로' 인식되는 모든 것을 '관념'이라고 이름 붙였다. 따라서 우리가 보는 어떤 특정한 색깔은 관념이고, 우리가 듣는 목소리 등도 마찬가지로 관념이다. 그러나 이 명칭은 전적으로 감각소여에만 한정되어 사용되는 것은 아니다. 생각나거나 상상되는 것도 여기에 포함된다. 왜냐하면 그런 것도 생각나거나 상상되는 그 순간에는 직접적으로 알 수 있기 때문이다. 그는 이와 같은 모든 직접적 소여도 '관념'이라고 불렀다.

이어서 그는, 예컨대 나무와 같은 평범한 대상에 대한 고찰을 시작했다. 우리가 나무를 '지각'할 때 직접적으로 알게 되는 모든 것은 그가 말하는 의미에서의 관념으로 형성되어 있다는 것을 명시하고, 또한 지각되는 것 이외에 나무에 대해 어떤 실재적인 것이 있다고 가정할 근거는 조금도 없다고 주장한다. 그는 지각된다는 데 그 존재가 있다고 말한다. 스콜라 철학[1]자의 표현을 빌려 라틴어로 말하면 'esse(존재하는 것)'는 'percipi(지각되는 것)'이다. 그는, 우리가 눈을 감거나 부근에 사람이 없을 때에도 나무는 계속 존재해야 한다는 것을 충분히 인정하고 있다. 그러나 그는 이렇듯 계속 존재하는 것은 신이 그것을 지각하고 있다는 사실에 기인한다고 말한다. 즉 우리가 말하는

---

1 8~14세기에 걸쳐 체계화된 신학(神學) 중심 철학의 총칭이다. 서방 가톨릭 교회에 속하는 여러 학교에서 교회 교리의 학문적 근거를 체계적으로 확립하기 위해 이루어진 기독교 변증의 철학으로, 주로 아리스토텔레스 및 플라톤의 철학을 채용했으며 뒤에 토마스 아퀴나스가 대성했다. 초기의 대표적 인물로는 '스콜라 철학의 아버지'로 불리는 안셀무스를 비롯하여 아벨라르, 에리우게나 등이 있다. 전성기였던 13세기에는 토마스 아퀴나스가 대표적 인물이며, 후기에는 오컴, 에크하르트가 있다. 이후 근세철학의 발흥과 더불어 붕괴했으나 14세기에 이르러 신(新)스콜라학파가 일어났다.

물질적 대상에 대응되는 '실재하는' 나무는 신의 정신 속의 관념으로 구성되어 있으며, 신의 정신 속의 관념은 나무가 계속 존재하는 이상 신의 정신 속에 언제까지나 존재한다는 점에는 차이가 있다.

그의 말에 따르면 우리의 모든 지각은 신의 지각에 부분적으로 관여하는데, 각기 다른 사람들이 대체로 같은 나무를 보게 되는 것은 바로 이 관여가 있기 때문이라고 한다. 그러므로 정신과 그 관념을 이탈해서는 이 세상에 무엇 하나 존재하는 것이 없으며, 인식되는 모든 것은 언제나 관념이기 때문에 관념 이외에 인식될 수 있는 것은 하나도 없다.

철학사적(哲學史的)으로 생각할 때 이 논의에는 중대한 오류가 매우 많으며, 따라서 그 오류를 밝히는 것 또한 매우 중대한 일이다. 우선 거기에는 '관념'이란 단어의 사용에 따른 혼란이 있다. 우리는 관념을 본질적으로 다른 사람의 정신 속에 있는 것이라고 생각한다. 그렇기 때문에 나무는 완전히 관념으로 형성되어 있다는 말을 들으면 자연히, 만약 그렇다면 나무는 완전히 정신 속에 존재해야만 한다고 생각하게 된다. 그러나 정신 속에 있다고 하는 개념은 지극히 애매한 것이다.

우리가 어떤 사람을 마음속으로 생각한다는 것은 그 사람이 우리의 마음속에 있다는 의미가 아니라 그 사람에 대한 생각이 우리의 마음속에 있다는 의미다. 해결해야 할 어떤 일을 깨끗이 잊어버렸다고 말할 때, 그것은 그 일 자체가 전에는 마음속에 있었다는 의미가 아니라 전에는 일에 대한 생각이 마음속에 있었지만 그후 마음속에서 지워졌다는 의미다. 이와 마찬가지로 나무는 만약 우리가 그것을 인식할 수 있다면 그것은 우리의 정신 속에 있어야 한다고 버클리가 말할 때, 그가 확실히 말할 수 있는 권리를 가진 것은 고작 우리의 정신 속에 나무에 대한 생각이 있어야 한다는 것뿐이다.

나무 자체가 우리의 마음속에 반드시 있어야 한다는 말은 우리가 마음속으로 생각하는 어떤 사람이 우리의 마음속에 있다고 하는 말과 같다. 이와 같은 혼란은 너무나 조잡해서 유능한 철학자라면 실제로 범하지 않으리라고 생각되지만, 몇몇 부수적인 사정으로 인하여 이런 혼란이 가능했던 것이다. 무슨 이유로 이런 혼란이 가능했는지를 이해하려면 관념의 본성에 대한 문제를 좀 더 깊이 고찰해 보아야 한다.

관념의 본성에 대한 일반적인 문제를 다루기 전에 감각소여와 물질적 대상에 연관되어 나타나는 전혀 다른 두 가지 문제를 구별하지 않으면 안 된다. 앞에서 우리는 여러 가지 상세한 이유로 하여 버클리가 나무에 대한 지각을 구성하는 감각소여를 다소나마 주관적인 것으로 취급한 것은 적절했음을 인정했다. 여기서 주관적이라 함은 그 감각소여가 나무에 의존하는 것과 마찬가지로 우리에게도 의존하며, 만약 그 나무가 지각되지 않았다면 존재하지도 않았을 것이라는 의미에서이다. 그러나 그것은 직접적으로 인식되는 것은 모두 정신 속에 있어야 한다는 것을 증명하려는 버클리의 관점과 전적으로 다른 관점이다. 이와 같은 목적 때문이라면 감각소여가 우리에게 의존한다는 세부적인 논의는 필요하지 않다. 증명되어야 하는 것은, 일반적으로 사물은 인식됨으로써 정신적인 것으로 표시된다는 점이다.

버클리 자신은 이 점을 증명했다고 믿고 있다. 지금 우리가 생각해 보아야 할 문제는 바로 이것이며, 앞에서 말한 감각소여와 물질적 대상의 차이에 대한 문제는 아니다.

버클리가 말하는 의미의 '관념'을 취할 경우에는, 관념이 정신 앞에 있을 때는 언제나 전혀 다른 두 가지 일을 염두에 두어야만 한다. 한편으로는 우리가 의식하고 있는 것 —예를 들면, 내 책상의 색깔— 이 있고, 다른 한편으로는 현실적인 의식 자체, 말하자면 사물을 감지하는 정신활동이 있다. 정신활동은 말할 것도 없이 정신적이다. 그러나 그렇다고 해서 감지된 사물을 어떤 의미에서든 정신적인 것이라고 가정할 이유가 있는가?

색깔에 대한 앞서의 논의에서는 그것이 정신적인 것이라고 증명하지는 않았다. 앞에서는 다만 색깔의 존재는 우리의 감관(感官)과 물질적 대상 — 우리의 경우에는 책상 — 의 관계에 의존한다는 것만이 증명되었을 뿐이다. 다시 말해서, 그 논의에서는 정상적인 눈이 책상에 대해 어떤 위치에 놓이면 어떤 빛 속에 어떤 색깔이 존재하리라는 것이 증명된 것이다. 이 논의로는 색깔이 그것을 지각하는 사람의 정신 속에 있다는 것이 증명되지 못한다.

색깔은 반드시 정신 속에 존재해야 한다는 버클리의 견해가 타당성 있게 생각되는 것은 감지된 것과 감지하는 작용을 혼동하기 때문인 듯싶다. 이 두 가지는 모두 관념이라고 말할 수 있고, 버클리 또한 아마도 이 두 가지를 관념이라고 불렀을 것이다. 감지하는 작용이 정신 속에 있음은 틀림없는 사실이다. 따라서 이 작용을 생각할 때, 우리는 관념이 정신 속에 존재해야 한다는 견해에 쉽사리 동의하게 된다. 그러나 우리는 이것이 관념이 감지작용으로 해석되었을 때에만 옳다는 것을 망각하고 '관념은 정신 속에 존재한다' 는 명제를 관념의 다른 한 가지 의미, 즉 우리의 감지작용에 의해 감지된 것으로 옮겨놓는다.

이처럼 무의식중에 분명치 않은 용어를 사용함으로써, 우리는 감지될 수 있는 것은 모두 우리의 정신 속에 있어야 한다는 결론에 이르게 된다. 이것이 버클리의 논증과 그 근저에 있는 궁극적 오류에 대한 참다운 분석일 것이다.

사물을 감지할 때의 작용과 대상을 구별하는 이 문제는 상당히 중요한 것이다. 왜냐하면 이 문제는 지식을 획득하는 우리의 모든 능력과 연관되기 때문이다. 자기 자신 이외의 것을 인식하는 능력은 정신의 중요한 특징이다. 대상을 직접 인식한다는 것은 본질적으로는 정신과 정신 이외의 어떤 것의 관계로 구성된다. 이리하여 사물을 인식하는 정신의 능력이 이루어지는 것이다.

만약 인식되는 사물이 정신 속에 존재해야 한다고 말한다면, 우리는 정신의 인식 능력을 부당하게 제한하거나, 아니면 단순히 같은 말을 되풀이하는 데 불과할 뿐이다. '정신 속에'라는 말이 '정신 앞에'와 같은 의미라면, 다시 말해서 다만 정신에 의해 감지되는 것을 의미할 뿐이라면, 우리는 같은 말을 되풀이해서 하고 있을 따름인 것이다. 그러나 우리가 만약 이런 의미로 말하고 있는 것이라면, '이런 의미에서' 정신 속에 있는 것은 그럼에도 불구하고 정신적이 아닐 수도 있다는 사실을 인정해야만 할 것이다.

이렇게 해서 지식의 본성을 깨닫게 될 때 버클리의 논의가 내용은 물론 형식적으로도 그릇된 것임을 알게 되고, 동시에 '관념', 즉 감지된 사물이 정신적이어야 한다고 가정하는 근거가 전혀 비합리적이라는 사실을 깨닫게 될 것이다. 따라서 관념론을 옹호하는 그의 근거도 배제되어야 마땅하다.

이제 남은 문제는 그 밖의 다른 근거가 있는지를 밝혀내는 일이다. 우리는 흔히 우리가 인식하지 못하는 것은 그 존재를 알 수 없다고, 이것이 마치 명백한 진리인 것처럼 말한다. 어떻게든 우리의 경험과 연관될 수 있는 것이라면 모두 적어도 우리에 의해 인식되어야 한다는 것으로부터 이런 추리가 나온다. 여기에서 다음과 같은 결론을 내릴 수 있다. 만약 물질이 본질적으로 우리가 직접 인식할 수 없는 것이라면 물질은 우리가 그 존재를 알 수 없는 어떤 것이고, 따라서 우리에게는 조금도 중요하지 않은 것이라는 사실이다.

또한 여기에는 우리에게 조금도 중요하지 않은 것은 실재할 수 없고, 그런 이유로 물질은 정신이나 정신적 관념으로 이루어져 있지 않다면 실재할 수 없으며 다만 환상에 불과할 뿐이라는 것이, 그 이유는 분명치 않지만 일반적으로 암시되어 있다.

여기서 이 논의를 깊이 다루는 것은 불가능하다. 이 논의는 상당한 예비적 검토가 필요한 논점을 수반하고 있기 때문이다. 그러나 이 논의를 거부하기 위한 몇 가지 이유는 금세 발견할 수 있을 것이다.

결론부터 말하자면, 우리에게 있어 '실제적인' 중요성을 갖지 못하는 것이 실재하지 못한다는 이유는 없다. 거기에 '이론적' 중요성도 포함시킨다면 모든 실재하는 것은 우리에게 어떤 중요성을 갖는다고 말할 수 있다. 왜냐하면 우주의 진리를 알고자 간절히 바라는 인간으로서 우리는 우주에 포함되어 있는 모든 것에 관심을 갖기 때문이다. 그러나 이와 같은 관심까지도 포함시킨다면, 비록 물질이 존재하는 것을 우리가 알 수 없다 하더라도 물질이 존재한다면 그것이 우리에게 조금도 중요하지 않다고 하는 것은 부당하다. 분명 우리는 물질이 존재한다고 생각하거나, 정말 그것이 존재할까 하고 의심하기도 한다. 따라서 물질은 우리의 지식욕과 연관지어져 있고 지식욕을 충족시키거나 좌절시키는 중요성을 가지고 있다.

다시 말해서 우리가 알지 못하는 어떤 것이 존재한다는 것을 우리가 결코 알 수 없다는 생각은 명백한 이치가 아니라 잘못된 생각이다. 여기서 '안다'는 말은 두 가지 다른 뜻으로 사용되고 있다.

(a) 첫번째 사용법으로서의 이 말은 오류에 대립하는 지식에 적용되며, 우리가 아는 것이 진리라는 뜻, 우리의 신념과 확신, 즉 '판단'이라고 일컬어지는 것에 적용되는 뜻으로 사용된다. 이런 뜻에서 이 말은 어떤 것이 사실이라

는 '것'을 아는 것이다. 이와 같은 종류의 지식은 '진리'에 대한 지식이라고 할 수 있다.

(b) 위에서 말한 '안다'의 두 번째 의미에서의 이 말은 사물에 대한 우리의 지식에 적용된다. 우리는 이것을 '직접지(直接知, acquaintance)'라고 부를 수 있는데, 이는 우리가 감각소여를 안다는 뜻인 것이다(이 구별은 대체로 프랑스어의 savoir와 connaître, 독일어의 wissen과 kennen의 차이와 같다).

그러므로 자명한 이치처럼 생각되었던 명제는 다음과 같이 고쳐 쓸 수 있다. '우리가 직접적으로 알 수 없는 어떤 것이 존재한다는 것을 옳게 판단하기란 불가능한 일이다.' 이것은 자명한 이치가 아니라 오히려 분명한 오류이다. 나는 중국 황제를 직접 알 수 있는 영광을 누리지는 못했지만 그가 존재한다고 판단하는 것은 옳다. 물론 누군가 그를 직접 알고 있는 사람이 있기 때문에 내가 이런 판단을 내렸다고 말할 수도 있다. 그러나 이것은 이치에 맞지 않는 반박이다. 만약 앞에서 말한 원리가 참이라면 나는 중국 황제를 직접 아는 누군가가 있다는 사실을 알 수 없기 때문이다. 그러나 더 나아가서 '어느 누구도' 직접 알지 못하는 것이 존재한다는 사실을 내가 알 리 없다고 해야 할 이유는 없다. 이 점은 매우 중요하므로 설명이 필요하다.

존재하는 어떤 것을 내가 직접 알고 있다면 나의 직접지는 나에게 그것이 존재한다는 지식을 줄 것이다. 이에 반해 어떤 것이 존재한다는 것을 내가 알 수 있는 경우에는 언제나, 또는 다른 사람이 그것을 직접 알고 있어야 한다는 것은 참이 아니다. 우리가 직접지 없이 옳은 판단을 할 때 생기는 것은, 그것이 '기술(記述, description)'에 의해 나에게 알려지며, 또한 어떤 일반적 원리에 의해 이 기술에 대응하는 것의 존재는 내가 직접 알고 있는 어떤 것의 존재로부터 추론이 가능하다는 것이다.

이 점을 완전히 이해하기 위해서는 먼저 직접지에 의한 지식과 기술에 의한 지식을 구별하고, 이어서 만약 일반적 원리가 있다면 어떤 일반적인 원리가 우리 자신의 경험의 존재에 대한 지식과 같은 종류의 확실성을 갖는지 고찰해 보아야만 한다. 다음 장에서는 이와 같은 문제를 다루어 보겠다.

직접지에 의한 지식과 기술에 의한 지식

제5장

앞 장에서 우리는 두 종류의 지식, 즉 사물에 대한 지식과 진리에 대한 지식이 있다는 사실을 알았다. 이 장에서는 사물에 대한 지식만을 취급하고자 한다. 그런데 이 사물에 대한 지식도 두 종류로 분류된다.

사물에 대한 지식이 우리가 '직접지'라고 부르는 지식인 경우에는 본질적으로 진리에 대한 지식보다 단순하며 논리적으로는 진리에 대한 지식에서 독립되어 있다. 실제로 인간은 사물에 대한 진리를 동시에 알지 못하면서도 사물을 직접 알 수 있다고 한다면 지나치게 경솔한 가정이 될 것이다. 반대로 '기술'에 의한 사물의 지식은 이 장의 논술이 진행되어 감에 따라 밝혀지겠지만, 그 원천과 근거로서 항상 다소나마 진리에 대한 지식을 포함하고 있다. 그러나 먼저 우리는 '직접지'가 의미하는 것은 무엇인가, 그리고 '기술'이 의미하는 것은 무엇인가를 분명히 밝혀둘 필요가 있다.

추리의 과정이나 진리에 대한 지식의 매개에 있어 직접 어떤 것을 의식할 때 우리는 '직접지'를 가졌다고 한다. 그러므로 책상 앞에 있을 때 나는 책상의 현상을 만들어내는 감각소여―그 색깔, 모양, 단단함, 평평함 등―를 직접 알게 된다. 이것은 모두 내가 책상을 보거나 만질 때 직접 느낄 수가 있는 것이다. 내가 보고 있는 색깔의 특정한 색감에 대해서는 표현을 달리하여 여러 가지로 말할 수 있을 것이다. 즉 그것은 갈색이라든가, 아니면 검은색에 가깝다든가 하고 말할 수 있을 것이다.

그러나 이런 말은 색깔에 '대한' 진리를 일깨워주기는 하지만, 색깔 자체에 대해 내가 전에 알았던 것 이상으로 더 잘 알게 하지는 않는다. 색깔에 대한 진리의 지식과 대립되는 색깔 자체에 대한 지식에 국한된 이상, 나는 어떤 색깔을 볼 때 그것을 완벽하게 알고 있으므로 색깔 자체에 대한 그 이상의 지식은 이론적으로 불가능한 것이다. 이렇듯 책상의 현상을 구성하는 감각소여는 내가 직접 알고 있는 것이고, 있는 그대로 직접 나에게 알려지는 것이다.

이에 반해 물질적 대상으로서의 책상에 대한 나의 지식은 직접적인 지식이 아니다. 그러므로 그것은 책상의 현상을 구성하고 있는 감각소여를 직접 인식함으로써 얻게 되는 지식이다. 책상의 존재 여부에 대한 의심은 불합리한 것이 아니지만, 감각소여에 대한 의심은 합리적이 아니라는 사실을 우리는 이미 알고 있다.

책상에 대한 나의 지식은 우리가 '기술에 의한 지식'이라고 일컫는 것이다. 이 책상은 '이러이러한 감각소여를 유발시키는 물질적 대상'이다. 이것은 감각소여를 통해 책상을 '기술'하고 있다. 책상에 대한 어떤 것을 알기 위해서는 책상을 우리가 직접 알고 있는 것과 연결짓는 진리를 알아야만 한다. 우리가 직접 책상을 의식하는 정신적 상태는 없다.

책상에 대한 우리의 지식은 모두 실제로 '진리'에 대한 지식이고, 책상이라는 현실적인 사물은 엄밀히 말해 우리에게 전혀 인식되지 않는다. 우리는 어떤 기술을 알고 있다. 그리고 비록 대상 자체는 우리에게 직접 인식되지 않지만, 이러한 기술이 적용되는 단 하나의 대상이 있다는 사실도 알고 있다.

이 경우에 우리는 그 대상에 대한 지식을 기술에 의한 지식이라고 말하는 것이다.

우리의 모든 지식은, 즉 사물에 대한 지식이나 진리에 대한 지식은 모두 그 기초로서의 직접지에 의존한다. 따라서 우리가 직접 알고 있는 것이 어떤 종류인지를 고찰하는 것은 중요한 일이다.

이미 살펴보았듯이 감각소여는 우리가 직접 아는 것에 속한다. 실제로 감각소여는 직접지에 의한 지식의 가장 명백하고 뚜렷한 예다. 그러나 만약 감각소여만이 유일한 예라면 우리의 지식은 실제보다 훨씬 제한될 것이다. 우리는 현재 우리의 감관에 나타나 있는 것만을 알 수 있을 것이다. 우리는 과거에 대해서는 ─ 심지어 과거가 있다는 것조차도 ─ 전혀 알 수 없고, 동시에 감각소여에 대한 어떤 진리도 알 수 없을 것이다. 왜냐하면 이제 곧 밝혀지겠지만, 진리에 대한 지식은 모두 감각소여와 근본적으로 다른 속성을 가진 것, 이따금 '추상관념(抽象觀念)'이라고 불리지만 우리는 '보편(普遍, universal)'이라고 부르려는 것에 대한 직접지를 요구하기 때문이다. 따라서 우리의 지식을 정확하게 분석하기 위해서는 감각소여 이외의 다른 것에 대한 직접지를 고찰하는 일이 필요하다.

감각소여를 제외하고 가장 먼저 고려되어야 할 것은 '기억'에 의한 직접지다. 우리는 보거나 듣거나 또는 다른 방법으로 우리의 감관에 나타난 것을 이따금 상기하고, 또한 그런 경우 우리가 상기하는 것이 현재가 아닌 과거의 것으로 나타나는데도 우리는 그것을 직접 의식한다. 이는 부정할 수 없는 사실이다. 기억에 의한 이 직접적인 지식은 과거에 대한 우리의 모든 지식의 근원이 된다. 이런 지식이 없으면 추리될 수 있는 과거의 것이 있는지 결코 알 수 없으므로 추리에 의해 과거를 안다는 말은 성립되지 않는다.

다음으로 고려해야 할 것은 '내성(內省, introspection)'에 의한 직접지다. 우리는 사물을 의식하고, 나아가 때때로 사물을 의식하고 있다는 사실을 의식한다. 태양을 바라볼 때 나는 흔히 태양을 보고 있다는 것을 의식한다. 따라서 '태양을 보고 있다는 것'은 내가 직접 아는 대상이다. 음식을 먹고 싶을 때 나는 내가 음식을 먹고 싶어한다는 것을 의식하게 된다. 따라서 '내가 음식을 먹고 싶어하는 것'은 내가 직접 아는 대상이다. 이와 같이 우리는 즐겁거나 고통스러운 느낌을 의식할 것이고, 보편적으로 우리 마음속에서 일어나는 변화를 의식할 수 있다. 이런 종류의 직접지를 자의식(自意識)이라고 할 수 있는데, 이것은 정신적인 것에 대한 우리의 모든 지식의 근원이다. 이렇듯 직접 알 수 있는 것은 분명 우리 마음속에서 일어나고 있는 일뿐이다.

다른 사람의 마음속에서 일어나는 것은 그들의 신체에 대한 우리의 지각, 즉 그들의 신체와 결부되어 있는 우리의 감각소여를 통해 우리에게 알려진다. 만약 우리 자신의 마음의 내용에 대한 직접지가 없다면 우리는 다른 사람의 마음을 상상할 수 없고, 그렇기 때문에 그들도 마음을 가졌다는 지식에 이르지 못할 것이다.

자의식이 인간과 동물을 구분짓는 요소의 하나라는 것은 자연스러운 생각이다. 우리는 동물에게는 감각소여에 대한 직접지가 있지만 이런 직접지를 스스로 의식하지는 못한다고 생각한다. 그러나 동물이 그들의 존재 여부를 의심한다는 뜻으로 이런 말을 한 것은 아니다. 다만 동물은 그들이 감각이나 감정을 갖고 있다는 것을 의식하지 못하고, 그리하여 감각과 감정의 주체인 그들이 존재한다는 것을 전혀 의식하지 못한다는 뜻이다.

우리 마음의 내용에 대한 직접지를 앞에서 '자의식'이라고 말했는데, 이는 물론 우리의 '자기(self)'에 대한 의식은 아니다. 이것은 특수한 사고나 감정에 대한 의식이다. 특수한 사고나 감정과 대립되는 있는 그대로의 자기 자신도 직접 알 수 있는가 하는 것은 매우 난해한 문제이므로, 이에 대해 긍정적으로 말한다는 것은 성급한 일이 될 것이다. 자기 자신을 성찰하려고 할 때 우리는 언제나 특수한 사고나 감정에 부딪히게 되고, 사고하고 감정을 느끼는 '나'에 도달하지는 못하는 것 같다. 그럼에도 불구하고 우리가 이런 '나'를 직접 알고 있다고 생각할 수 있는 몇몇 이유가 있다. 비록 이와 같은 직접지를 다른 것과 구별하는 것은 매우 어려운 일이지만, 그 몇몇 이유가 무엇인지를 명확히 하기 위해 잠시 특수한 사고에 대한 직접지에 실제로 포함되어 있는 것이 무엇인지 살펴보기로 하자.

'내가 태양을 보고 있다'는 것을 직접 알고 있는 경우, 나는 서로 무관하지 않은 두 가지 다른 것을 직접 알고 있다는 것은 아마도 분명하리라. 한편에는 내 앞에 태양을 나타나게 하는 감각소여가 있고, 다른 한편에는 이 감각소여를 보고 있는 것이 있다. 내 앞에 태양을 나타나게 하는 감각소여에 대한 나의 직접지와 같은 직접지는 모두 틀림없이 직접 아는 사람과 그 사람이 직접 알고 있는 대상 사이의 관계라고 생각된다. 직접지의 하나의 예가 내가 직접 알 수 있는 직접지일 경우(예컨대 내 앞에 태양을 나타나게 하는 감각소여에 대한 나의 직접지를 내가 직접 아는 경우와 같이), 내가 직접 알고 있는 사람이 나 자신임은 명백한 사실이다. 이와 마찬가지로 내가 태양을 보고 있다는 것을 직접 알고 있을 때, 내가 직접 알고 있는 모든 사실은 '감각소여를 자기 자신이 직접 알고 있다'는 것이 된다.

나아가 우리는 '내가 이 감각소여를 직접 알고 있다'는 진리를 알고 있다. 만약 우리가 '나'라고 말하는 어떤 것을 직접 알고 있지 않다면 어떻게 이 진리를 알겠는가. 게다가 이 진리가 무엇을 의미하는지 이해하기는 더욱 어렵게 된다. 그렇다고 우리는 다소 영속적인 사람, 즉 오늘도 어제와 변함이 없는 사람을 알고 있다고 가정할 필요까지는 없다. 그러나 우리는 그 본성이 무엇이든 간에, 아무튼 태양을 보고 감각소여를 직접 알고 있는 것을 반드시 직접 알아야만 할 것 같다.

그러므로 어떤 의미에서 우리는 우리의 특수한 경험과 대립되는 우리의 '자기'를 직접 알고 있어야만 할 것 같다. 그러나 이 문제는 난해하여 어느 쪽이든 복잡한 논의를 제시할 수 있다. 따라서 우리 자신에 대한 직접지가 '아마도' 있는 것 같다 하더라도 반드시 있다고 단언하는 것은 현명한 일이 아니다.

그런 이유로 존재하는 사물에 대한 직접지에 대해 지금까지 알아낸 것을 다음과 같이 요약할 수 있다. 우리는 감각에 있어서는 외부감각의 소여를, 내성에 있어서는 소위 내부감각의 소여 — 사고, 감정, 욕구 등 — 를 직접 알고 있다. 그리고 기억에 있어서는 외부감각이나 내부감각의 소여였던 것을 직접 알 수 있다. 나아가 비록 확실하다고 할 수는 없지만 사물을 의식하거나 사물에 대한 욕구를 갖는 '자기'에 대한 직접지가 가능할 듯싶다.

존재하는 특수한 사물에 대한 직접지 이외에 우리는 흔히 '보편'이라고 부르는 것, 이를테면 '흰 것', '다양성', '형제관계' 등과 같은 일반적인 관념을 직접 알고 있다. 모든 완전한 문장은 적어도 하나 정도는 보편을 나타내는 낱말을 포함하고 있어야 한다. 왜냐하면 모든 동사는 보편적인 뜻을 가지고 있기 때문이다. 보편에 대해서는 뒤에 제9장에서 보다 자세히 취급하기로 하고, 여기서는 다만 우리가 직접 알 수 있는 것은 모두 존재하는 특수한 것이어야 한다는 가정에 몰입하지 않도록 주의하는 것이 필요할 뿐이다. 보편을 의식하는 것은 '파악(把握, conceiving)'이라고 말하고, 우리가 의식하는 보편은 '개념(槪念, conception)' 이라고 말한다.

우리가 직접적으로 아는 대상에는 감각소여와 대립되는 물질적 대상은 포함되지 않으며, 또한 다른 사람의 마음도 포함되지 않는다는 것을 알 수 있을 것이다. 이런 사실은 내가 '기술에 의한 지식' 이라고 이름붙인 것으로 인해 우리에게 알려진다. 이제부터는 이 기술에 의한 지식에 대해 고찰하기로 하자.

'기술' 이라는 말을 가지고 나는 '어떤 것이 이러이러하다(a so-and-so)' 또는 '그것은 이러이러하다(the so-and-so)' 는 형식의 어구를 나타내고자 한다. 나는 '어떤 것이 이러이러하다' 는 형식의 어구를 '다의적(多義的)' 기술이라고 명명하고, '그것은 이러이러하다' 는 단수형(單數形) 형식의 어구를 '확정적' 기술이라고 명명하고 싶다. 그렇다면 '어떤 사람' 이라는 것은 다의적 기술이고, '철가면을 쓴 그 사람' 이라는 것은 확정적 기술이다. 다의적 기술과 연관된 문제는 많이 있지만, 그것은 지금 우리가 고찰하고 있는 문제와는 직접적인 관련이 없으므로 취급하지 않겠다.

지금 우리가 문제삼고 있는 어떤 확정적 기술에 대응하는 대상이 존재한다는 것을, 그런 대상을 직접 알고 있지는 않지만 우리가 알고 있는 경우, 그 대상에 대한 우리의 지식의 본질은 무엇인가 하는 점이다. 이것은 전적으로 '확정적' 기술에만 관련된 문제이다. 따라서 이제부터 단순히 '기술' 이라고 말할 때에는 이 '확정적 기술' 을 뜻하는 것이라고 받아들이기 바란다. 그러므로 기술이라고 하면 단수형으로서 '그것은 이러이러하다' 는 형식의 어구를 뜻하게 되는 것이다. 우리가 어떤 대상에 대해 '그것은 이러이러하다' 는 것을 알고 있을 때, 다시 말해서 어떤 성질을 가진 하나의 대상이 있고 그 이상은 없다는 것을 알고 있을 때는 대상이 '기술에 의해 인식되었다' 고 말하기로 하자. 그리고 이 경우 보편적으로 같은 대상에 대한 직접지에 의한 지식은 개재되지 않았다는 뜻이 함축되어 있다.

우리는 철가면을 쓴 사람이 존재했던 것을 알고 있으며, 그에 대한 많은 명제가 전해지고 있다. 그러나 그가 어떤 사람이었는지는 알지 못한다. 우리는 표를 가장 많이 얻는 후보자가 당선되리라는 사실을 알고 있다. 이 경우 대부분 우리는 실제로 표를 가장 많이 얻게 될 후보자를(누군가가 다른 누군가를 직접 알고 있다는 단 하나의 의미에서) 직접 알고 있는 것이다.

그러나 우리는 많은 후보자들 중 누가 그 사람인지는 알지 못한다. 즉 A가 어떤 후보자의 이름이라고 할 때 'A가 표를 가장 많이 얻은 그 후보자이다' 라는 형식의 명제는 모르는 것이다. 이러이러한 것이 존재한다는 사실을 알고 있고, 또한 실제로 그 이러이러한 것인 대상을 직접 알고 있을지 모른다 하더라도, 우리가 a를 직접 알고 있을 경우에 'a는 이러이러한 것이다' 라는 명제를 모른다면 우리는 이러이러한 것에 대해 '단순히 기술적인 지식'만 갖고 있을 따름이다.

'그 이러이러한 것이 존재한다'고 말할 때, 이 말은 존재하는 그 이러이러한 것이 단 하나뿐이라는 것을 의미한다. 'a는 그 이러이러한 것이다' 라는 명제는, a는 이러이러한 성질을 가지고 있으며 그 밖에 다른 성질은 갖지 않았다는 것을 의미한다. 'A씨는 이 선거구의 통일당 후보이다' 라는 명제는 'A씨는 이 선거구의 통일당 후보이고 그 밖의 사람은 통일당 후보가 아니다' 라는 뜻이다. '이 선거구의 통일당 후보가 있다'는 것은 '어떤 사람이 이 선거구의 통일당 후보이고 그 밖의 다른 사람은 그렇지 않다'고 하는 의미다. 이처럼 우리가 그 이러이러한 대상을 직접 알고 있을 때 우리는 그 이러이러한 것이 존재한다는 사실을 안다. 그러나 그 이러이러한 것임을 아는 대상을 직접 알고 있지 않을 경우에도, 나아가 실제로 그 이러이러한 대상을 직접 알고 있지 않을 때도 우리는 그 이러이러한 것이 존재한다는 사실을 알 수 있는 것이다.

일상적인 말뿐만 아니라 고유명사까지도 대개는 사실상 기술이다. 즉 고유명사를 사용하는 사람의 마음속에 있는 생각은 보편적으로 고유명사를 기술로 변화시킬 때만 명확하게 표현될 수 있는 것이다. 뿐만 아니라 이 생각을 표현하기 위해 소용되는 기술은 사람에 따라 달라지고, 또한 같은 사람일 때도 상황에 따라 달라진다. 단 하나 변하지 않는 것은(그 이름이 바르게 사용되는 경우에 한하여) 그 이름이 적응되는 대상뿐이다. 그러나 이 대상이 달라지지 않는 이상 여기에 포함되는 특수한 기술은 통상적으로 그 이름이 나타나는 명제의 참과 거짓에는 별다른 영향을 미치지 못한다.

몇 가지 예를 들어보자. 비스마르크에 대한 몇 가지 명제가 있다고 가정해 보자. 자기 자신에 대한 직접지라는 것이 있다면, 비스마르크는 그가 직접 알고 있는 특정 인물[1]을 직접 지시하기 위해 자신의 이름을 사용했을지도 모른다. 이 경우 그가 스스로에 대해 판단을 했다면, 그 자신은 이 판단의 구성요소의 하나가 된다. 여기에서 고유명사는 언제나 그것이 원하고 있는 직접적 용법, 즉 단순히 어떤 대상을 나타낼 뿐 그 대상의 기술이 되지는 않는 용법으로 사용되었다. 그러나 비스마르크를 아는 어떤 사람이 그에 대해 판단을 내렸을 경우에는 사정이 달라진다.

이 사람이 직접 알고 있던 것은 그가 비스마르크의 신체에 연결지었던(올바르게 연결지었다고 생각하자) 어떤 감각소여였다. 물질적 대상으로서의 그의

---

[1] 비스마르크 자신을 뜻한다.

신체, 나아가 그의 마음은 다만 이와 같은 감각소여와 결부된 신체와 마음으로서 인식된 것에 불과하다. 즉 그것은 기술에 의해 인식된 것이다. 물론 어떤 사람의 외관상 특징이, 그 사람의 친구가 그를 생각할 때 마음에 연상되는가 하는 것은 대부분 우연한 일이다. 그러므로 사실상 친구의 마음속에 있는 것도 우연적인 것이다. 근본적인 것은, 문제를 유발시키는 실체를 직접 알 수 없음에도 불구하고 여러 가지 기술이 모두 같은 실재물에 적용된다는 것을 그가 알고 있다는 사실이다.

비스마르크를 알지 못하는 우리가 그에 대해 어떤 판단을 내린다면, 우리 마음속에 있는 기술은 아마도 역사적인 지식의 다소 애매한 집적(集積)일 것이다 — 대개의 경우 비스마르크를 확인하기 위해 필요한 것 이상이겠지만. 그러나 좀더 설명하기 위해 그를 '독일 제국의 초대 수상'이라고 생각해 보자. 이때 '독일' 이외의 낱말은 모두 추상적이다. 게다가 '독일'이라는 말도 받아들이는 사람에 따라 그 의미가 달라진다.

이 말에서 어떤 사람은 독일 여행을 연상할 것이고, 어떤 사람은 지도에 나타난 독일의 형태를 연상할 것이다. 그러나 적용이 가능하다는 것을 인식하는 기술을 획득하고 싶다면, 우리는 어떻게든 우리가 직접 알고 있는 특이함과 연관짓지 않을 수 없을 것이다. 이 연관은 과거와 현재와 미래(특정한 날짜가 아닌), 또는 여기와 저기, 또는 다른 사람이 우리에게 알려준 것에 대한 언급에 내포되어 있다. 그러므로 어떤 특수한 것에 적용될 수 있다는 사실이 알려진 기술은 — 기술되어 있는 사물에 대한 지식이 이 기술로부터 단순히 '논리적으로' 도출시킬 수 있는 것에 불과해서는 안 된다면 — 어떤 방법으로든 우리가 직접 알고 있는 어떤 특이한 것과 반드시 연관이 있어야만 할 것이다.

예를 들어, '가장 오래 산 사람'이라는 말은 단지 보편만을 포함하고 있는 기술이고 누군가에게 반드시 적용될 것이 분명하지만, 우리는 이 사람에 대해 이 기술이 알려주는 것 이상으로 그에 대한 지식과 관련되는 판단을 내리지 못한다. 그러나 '독일 제국의 초대 수상은 나무랄 데 없는 외교관이었다'고 말한다면, 우리는 우리가 직접 아는 어떤 것 — 대개는 듣거나 읽은 증거 — 에 의해서만 이 판단이 옳은 것임을 확신할 수 있다. 우리가 다른 사람에게 전하는 정보라든가 우리의 판단에 있어 매우 중요한 현실의 비스마르크에 대한 사실은 내버려두고, 우리가 실제로 행하는 사고에는 한 가지 또는 그 이상의 특수가 포함되어 있으며, 그렇지 않을 때는 완전히 개념으로만 이루어져 있다.

이와 마찬가지로 모든 장소의 명칭, 예컨대 런던, 영국, 유럽, 지구, 태양계 등에 이것이 사용될 경우, 우리가 직접 알고 있는 하나 또는 그 이상의 특수에서 출발하는 기술이 포함된다. 나는 심지어 우주까지도 형이상학으로 생각될 경우에는 특수한 것과의 이와 같은 관련을 내포할 것이라는 생각이 든다. 이에 반해 존재하는 것뿐만 아니라 존재할지도 모르는 것, 또는 존재할 수도 있는 것을 취급하는 논리학에서는 현실의 특수와 아무 연관이 없다.

기술을 통해서만 알려지는 것에 대해 말할 때, 우리는 이따금 기술을 포함하는 형식을 취하지 않고 기술되어 있는 현실의 사물에 대해 '말하려는' 경향이 있다. 즉 비스마르크에 대해 말할 때, 우리는 가능한 한 오직 비스마르크만이 할 수 있는 판단, 이를테면 그 자신이 하나의 구성 요소가 되는 판단을 하고 싶어한다. 이 경우에 우리는 틀림없이 실패하고 만다. 현실의 비스마르크는 우리에게 인식될 수 없기 때문이다. 그러나 우리는 비스마르크라고 지칭되는 B라는 대상이 있고, B는 나무랄 데 없는 외교관이었다는 사실을 알고 있다. 그러므로 우리는 주장하고자 하는 명제, 즉 'B는 나무랄 데 없는 외교관이었다' — 이때의 B는 비스마르크라는 대상 — 는 명제를 기술할 수 있다.

만약 우리가 비스마르크를 '독일 제국의 초대 수상'이라고 기술한다면 우리가 주장하고자 하는 명제는 '독일 제국의 초대 수상이었던 현실의 대상에 대해, 이 대상이 나무랄 데 없는 외교관이었다고 주장하는 명제'라고 기술될 수 있을 것이다. 우리가 각기 다른 기술을 사용함에도 불구하고 충분히 의사소통이 되는 것은, 현실의 비스마르크에 대한 참된 명제가 있을 때 달리 기술하더라도(이 기술이 올바른 한) 기술된 명제가 같다는 사실을 우리가 알고 있기 때문이다. 기술되고 동시에 옳다는 것이 알려진 이와 같은 명제가 우리의 관심을 끌기는 하지만, 우리는 이 명제 자체를 직접 알지는 못하며, 따라서 이 명제가 옳다는 것을 잘 알더라도 이 '명제 자체'를 알고 있는 것은 아니다.

몇몇 단계를 거쳐 특수에 대한 직접지로부터 멀어지게 된다는 것을 곧 알게 될 것이다. 비스마르크를 직접 알고 있던 사람들에 대한 비스마르크가 있고, 역사에 의해서만 그를 알고 있는 사람들에 대한 비스마르크가 있으며, 철가면을 쓴 사람이 있고, 가장 오래 산 사람이 있다. 이것은 특수에 대한 직접지로부터 조금씩 멀어지고 있다.

첫번째 경우에는 다른 사람에 대해서 알 수 있는 정도 안에서 직접지에 가까운 것이고, 두 번째 경우 우리는 여전히 '비스마르크가 어떤 사람이었는가'를 알고 있는 상태라고 말할 수 있을 것이다. 세 번째 경우는 그 사람이 철가면을 쓰고 있었다는 사실로부터 논리적으로 유추할 수 없는 여러 가지 명제를 알고 있기는 하지만, 철가면을 쓴 사람이 누구였는지에 대해서는 알지 못한다. 마지막 네 번째 경우에는 그 사람에 대한 정의로부터 논리적으로 유추해 낼 수 있는 것 이외에는 아무것도 알지 못한다.

이와 흡사한 계층적 체계는 보편의 영역에도 있다. 대부분의 보편은 대부분의 특수와 마찬가지로 기술에 의해서만 우리에게 알려질 뿐이다. 그러나 여기서도 특수의 경우와 같이 기술을 통해 알려지는 것에 대한 지식은 결과적으로 직접지에 의해 알려지는 것에 대한 지식으로 환원된다.

기술을 포함하고 있는 명제를 분석할 때의 기본 원리는 다음과 같다. 즉 '우리가 이해할 수 있는 모든 명제는 오직 우리가 직접 알고 있는 구성 요소로 성립되어야만 한다.' 이와 같은 원리에 대해 제기될 수 있는 모든 반론에 지금 이 단계에서 대답하고 싶지는 않다. 여기서는 다만 어떤 방법으로든 그 모든 반론에 대답할 수 있다는 점만을 지적해 두고자 한다. 왜냐하면 우리가 판단하고 가정하는 것이 무엇인지도 모르면서 판단하거나 가정한다는 것은 거의 생각할 수 없는 일이기 때문이다. 우리가 단순히 시끄럽게 떠드는 것이 아니라 무엇인가 의미 있는 말을 하려고 한다면, 우리는 우리가 사용하는 말에 '어떤' 의미를 부여해야만 한다.

그리고 우리가 말에 부여하는 의미는 반드시 우리가 직접 알고 있는 것이어야만 한다. 그러므로 예컨대 우리가 율리우스 카이사르에 대해 말할 때, 우리가 그를 직접 아는 것은 아니기 때문에 율리우스 카이사르 자신이 우리의 정신 앞에 없다는 것은 명백한 사실이다. 우리는 마음속에 율리우스 카이사르에 대한 몇 가지 기술을 가지고 있다. 즉 '3월 15일에 암살된 인물', 또는 '로마 제국의 창시자', 또는 단순히 '율리우스 카이사르라는 이름을 가졌던 사람'이라는 등의 기술을 가지고 있다(이 마지막 기술에서 율리우스 카이사르는 우리가 직접 알고 있는 소리나 형태이다). 이렇듯 우리의 말은 그것이 의미하고 있는 듯한 것을 그대로 의미하지 않고, 율리우스 카이사르 대신 그에 대한 어떤 기술 — 이것은 완전히 우리가 직접 알고 있는 특수와 보편으로 구성되어 있다 — 을 포함하는 어떤 것을 의미한다.

기술에 의한 지식의 주된 중요성은 그것이 우리로 하여금 우리의 개인적 결함의 한계를 초월할 수 있도록 해준다는 점이다. 우리는 다만 직접지에 의해 경험된 요소로 구성되어 있는 진리만을 알 수 있다.

그럼에도 불구하고 우리는 기술에 의해 전혀 경험해 보지 못한 사물에 대해서도 지식을 가질 수 있는 것이다. 우리의 직접적인 경험의 지극히 협소한 범위를 생각해 볼 때 이와 같은 결론은 매우 중요하다. 이 점을 이해하지 못하는 한 우리의 거의 모든 지식은 신비적인, 그리하여 의심스러운 것으로 남아 있을 수밖에 없다.

귀납(歸納) 제6장

지금까지 대부분의 논의에서 우리는 존재의 지식을 얻기 위한 우리의 여건을 명백히 밝히려고 시도해 왔다. 이 우주에서 우리가 직접 알게 됨으로써 우리에게 그 존재가 알려지는 것에는 어떤 것이 있을까? 이 문제에 대한 대답은 지금까지 밝혀진 바로는 다음과 같다. 즉 우리는 자신의 감각소여와 아마도 우리 자신을 직접 알고 있다는 것이다. 우리는 이런 것이 존재한다는 사실을 잘 알고 있다. 또한 생각나는 과거의 감각소여도 과거에는 존재했었다는 것을 알고 있다. 이와 같은 지식이 우리의 여건을 마련해 준다.

그러나 만약 우리가 이런 여건들로부터 추론할 수 있다면 ─ 물질, 다른 사람, 우리의 개인적 기억이 시작되기 이전의 과거나 미래 등의 존재를 인식할 수 있다면 ─ 우리는 이런 추리를 하는 데 필요한 어떤 일반원리를 알아야만 한다. 어떤 사물 A의 존재는, 예를 들어 천둥 소리는 그 이전 번개라는 존재의 표시인 것처럼, A와 동시거나 앞뒤에 있는 어떤 다른 사물의 존재의 기호라는 사실을 알지 않으면 안 된다. 이것을 알지 못한다면 우리는 개인적 경험의 영역을 초월하여 우리의 지식을 확대할 수가 없다. 그런데 이미 알고 있듯이 이런 영역은 극도로 제한되어 있다. 이제 우리가 고찰하고자 하는 문제는 이런 확대가 가능한가, 만약 가능하다면 어떻게 하여 그것이 실현되는가 하는 점이다.

　하나의 예로 사실상 그 누구도 의심하지 않는 일을 살펴보기로 하자. 우리는 누구나 내일 태양이 떠오를 것을 믿어 의심치 않는다. 왜일까? 이런 믿음은 과거의 경험에 의한 맹목적인 결과일 뿐인가, 아니면 합리적인 믿음으로 정당화될 수 있는가? 이 믿음이 합리적인지 아닌지를 판단할 표준을 발견한다는 것은 쉬운 일이 아니지만, 적어도 어떤 종류의 일반적 믿음이 — 그것이 옳을 경우 — 내일도 태양이 떠오를 것이라는 판단, 나아가서 우리의 행동의 기초가 되는 그 밖의 수많은 판단을 정당화할 수 있는지는 확인이 가능하다.

　무슨 이유로 내일도 태양이 떠오르리라고 믿느냐는 물음에 우리는 주저 없이, "날마다 변함없이 태양이 떴으니까"라고 대답할 것이다. 우리는 과거에도 태양이 떴으니까 미래에도 뜰 것이라는 굳은 신념을 가지고 있다. 앞으로도 계속해서 태양이 떠오르리라고 믿는 이유가 무엇이냐는 도전적인 질문을 받는다면 우리는 운동 법칙을 끄집어낼 것이다. 즉 지구는 자유로이 회전하는 물체이고 이와 같은 물체는 무엇인가 외부에서 방해하지 않는 한 회전을 그치지 않으며, 오늘부터 내일 사이에 외부에서 지구를 방해할 만한 것은 전혀 없기 때문이라고 대답할 것이다.

　물론 외부에서 방해하는 것이 전혀 없다는 것이 사실인지 아닌지는 의심해 볼 만한 것이다. 그러나 이것은 우리의 흥미를 끄는 의심은 아니다. 보다 흥미로운 의심은 운동 법칙이 내일도 변함없이 작용할 것인가 하는 점이다. 이런 의문이 제기되면 우리는 일출(日出)에 대해 처음으로 의문이 제기되었을 때와 같은 입장에 처해 있음을 알게 된다. 운동 법칙이 계속 작용하리라고 확신하는 '유일한' 이유는 과거에 대한 우리의 지식을 좇아 판단하는 이상 그것이 오늘까지 끊임없이 작용해 왔다는 것이다. 운동 법칙의 경우에는 일출의 경우보다 과거에서 얻을 수 있는 증거가 훨씬 더 많다는 것은 분명하다. 왜냐하면 일출은 운동 법칙을 실현한 특수한 경우일 뿐이고, 이런 특수한 경우는 그 이외에도 수없이 많기 때문이다.

그러나 진짜 물체는 이 법칙이 실현된 사례가 '어느 정도'의 수에 이르렀을 때 미래에도 그것이 실현될 것이라는 증거가 될 수 있는가 하는 점이다. 만약 증거가 되지 못한다면, 우리가 내일 태양이 뜨리라고 기대하거나 또는 다음 식사시간에 먹을 빵이 우리를 중독시킬 리가 없다고 기대하거나 또는 우리의 일상생활을 거의 무의식적으로 지배하고 있는 일들을 기대할 만한 근거가 전혀 없다는 것이 명백해진다. 우리는 이런 모든 기대가 '개연적(蓋然的)'인 것임을 알 수 있고, 따라서 우리는 이런 기대가 어김없이 '실현되어야 할' 증명을 찾으려 하기보다는 그것이 실현될 '것 같다'는 견해를 지지해 줄 이유를 찾아야 할 것이다.

그런데 이 문제를 취급함에 있어 우리는 먼저 한 가지 중요한 구별을 해두어야 한다. 이런 구별을 하지 않을 때 우리는 곧 절망적인 혼란에 빠지게 된다. 지금까지 변함없이 똑같은 계기나 공존이 되풀이되었다는 것이 다음에도 똑같은 계기나 공존을 기대하는 '원인'이 된다는 것은 경험을 통해 이미 알고 있는 사실이다. 어떤 형태의 음식은 보편적으로 일정한 맛을 가지고 있으며, 그렇기 때문에 눈에 익은 형태를 가진 음식이 평소와 다른 맛일 때 그것은 우리의 기대에 적잖은 충격이 된다.

우리가 보고 있는 사물은 습관에 의해 어떤 촉감적 감각과 연결되고, 우리는 그것을 만졌을 때 동일한 감각을 기대한다. (무수한 유령 이야기에서) 유령이 두려운 이유 가운데 하나는 촉감적인 감각이 전혀 없다는 것이다. 교육받지 못한 사람들이 처음 외국에 나가면, 그들은 자기들의 모국어가 통하지 않는 것을 보고 깜짝 놀라 의아하게 생각한다. 그리고 이런 종류의 연상은 인간에게만 국한된 것이 아니며 동물에게도 상당히 강하다. 어떤 일정한 길을 자주 달려본 말은 다른 방향으로 몰려고 하면 저항한다. 가축은 언제나 먹이를 주던 사람을 보면 먹을 것을 기대한다. 우리는 이런 제일성(齊一性)에 대한 다소 유치한 기대가 오해를 불러일으키기 쉽다는 사실을 알고 있다.

 병아리의 일생 동안 매일같이 모이를 주던 사람이 끝내는 모이를 주는 대신 병아리의 목을 비튼다. 병아리의 입장에서는 자연의 제일성에 대해 좀더 정확한 견해를 갖는 편이 보다 유익했을 것이다. 그러나 비록 쉽게 오해를 불러일으킨다 하더라도 역시 이런 기대는 있다. 어떤 일이 여러 번 반복되었다는 사실만으로도 사람이나 동물은 같은 일이 다시 일어나리라고 기대하게 된다.

 마찬가지로 우리는 본능적으로 내일도 태양이 뜨리라고 믿게 되지만, 이와 같은 우리의 입장은 불시에 목이 비틀린 병아리보다 나을 것이 없다. 따라서 우리는 과거의 제일성이 미래에 대한 기대를 '유발시킨다'는 사실과 이런 기대의 타당성에 대한 문제가 제기된 후에도 이 기대를 무시하지 못하게 하는 그럴듯한 근거가 있는가 하는 문제를 구별해야 한다.

 소위 '자연의 제일성(the uniformity of nature)'을 믿을 만한 이유가 있는가 하는 것이 우리가 논의해야 할 문제이다. 자연의 제일성에 대한 믿음은 이미 발생한, 또는 앞으로 발생할 모든 일이 '단 하나의 예외도 없는' 어떤 일반 법칙의 사례라고 하는 믿음이다. 지금까지 살펴보았던 유치한 기대는 충분히 예외의 소지를 가지고 있으므로 이런 기대를 품었던 사람들을 실망시키기 쉽다.

그러나 과학은 습관적으로, 최소한 작업가설(作業假說)로서 예외를 가지고 있는 일반 법칙은 예외를 가지고 있지 않은 일반 법칙으로 대체할 수 있다고 상정한다. '공중에 있는 물체는 떨어진다' 는 것은 일반 법칙이지만, 기구(氣球)나 비행기는 예외이다. 그러나 운동 법칙이나 중력 법칙은 거의 모든 물체가 밑으로 떨어진다는 사실을 설명하고, 동시에 기구나 비행기가 뜰 수 있다는 사실도 설명해 준다. 따라서 운동 법칙과 중력 법칙은 이와 같은 예외에 지배되지 않는 것이다.

내일도 태양이 뜨리라는 믿음은, 만약 지구가 그 회전을 파괴하는 커다란 물체와 갑자기 부딪치게 된다면 거짓이 되고 만다. 그러나 운동 법칙과 중력 법칙은 이런 사건으로부터도 침해받지 않는다. 앞으로 과학이 해야 할 일은 우리의 경험이 적용되는 한도 내에서 운동 법칙 및 중력 법칙과 같이 예외가 있을 수 없는 제일성을 발견하는 것이다. 이와 같은 탐구에 있어 과학은 괄목할 만한 성과를 올리고 있으므로 지금까지는 이런 제일성이 성립되고 있다고 평가해도 좋을 것이다. 그런데 그렇다고 하면 우리는 다음의 문제로 되돌아 가게 된다. 즉 이런 제일성이 과거에는 늘 성립되었다고 가정할 때, 이 제일성이 미래에도 성립할 것이라고 믿을 만한 이유가 있는가? 우리는 미래도 과거와 거의 다름이 없으리라고 생각할 만한 이유가 있다고 논의해 왔다. 왜냐하면 미래였던 것이 줄곧 과거가 되고 또 항상 과거와 비슷하다는 것을 알 수 있으므로 우리는 사실상 미래, 즉 전에는 미래였던 시간, 소위 과거의 미래라고 하는 것을 경험하고 있기 때문이다. 그러나 이런 논의는 실은 지금 문제가 되고 있는 것 자체를 논의의 근거로 삼고 있다.

우리는 과거의 미래는 경험하지만 미래의 미래는 경험할 수 없다. 그러므로 미래의 미래는 과거의 미래와 비슷한가 하는 점이 문제가 된다. 그런데 단지 과거의 미래에서만 출발하는 논의에 있어서는 이 질문에 대답할 수 없다. 그렇기 때문에 우리는 아직도 미래가 과거와 동일한 법칙을 따른다는 것을 일깨워주는 어떤 원칙을 추구하지 않을 수 없는 것이다.

 이 문제에서 미래에 대한 언급은 본질적인 것이 아니다. 우리의 경험 속에서 작용하는 법칙을 우리가 직접 경험하지 못한 과거의 사물에 적용하는 경우에도 ─ 예를 들어, 지질학 또는 태양계의 기원에 대한 이론에서 ─ 같은 문제가 발생한다. 우리가 반드시 물어야 할 문제는 다음과 같다. 즉 '두 가지 일이 이따금 관련되어 나타나고 어느 한쪽이 다른 쪽 없이 발생한 사례가 알려진 적이 없을 때, 새로운 사례에서 그 둘 중에 한 가지 일이 발생하면, 그것이 다른 일도 발생하리라고 기대할 충분한 이유가 되는가?' 미래에 대한 우리의 모든 기대, 귀납에 의해 얻을 수 있는 모든 결과, 그리고 실제적으로는 우리 일상생활의 기초가 되는 모든 신념의 타당성은 이 질문에 대한 답변에 따라 달라진다.

 우리는 먼저 두 가지 일이 이따금 관련되어 나타나고 분리되어 발생한 일이 없다는 사실만으로는 우리가 검토하는 다음번 경우에도 관련되어 발견되리라는 것을 합리적으로 '증명하기에' 충분치 않다는 것을 인정해야 한다. 우리가 바랄 수 있는 것은 고작 그 일이 관련되어 나타나는 일이 많으면 많을수록 다음번에도 함께 발견될 개연성이 커지고, 함께 나타나는 일이 충분히 많으면 그 개연성은 '거의' 확실성에 이른다는 사실이다. 그러나 완전히 확실성에 이르는 것은 불가능하다. 왜냐하면 우리는 목이 비틀린 병아리의 경우에서 볼 수 있듯이, 자주 반복된다 하더라도 결국 언젠가는 반복되지 않는 일이 있다는 것을 알고 있기 때문이다. 그러므로 우리가 추구해야 할 것은 오직 개연성뿐이다.

우리가 지지하는 견해에 대한 반론으로 다음과 같은 주장이 나올지도 모른다. 즉 우리는 모든 자연현상이 법칙의 지배를 받고 있고, 또한 때로는 관찰에 의거하여 단 하나의 법칙만이 그 경우의 사실에 적합할 수 있다는 것을 알게 된다는 주장이다. 이 견해에는 두 가지로 대답할 수 있다. 첫째는 비록 예외 없는 '어떤' 법칙이 우리의 경우에 적용된다 하더라도 사실상 우리가 찾아낸 것은 바로 이러한 법칙이며, 예외가 있는 법칙은 아니라는 확신을 가질 수 없다는 것이다. 둘째는 법칙의 지배 그 자체가 개연적인 것으로 생각되고 이 법칙이 미래는 물론 또한 아직 고찰되지 않은 과거의 경우에도 지배적일 것이라고 하는 신념도 우리가 검토하고 있는 원리 자체에 근거를 두고 있다는 사실이다.

우리가 검토하고 있는 원리는 일명 귀납원리(歸納原理)라 할 수 있으며, 이 원리의 두 부분은 이렇게 정리할 수 있다.

(a) A라는 사물은 B라는 사물과 연관되어 발견되고 B라는 사물과 분리되어 발견된 일이 없다면, A와 B가 연관되어 발견되는 경우가 많으면 많을수록 그 둘 중의 하나가 현존한다는 것이 밝혀진 새로운 경우에도 A와 B가 연관되어 있을 개연성이 높아진다.

(b) 같은 조건하에서 연관되어 있는 경우가 충분히 많으면 새로운 경우에도 연관되어 있을 개연성은 거의 확실성에 가깝고, 이 개연성은 끝없이 확실성에 다가간다.

지금 말한 바와 같이 이 원리는 각각 다른 새로운 사례에서 우리의 기대를 검증하는 경우에만 적용된다. 그러나 우리는 연관되어 있는 경우가 충분히 많다는 것이 알려지고 분리되어 있는 경우가 전혀 알려지지 않았다면, A와 B라는 사물이 '항상' 연관되어 있다는 일반 법칙을 확인하고 싶어한다. 이 일반 법칙의 개연성은 개개의 경우의 개연성보다 작다. 일반 법칙이 참이라면 개개의 경우도 참이 되는 데 반해, 개개의 경우는 참일지라도 일반 법칙은 참이 아닌 경우도 있기 때문이다. 그런데도 일반 법칙의 개연성은 특수한 경우의 개연성과 마찬가지로 되풀이됨으로써 증대된다. 따라서 우리는 일반 법칙에 대한 우리의 원리의 두 부분을 달리 표현하여 다음과 같이 말할 수 있다.

(a) A라는 사물이 B라는 사물과 연관되어 나타나는 일이 충분히 많을수록 (연관되지 않은 경우가 전혀 없다는 전제하에서) A가 항상 B와 연관될 개연성은 점점 더 커진다.

(b) 같은 조건하에서 A와 B가 연관되는 경우가 충분히 많을 때 A가 항상 B와 연관된다는 것은 거의 분명한 사실이고, 이런 일반 법칙은 끝없이 확실성에 다가간다.

개연성은 항상 어떤 여건과 서로 관계하고 있음을 주목해야 한다. 우리의 경우 이와 같은 여건은 A와 B가 함께 있다는 경우가 알려져 있는 것뿐이다. 그 외에도 다른 여건이 있어서 이것 또한 염두에 두게 된다면 그 개연성은 크게 변할 수도 있다. 예를 들어, 수많은 백조를 본 사람은 우리의 원리에 입각하여, 백조는 모두 희다는 것은 이런 여건상 '분명한 것 같다'고 말할 것이다. 이것은 전적으로 건전하다고 할 만한 논법이다. 이 논법은 어떤 백조가 검다는 사실에 의해 반증되지는 않는다. 왜냐하면 어떤 사물은 그것을 개연적이 아닌 것으로 만드는 여건이 있음에도 불구하고 충분히 일어날 수 있기 때문이다.

백조의 경우를 보면, 색깔은 동물의 많은 종류에서 지극히 가변적(可變的)인 특징이므로, 색깔에 대한 귀납은 특히 오류를 범하기 쉽다고 사람들은 말할지도 모른다. 그러나 이 지식은 새로운 여건이 될 수는 있지만, 앞에서의 우리의 여건에 대한 개연성의 평가가 잘못되었음을 증명해 주지는 못한다.

그러므로 사물이 이따금 우리의 기대를 배반하는 일이 있더라도 이것은 주어진 한 경우, 또는 주어진 몇 가지 경우에 있어서 우리의 기대가 '어쩌면' 실현되지 않을 수도 있다는 증거는 되지 못한다. 이처럼 우리의 귀납원리는 경험에 의존함으로써 '반증' 되지는 않는다.

그러나 동시에 귀납원리는 경험에 의존함으로써 '증명' 되지도 않는다. 경험은 이미 검토한 사항에서는 아마도 귀납원리를 확인할 것이다. 그러나 검토되지 않은 경우에 대해서는 이 귀납원리야말로 검토된 것으로부터 검토되지 않은 것을 추론하는 것을 정당화하는 유일한 것이다. 미래에 대해, 또는 과거나 현재의 아직 경험이 없는 부분에 대해 경험을 바탕으로 논하는 논의는 모두 귀납원리를 상정하고 있다. 따라서 우리가 경험을 이용하여 귀납원리를 증명하기 위해서는 반드시 증명해야 할 것을 미리 논거로 삼아야만 한다.

그러므로 우리는 귀납원리를 그 자체 안에 있는 명증성(明證性)에 의거하여 받아들이거나 아니면 우리의 미래에 대한 기대의 모든 정당화를 포기해야 한다. 귀납원리가 불건전하다면 내일 태양이 뜨리라고 기대하거나, 빵이 돌보다 더 영양이 많다고 기대하거나, 지붕에서 몸을 던지면 낙하할 것이라고 기대할 이유가 없으며, 가까운 벗이 다가오는 모습을 보더라도 그 마음속에 최악의 적개심이나 또는 완전히 낯선 사람의 마음이 깃들여 있지 않다고 생각할 이유가 없다. 우리의 행동은 모두 과거에 아무 문제가 없었으므로 미래에도 문제가 없을 것이라는 연상에 근거를 두고 있다. 그리고 이처럼 미래에도 그럴 것이라는 생각의 타당성은 귀납원리에 의존하고 있다.

법칙의 지배에 대한 신념이나 모든 사건은 필연적으로 원인이 있어야 한다는 신념과 같은 과학의 일반 원리는 일상생활의 원리와 마찬가지로 완전히 귀납원리에 의거한 것이다. 이와 같은 모든 일반 원리를 믿는 것은, 그것이 진리임을 보여주는 사례가 무수히 많은 데 반해 허위임을 보여주는 사례는 하나도 발견되지 않았기 때문이다.

그러나 이것은 귀납원리를 가정하지 않는 한 미래에도 진리로 통하리라는 증거는 되지 못한다. 그러므로 경험을 근거로 하여 아직 경험하지 못한 것을 일깨워주는 모든 지식은 경험에 의해 확인되거나 논파될 수 없는 신념에 기초하고 있다. 그러나 이 신념은 적어도 보다 구체적으로 적용되는 경우에는 대부분의 경험적 사실과 마찬가지로 우리 내부에 단단히 뿌리박혀 있는 것 같다. 이와 같은 신념의 존재와 정당화는 — 앞으로 알게 되겠지만 귀납원리가 유일한 예는 아니기 때문에 — 철학의 가장 난해하고 의론의 여지가 농후한 문제들을 제기한다.

다음 장에서는 이와 같은 지식을 어떤 식으로 설명할 수 있는가, 또한 이 지식의 범위와 확실성의 정도는 어떤가를 간략하게 고찰해 보겠다.

일반 원리에 대한 지식　제7장

앞 장에서 우리는, 귀납원리는 경험에 의거하는 모든 논의의 타당성을 위해 반드시 필요하지만 그 자체는 경험에 의해 증명되지 않는다는 것, 그러나 적어도 이 원리를 구체적으로 적용한 모든 경우는 누구나 아무 갈등 없이 믿는 것이라는 사실을 알았다. 그런데 귀납원리만 이런 특성을 가진 것은 아니다. 경험에 의해서는 증명도 반증도 할 수 없으나, 경험되는 것으로부터 시작하는 논의에서 사용되는 원리는 그 밖에도 무수히 많다.

이와 같은 것 중 어떤 원리는 귀납원리보다 훨씬 높은 명증성을 갖고, 그 시식은 감각소여의 존재에 대한 지식과 같은 정도의 확실성을 가지고 있다. 이런 원리들은 감각 속에 부여된 것으로부터 추론하는 여러 수단을 구성하는 것이다. 우리가 추론하는 것이 참이어야 한다면 우리의 추론의 원리 또한 우리의 여건과 마찬가지로 참이어야만 한다. 추론의 원리는 지나칠 정도로 명백하기 때문에 자칫하면 간과하게 된다—여기에 내포되어 있는 가정은 미처 가정이라는 것을 자각하지 못한 상태로 승인되고 있다. 그러나 참된 인식론에 도달함에 있어 무엇보다 중요한 것은 추론의 원리를 이용할 줄 아는 일이다. 추론의 원리에 대한 지식은 흥미롭고도 난해한 문제를 제기하기 때문이다.

일반 원리에 대한 우리의 모든 지식에 있어 실제로 일어나는 일은 먼저 이 원리를 특수에 적용할 줄 아는 것이고, 다음에 이같은 특수성이 원리와 전혀 관계없는 것임을 알고 어떤 경우에도 정당하게 주장할 수 있는 일반성이 있다는 사실을 알게 되는 것이다.

길게 설명할 필요도 없이 이것은 산술을 가르치는 경우에 잘 나타나 있다. '2+2=4'라는 것은 먼저 한 쌍을 이루는 특수한 짝의 경우에서 배우고, 그 다음에는 다른 특수한 경우에서 배우며, 또 다른 특수한 경우에도 이런 식으로 되풀이되고…… 이렇게 하는 사이에 마침내는 이것이 '어떤' 쌍을 이루는 짝에 대해서도 진리임을 깨닫게 된다. 이와 같은 일은 논리적 원리에서도 찾아볼 수 있다.

두 사람이 오늘이 며칠인지 논란을 벌인다고 가정해 보자. 한 사람이 "'만약' 어제가 15일이었다면 오늘은 분명히 16일이라는 것은 자네도 인정할 걸세" 하고 말하면, 또 한 사람은 "물론 인정하네" 하고 말한다. 먼젓번 사람이 계속해서 말한다. "자네는 어제가 15일이었다는 것을 알고 있네. 왜냐하면 자네는 어제 존스와 함께 식사를 했고, 자네의 일기장을 보면 15일에 그런 일이 있었다는 것을 알 수 있기 때문이지." 다른 한 사람이 말한다. "그렇군. 그렇다면 오늘은 16일 '이야.'"

이런 논의를 따라가는 것은 어려운 일이 아니다. 이 논의가 애초부터 참이었다면 그 결론 또한 참이어야 한다는 것은 아무도 부정하지 않을 것이다. 그러나 이 결론이 참인 것은 그것이 어떤 일반적인 논리적 원리의 사례이기 때문이다. 이 논리적 원리는 다음과 같다. '〈만약〉 이것이 참이라면 저것도 참이라는 것이 알려졌다고 하자. 그리고 이것이 참〈이다〉라는 것이 알려졌다면 저것도 참〈이다〉라는 귀결이 나온다.' 만약 이것이 참이라면 저것도 참이 된다고 할 때 우리는 이것을 '내포한다(imply)'고 하고, '저것은 이것에 귀결된다(follow from)'고 한다. 그러므로 이 원리는, 만약 이것이 저것을 내포하고 또한 이것이 참이라면 저것 또한 참이라는 사실을 말하고 있는 것이다. 즉 '참된 명제에 내포된 것은 모두 참이다' 또는 '참된 명제로부터 귀결되는 것은 모두 참이다.'

이 원리는 실제로 모든 논증에 포함되어 있다 ─ 적어도 그 구체적인 사례는 모든 논증에 포함되어 있다. 우리가 믿고 있는 어떤 것이 다른 것을 증명하기 위해 사용되고, 그 결과 그것도 믿게 될 경우에는 항상 이 원리가 관계하고 있다. "어째서 나는 참된 전제에 의거한 당연한 논증의 결과를 받아들여야만 하는가?" 하고 어떤 사람이 묻는다면, 우리는 오직 이 원리에 호소함으로써 그 물음에 대답할 수 있다.

사실 이 원리의 진리성은 의심할 수 없으며, 너무나도 명백한 원리기 때문에 얼른 보기에는 아무 가치도 없는 것 같다. 그러나 철학자에게 있어 이 원리는 결코 가치 없는 것이 아니다. 왜냐하면 이 원리는 감관의 대상으로부터는 절대로 이끌어낼 수 없는 분명한 지식이 있을 수 있다는 사실을 나타내기 때문이다.

위에서 말한 원리는 수많은 명백한 논리적 원리 중 하나에 불과할 뿐이다. 이런 여러 원리 가운데 적어도 몇 가지는 논증이나 증명이 가능하기 이전에 승인되어야 할 만한 것이다 그중 몇 가지가 승인된다면 다른 것들도 증명될 수 있다. 물론 이 다른 원리들도 간단하며, 승인된 원리들과 마찬가지로 자명한 것이긴 하다. 그럴 만한 이유가 있는 것은 아니지만, 이런 원리 가운데 세 가지는 '사고의 법칙'이라는 명칭으로 오래 전부터 선택되고 있다.

그 세 가지는 다음과 같다.

(a) 동일률(同一律) : '존재하는 것은 모두 존재한다.'

(b) 모순율(矛盾律) : '어떤 것도 존재하면서 동시에 존재하지 않을 수는 없다.'

(c) 배중률(排中律) : '모든 것은 존재하든가 존재하지 않든가 해야 한다.'

이 세 가지 법칙은 명백한 논리적 원리의 표본이다. 그러나 실은 그 밖의 다른 유사한 원리들보다 더 근본적인 것도, 더 명백한 것도 아니다. 예를 들어, 우리가 조금 전에 고찰한 원리, 즉 참된 전제로부터 귀결된 것을 참이라고 한 것도 이런 원리의 하나이다. 게다가 '사고의 법칙'이라는 명칭도 오해를 불러일으킬 소지가 있다.

중요한 것은 우리가 이런 법칙을 좇아 사고한다는 사실이 아니라 사물이 이런 법칙을 좇아 행동한다는 사실이다. 다시 말해서, 이런 법칙을 좇아 사고할 때 우리의 사고는 '참되다'는 사실이다. 그러나 이것은 간단한 문제가 아니므로 나중에 다시 다루기로 하겠다.

주어진 전제로부터 어떤 것이 '분명히' 참되다는 것을 증명하게 하는 논리적 원리 이외에도, 주어진 전제로부터 어떤 것이 참되다는 개연성이 많든 적든 존재한다는 것을 증명할 수 있게 하는 다른 논리적 원리가 있다. 이런 원리의 한 예는 — 아마도 가장 중요한 예가 되겠지만 — 우리가 앞 장에서 고찰했던 귀납원리다.

철학에 있어 크나큰 역사적 논쟁의 하나는 '경험론자'와 '합리론자'로 일컬어지는 두 학파간의 논쟁이다. 경험론자 — 영국 철학자인 로크[1], 버클리,

---

[1] Locke, John(1632~1704). 영국의 철학자, 정치사상가. 계몽철학 및 경험론 철학의 원조로 불린다. 《인간오성론》, 《교육론》 등의 저서가 있다.

흄[2]에 의해 가장 잘 대표된다 — 는 경험에서 우리의 모든 지식이 나온다고 주장한다. 이에 반해 합리론자 — 17세기의 대륙의 철학자, 특히 데카르트와 라이프니츠에 의해 대표된다 — 는 경험에 의한 지식 이외에도 경험으로부터 독립하여 인식되는 '본유관념(本有觀念, innate idea)'과 '본유원리(本有原理, innate principle)'가 있다고 주장한다. 이제는 이 대립되는 학파의 참과 오류를 어떤 확신을 갖고 결정할 수 있게 되었다. 모든 증명은 논리적 원리를 전제로 하기 때문에, 이미 앞에서 말한 이유로 미루어볼 때 논리적 원리는 우리에게 인식되는 것이고, 그 자체를 경험으로써 증명할 수는 없다는 사실을 인정해야만 한다. 따라서 이런 점에서는 — 이것이 이 논쟁에서 가장 중요한 점이다 — 합리론자의 주장이 정당하다.

한편 경험으로부터 '논리적으로' 독립된(경험에 의해서는 그것이 증명되지 않는다는 의미에서) 우리의 지식 또한 경험에 의해 유추되거나 생기는 것이다. 우리는 특수한 경험을 통해 일반 법칙을 깨닫게 되고, 이 특수한 경험의 연관이 그 일반 법칙을 예증하는 것이다. 어른들은 알고 있지만, 경험한 것으로부터 연역될 수는 없는 모든 것에 대한 지식을 아이들이 가지고 태어난다는 의미에서 본유원리가 있다고 생각한다면, 이는 말할 것도 없이 불합리한 생각이다. 이와 같은 이유로 앞으로는 논리적 원리에 대한 우리의 지식을 기술함에 있어서 '본유'라는 말을 사용해서는 안 된다. 보다 논란의 여지가 적다는 이유에서 '선천적(a priori)'이라는 말이 오늘날의 저술가들 사이에서 널리 사용되고 있다.

---

[2] Hume, David(1711~76). 영국의 철학자. 대표적인 저술로는 《인성론》이 있는데, 이는 다시 제1권 '오성편', 제2권 '감정편', 제3권 '도덕편'으로 분류된다.

이런 이유로 우리는 모든 지식이 경험에 의해 유추되고 생긴다는 것을 인정하면서도 한편으로는 어떤 지식은 선천적이라고 주장한다. 이 말은, 우리에게 이런 지식을 생각하게 만드는 경험은 이 지식을 증명하기에는 충분치 않으며, 단순히 경험에 의한 증명을 요구하는 것뿐만 아니라 그것이 진리라는 사실을 이해하도록 우리의 주목을 집중시켰다는 의미다.

또 한 가지 매우 중요한 문제가 있는데, 이 점에서는 합리론자보다는 경험론자의 주장이 정당했다. 경험의 도움 없이 우리는 어떤 것이 '존재한다'는 것을 결코 알 수 없다. 즉 우리가 직접 경험하지 못한 어떤 것이 존재한다고 증명하려 할 때 그 전제 조건으로 우리가 직접 경험한 것이 하나 내지 그 이상이 있어야만 한다. 예를 들어, 중국 황제가 존재했다는 우리의 믿음은 증거에 기초하고 있다. 그리고 이 증거는 최종적 분석에서는 읽거나 말하는 동안에 보고 들었던 감각소여로 구성되어 있다. 합리론자들은 존재하지 않으면 안 될 것에 대한 일반적 고찰을 통해 현실세계의 이런저런 존재를 연역해 낼 수 있다고 확신했다. 그들의 오류는 이와 같은 믿음에서 비롯된 것 같다.

존재에 대해 우리가 '선천적'으로 얻을 수 있는 모든 지식은 가설적인 것처럼 생각된다. 이런 지식은 '만약' 어떤 것이 존재한다면 다른 것도 존재해야 한다는 것, 좀더 일반적인 표현을 쓰면 '만약' 어떤 명제가 참이라면 다른 명제도 참이어야 한다는 것을 일깨워준다. 이것은 우리가 이미 다루었던 원리에 의해, 즉 '〈만약〉 이것이 참이고, 이것이 저것을 내포하고 있다면 저것 또한 참이다', 또는 '만약 이것과 저것이 계속 관련되어 발견된다면 그중 하나가 발견되는 다음번에도 아마 그것들은 관련되어 발견될 것이다'라는 원리에 의해 예증된다.

이와 같이 '선천적' 원리의 범위와 능력은 엄격하게 제한되어 있다. 무엇인가가 존재한다고 하는 지식은 모두 부분적으로는 경험에 의거해야만 한다. 어떤 것이 직접 알려질 때 그 존재는 오직 경험에 의해서만 알려진다. 어떤 것이 직접 알려지지 않고도 존재한다는 것이 증명된다면, 이 증명에는 반드시 경험과 선천적 원리가 모두 필요하다. 지식은 그 전부, 또는 일부가 경험에 의거하는 경우에는 '경험적'이라고 일컬어진다. 그러므로 존재를 주장하는 모든 지식은 경험적이다. 존재에 대해 '선천적'인 것에 불과한 지식은 가설적이며, 그 지식은 존재하거나 존재할지도 모르는 것 사이의 관계를 표시하기는 하지만 현실적인 존재를 표시하지는 않는다.

모든 선천적 지식은, 지금까지의 고찰로 깨달았듯이 논리적인 것은 아니다. 비논리적인 실천적 지식의 가장 중요한 표본은 아마도 윤리적 가치에 대한 지식일 것이다. 나는 지금 무엇이 유용하고 무엇이 유덕(有德)한가 하는 판단을 하는 것이 아니다. 이런 판단에는 경험적 전제가 반드시 필요한 것이다. 나는 어떤 사물이 본질적으로 바람직한가에 대한 판단을 말하고 있는 것이다.

어떤 것이 유용하다면 그 이유는 그것이 어떤 목적을 충속시켜 주기 때문일 것이다. 그런데 이 목적을 충분히 검토해 보면 그 자체로서 가치가 있는 것이지 단지 그 이상의 목적에 유용하기 때문에 가치가 있는 것은 아님을 알 수 있다. 그러므로 어떤 것이 유용한가에 대한 모든 판단은 그 자체로서 가치를 갖는 판단에 달려 있다.

예를 들어, 우리는 불행보다는 행복을, 무지보다는 지식을, 미움보다는 선의를 훨씬 더 바람직하다고 판단한다. 이와 같은 판단은 최소한 부분적으로나마 직접적이고 선천적이지 않으면 안 된다. 앞에서 말한 선천적 판단처럼 이 판단도 경험에 의해 '유추되는' 것일지도 모르며, 실제로 반드시 이렇게 되어야만 하는 것이다. 왜냐하면 어떤 것이 본질적으로 가치가 있는가를 판단하는 일은, 우리가 같은 종류의 어떤 것을 경험해 보지 않고는 불가능하다고 생각되기 때문이다. 그러나 이것이 경험으로써 증명될 수 있다는 것은 분명한 사실이다. 어떤 것이 존재하거나 또는 존재하지 않는다는 사실은, 그것이 존재하는 편이 좋다거나 나쁘다거나 하는 것을 증명해 주지 못하기 때문이다.

이 문제에 대한 연구는 윤리학(倫理學)에 속하며, 윤리학에서는 존재하는 것으로부터 반드시 존재해야 할 것을 연역하지 못한다는 것이 확립되어 있어야 한다. 그러나 여기서는 어떤 것이 본질적으로 가치 있는 것인가에 대한 지식은 논리가 선천적이라는 의미에서, 즉 이런 지식이 참인지 거짓인지는 경험에 의해서는 증명되지도 논박되지도 않는다는 의미에서 선천적이라는 것을 알아두는 것이 가장 중요하다.

모든 순수수학(純粹數學)은 논리학과 마찬가지로 선천적이다. 경험론자들은 이 점을 강력히 부정했는데, 그들은 지리학적 지식의 경우와 마찬가지로 경험은 수학적 지식의 근원이라고 주장했다.

그들은 두 개의 사물과 다른 두 개의 사물을 보고 그것을 합하면 네 개가 된다는 것을 발견하고, 이런 경험이 되풀이됨으로써 우리는 귀납에 의해 두 개의 사물과 다른 두 개의 사물을 합하면 '항상' 네 개가 된다는 결론에 도달하게 된다고 주장했다. 그러나 만약 이것이 $2+2=4$라는 지식의 근원이라면, 이 명제가 참임을 납득하기 위해 우리는 이제까지 실행해 온 방식이 아닌 다른 방식을 취해야만 한다.

실제로 두 개의 동전, 두 권의 책, 두 사람, 또는 그 밖의 두 개의 다른 사물이 아니라 2에 대해서 추상적으로 생각하려면 상당히 많은 사례가 필요하다. 그러나 우리의 사고에서 불필요한 특수성을 떼어낼 수 있게 되면 우리는 금세

2+2=4라는 일반 원리를 '파악' 할 수 있을 것이다. 어떤 한 사례의 검토가 '전형적'인 것으로 파악되면 다른 사례들의 검토는 필요치 않게 되는 것이다.[3]

기하학에서도 이와 같은 예를 찾아볼 수 있다. '모든' 삼각형에 공통된 어떤 성질을 증명하고자 할 때 우리는 하나의 삼각형을 그려놓고 이것에 대해서 추리한다. 그러나 다른 모든 삼각형에 공통되지 않는 성질을 이용하는 것은 피할 수 있으므로, 이런 특수한 경우에서 일반적인 결과를 획득하게 된다. 실제로 우리는 2+2=4라는 것에 대한 확실성이 새로운 사례에 의해 더욱 커지리라고 생각하지는 않는다. 왜냐하면 이 명제가 참임을 인식하자마자 그 확실성은 최대한으로 커지기 때문이다. 더구나 우리는 '2+2=4'라는 명제에 대해 일종의 '필연성'을 느끼는데, 이와 같은 필연성은 가장 확실하게 증명된 경험적 일반화에서도 볼 수 없는 것이다. 이런 일반화는 항상 단순한 사실에 불과할 뿐이다.

우리는 이런 일반화가 현실세계에서는 우연히 참이 되었지만 어쩌면 거짓이 되는 세계가 존재할지도 모른다고 느낀다. 이에 반해 가능한 어떤 세계에서도 2+2=4일 것이라는 느낌도 든다. 이것은 결코 단순한 사실이 아니라 현실적인 모든 것과 가능한 모든 것이 순응해야 할 필연성이다.

이 사실은 '모든 사람은 죽는다'는 순수한 경험적 일반화를 고찰하는 과정에서 더욱 명백히 드러난다. 우리가 이 명제를 믿는 이유는, 첫째 일정한 나이보다 더 오래 산 사람의 예가 없었기 때문이고, 둘째 인간의 신체와 같은 유기체는 머지않아 무용(無用)하게 된다고 생각할 생리학적 근거가 있는 것

---

[3] 화이트헤드(A.N. Whitehead)의 《수학개론(Introduction to Mathematics)》(Home University Library) 참조

같기 때문이다. 두 번째 이유는 제외하고 단지 인간은 죽을 수밖에 없다는 운명에 대한 경험만 하더라도, 우리는 한 인간이 죽었다는 지극히 분명하게 이해된 한 가지 사례만으로 만족하지 못한다는 것은 틀림없다.

이에 반해 '2+2=4'의 경우에는, 신중히 고찰해 보면 같은 일이 어떤 다른 경우에도 반드시 일어나리라는 것을 이해하는 데는 하나의 예만으로도 충분하다. 또 생각해 보면 '모든' 사람이 죽는다는 문제에 대해서는 비록 미약하나마 의심이 생길 수도 있다는 가능성을 인정하지 않을 수 없다. 이는 두 종류의 세계, 즉 불사(不死)의 인간만이 사는 세계와 2+2=5가 되는 세계를 상상해 보면 명백해진다. 스위프트[4]가 영원히 죽지 않는 스트랄드바그라는 종족에 대해 생각해 보라고 제안했을 때, 우리는 상상으로는 얼마든지 그런 일이 가능하리라고 인정하게 된다. 그러나 2+2=5가 되는 세계는 완전히 차원이 다른 것 같다. 우리는 만약 그런 세계가 있다면 그 세계는 우리 지식의 조직을 송두리째 파괴하고, 우리를 극단적인 회의로 몰아넣을 것이라고 느끼게 된다.

'2+2=4'와 같은 간단한 수학적 판단, 그리고 논리학의 많은 판단에서는 일반 명제의 의미를 명백히 하기 위해 흔히 어떤 사례가 필요하지만, 우리는 사례로부터 추리하지 않고도 일반 명제를 알 수 있다는 것은 분명한 사실이다. 따라서 일반으로부터 일반으로, 일반으로부터 특수로 발전해 나가는 '연역'의 과정이 특수로부터 특수로, 특수로부터 일반으로 발전해 나가는 '귀납'의 과정과 마찬가지로 진정한 유용성을 갖는 것이다. 그런데 이 연역법이

---

[4] Swift, Jonathan(1667~1745). 영국의 작가, 성직자. 스트랄드바그는 그의 풍자소설 《걸리버 여행기》에 나오는 종족으로, 영원히 살되 서른 살 이후로는 죽은 사람과 다름없는 존재로 산다.

'새로운' 지식을 주는지 여부는 철학자들 사이에서 예부터 쟁점이 되어 왔다.

이제 우리는 적어도 어떤 경우에는 연역법이 새로운 지식을 준다는 것을 알고 있다. 2+2가 항상 4이고, 브라운과 존스가 두 사람이고, 로빈슨과 스미스가 두 사람이라는 것을 이미 알고 있다면, 우리는 브라운과 존스와 로빈슨과 스미스가 네 사람이라고 연역할 수 있는 것이다. 이것은 전제에는 제시되지 않았던 전혀 새로운 지식이다. '2+2=4'라는 일반 명제는 결코 브라운과 존스와 로빈슨과 스미스라는 사람들이 있다는 것을 알려주지 않고, 또 그 특수한 전제들도 이런 네 사람이 있다는 것을 알려주지 않기 때문이다. 그런데 연역된 특수한 명제는 이런 두 가지 사실을 일깨워주는 것이다.

그러나 논리학 서적에 빠짐없이 나오는 연역법의 상투적인 예, 즉 '사람은 모두 죽는다, 소크라테스는 사람이다, 따라서 소크라테스는 죽는다'는 예를 보면, 앞의 예와 비교할 때 이 지식의 새로움은 확실성이 훨씬 덜하다. 이 경우 우리가 아무 의심 없이 실제로 알고 있는 것은, A와 B와 C라는 어떤 사람들은 반드시 죽게 된다는 사실이다. 그들이 실제로 죽었기 때문이다.

만약 소크라테스가 그중 한 사람이라면, '어쩌면' 소크라테스도 죽을 것이라는 결론을 얻기 위해 '사람은 모두 죽는다'라고 말을 돌리는 것은 우매한 짓이다. 소크라테스가 앞의 귀납의 기초가 된 사람 중 하나가 아닐 경우에도 역시 '사람은 모두 죽는다'라는 일반 명제에 의해 우회하기보다는 A, B, C라는 사람들로부터 소크라테스로 직접 논의를 전개하는 편이 보다 현명하다. 왜냐하면 우리의 여건으로 보아 소크라테스가 죽는다는 개연성이 사람은 모두 죽는다는 개연성보다 크기 때문이다(사람은 모두 죽는다면 당연히 소크라테스도 죽지만, 소크라테스가 죽는다 하더라도 여기서 사람은 모두 죽는다는 귀결을 얻을 수는 없기 때문에 이는 명백하다).

따라서 우리는 '사람은 모두 죽는다'는 명제를 가지고 연역법을 사용하는 것보다는, 순수하게 귀납적으로 논의를 전개해 나갈 때 더욱 확실하게 소크라테스가 죽는다는 결론에 이를 수 있다.

이로써 '2+2=4'라는 선천적으로 인식되는 일반 명제와, '사람은 모두 죽는다'는 경험적 일반화의 차이가 명백해진다. 전자의 경우 연역법은 정당한 논의의 방식이고, 후자의 경우 귀납법은 항상 이론적으로 바람직하므로 우리가 얻어낸 결론의 진리성에 보다 큰 신뢰를 부여한다. 경험적 일반화는 모두 개개의 사례들보다 불확실한 것이기 때문이다.

우리는 이제 선천적으로 인식되는 명제가 있으며, 이에 속하는 것으로 논리학과 순수 수학의 명제, 그리고 윤리학의 기본 명제가 있다는 사실을 알았다. 다음에는 이런 지식의 존재가 어떻게 해서 가능한가 하는 문제를 다루어 보기로 하자. 좀더 상세히 말하면, 모든 사례를 다 검토한 것도 아니고, 또한 실제로 이런 사례는 무수히 많으므로 결코 그것을 모두 검토할 수 없는 경우 어떻게 일반 명제에 대한 지식이 있을 수 있는가? 이것은 독일의 철학자 칸트[5]에 의해 처음으로 분명히 제기된 문제로서, 매우 난해하고 역사적으로 매우 중요하다.

---

[5] Kant, Immanuel(1724~1804). 독일의 대표적인 철학자. 종래의 사변철학과 경험론을 통합하여 인식 능력의 비판을 근본 정신으로 하는 비판철학을 확립한 근세철학의 시조이다. 저서로는 삼부작(三部作) 《순수이성 비판》, 《실천이성 비판》, 《판단력 비판》 등이 있다.

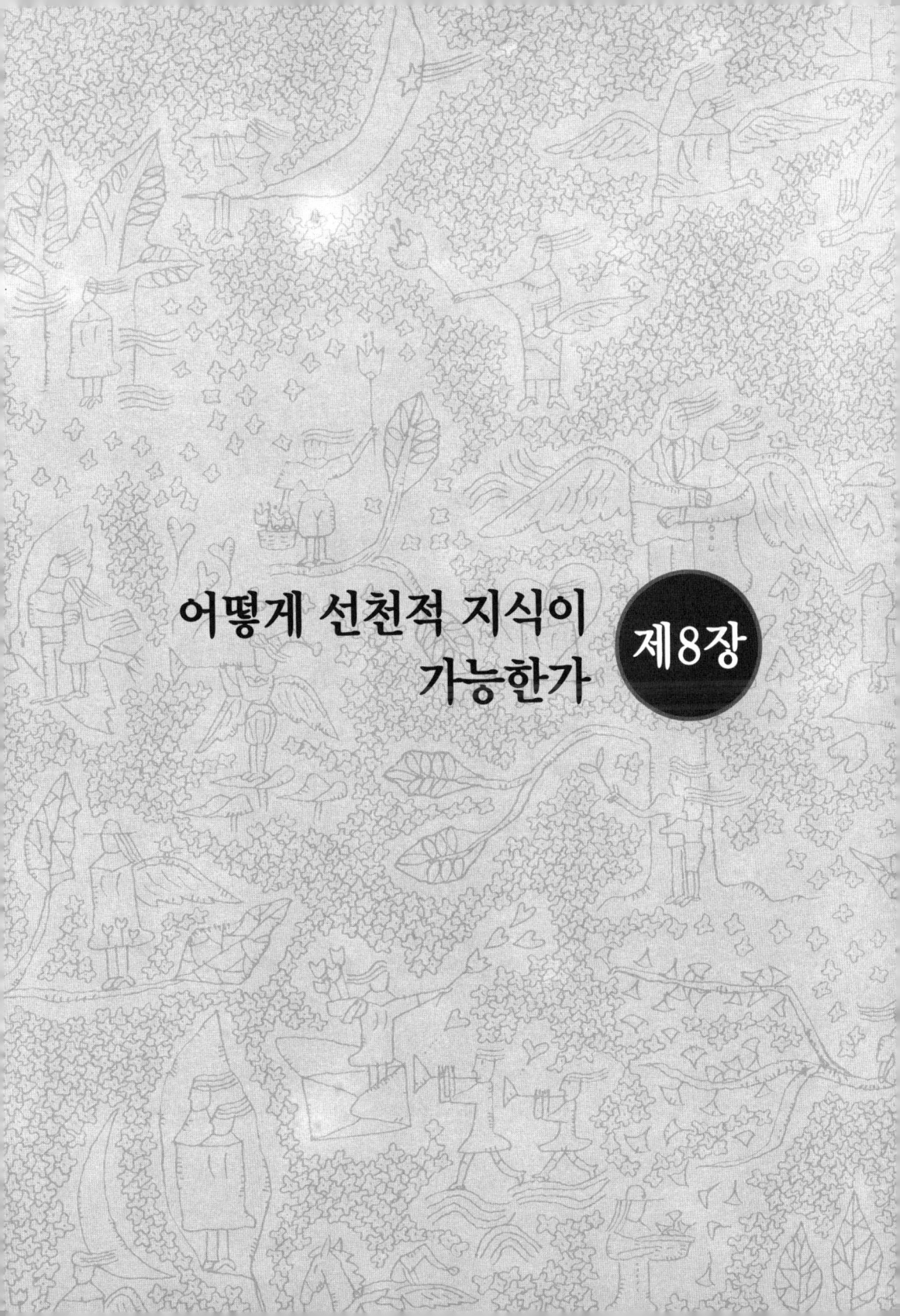

제8장 어떻게 선천적 지식이 가능한가

칸트는 일반적으로 근대 철학자 가운데 가장 위대한 철학자로 평가받고 있다. 그는 살아 있는 동안 7년 전쟁과 프랑스 혁명을 체험했지만, 동(東)프로이센의 쾨니히스베르크에서 행한 철학 강의를 중단한 일이 한 번도 없었다. 그의 가장 뚜렷한 공적은 소위 '비판철학(critical philosophy)'을 처음으로 제창했다는 것이다. 비판철학은, 지식에는 여러 종류가 있음을 여건으로 전제한 다음 이런 지식이 어떻게 가능한가를 탐구하고, 그 탐구에 대한 결과로부터 세계의 본성에 대한 많은 형이상학적 결론을 연역한 것이다.

그 결론의 타당성에는 의문의 여지가 있다. 그러나 칸트는 다음 두 가지 점에서는 분명히 신뢰할 만하다. 즉 첫째는 순수하게 '분석적인', 이를테면 그 반대는 자기모순을 초래하는 선천적 지식이 있다는 사실을 인정한 점과, 둘째는 인식론의 철학적 중요성을 분명히 한 점이다.

칸트 시대 이전에는 무엇이든 선천적인 지식은 모두 '분석적'이어야 한다는 주장이 지배적이었다. '분석적'이라는 말뜻은 예로써 가장 적절히 설명할 수 있다. '대머리인 사람은 사람이다', '평면도형(平面圖形)은 도형이다', '사악한 시인은 시인이다'라고 말할 때, 나는 순수하게 분석적인 판단을 하고 있는 것이다. 여기서 주제가 되는 주어는 최소한 두 가지 성질을 가지고 있으며, 그중 하나는 주어에 대해 주장하기 위해 선택된다.

지금 말한 명제는 사소한 것이어서, 궤변을 전개하려는 변론가가 아니라면 아무도 실생활에서 이런 말을 하지 않을 것이다. 이와 같은 명제가 '분석적'이라고 불리는 이유는, 오직 주어를 분석함으로써 그 술어를 얻을 수 있기 때문이다. 칸트 시대 이전에는 이런 종류의 판단만이 우리가 선천적이라고 확신할 수 있는 판단이라고 생각되었다. 다시 말해서, 이런 판단에서는 어느 경우에나 그 주어의 일부에 불과한 술어가 주어에 대해 주장되는 것이다. 만약 그렇다면, 선천적으로 알 수 있는 어떤 것을 부정하려고 할 때 우리는 명백한 모순에 빠지게 된다. '대머리인 사람은 대머리가 아니다'라고 한다면, 어떤 사람에 대해 대머리라고 말하면서 동시에 대머리가 아니라고 부정하는 것이므로 자기모순에 빠지고 만다. 따라서 칸트 이전의 철학자들에 의하면, 모든 것은 어떤 성질을 가지면서 동시에 갖지 않을 수는 없다고 주장하는 모순율만으로도 선천적 지식이 진리라는 것이 확립되기에 충분했던 것이다.

칸트에 앞선 흄은, 지식을 선천적인 것으로 만드는 것은 무엇인가 하는 점에서는 종래의 일반적인 견해를 받아들이면서 지금까지 분석적이라고 여겨졌던 무수한 경우, 특히 원인과 결과의 경우에 있어서 주어와 술어의 결합은 실은 종합적이라는 사실을 깨달았다. 흄 이전의 합리론자들은 적어도 우리에게 충분한 지식만 있다면 결과는 원인으로부터 논리적으로 연역될 수 있다고 생각했다. 흄은—지금은 일반적으로 승인되고 있는 것처럼 올바르게도—이와 같은 연역은 불가능하다고 논증했다. 여기에서 그는 원인과 결과의 관련에 대해서는 선천적으로 인식되는 것은 하나도 없다는, 보다 더 회의적인 명제를 이끌어냈다.

합리론적인 전통 밑에서 교육받은 칸트는 흄의 회의주의로 인해 극심한 혼란에 빠지고, 이에 대한 해답을 찾아내려고 노력했다. 그는 원인과 결과의 결합뿐만 아니라 대수나 기하학의 모든 명제가 '종합적', 즉 분석적이 아니라는 사실을 발견했다. 이런 모든 명제에서는 주어의 분석만으로는 술어를 찾아낼 수 없는 것이다. 그는 7+5=12라는 명제를 자주 사용했다. 그는 12를 얻기 위해서는 7과 5를 더해야 한다는 것, 즉 12라는 관념은 7과 5 어느 쪽에도 포함되어 있지 않으며, 또한 7과 5를 더한다는 관념 속에도 포함되어 있지 않다는 점을 지적했는데, 이는 참으로 옳은 지적이었다. 이렇게 해서 그는 모든 순수수학은 비록 선천적이긴 하지만 종합적이라는 결론에 도달했다. 그런데 이와 같은 결론으로부터 새로운 문제가 제기되었으므로, 그는 다시 그 해답을 찾아내기 위해 노력해야만 했다.

칸트가 그 철학의 첫머리에 제기한 문제, 즉 '순수수학은 어떻게 가능한가' 하는 문제는 흥미롭고도 난해한 문제이며, 이 문제에 대해서는 완전히 회의적인 철학이 아닌 한 모든 철학은 반드시 어떤 해답을 찾아내야만 한다. 이미 살펴보았듯이 특수한 사례로부터 귀납에 의해 수학적 지식이 생긴다고 하는 순수한 경험론자의 대답은 적절하지 않다. 그 이유는 두 가지가 있는데 다음과 같다. 하나는, 귀납원리 자체의 타당성은 귀납에 의해서는 증명될 수 없다는 것이고, 다른 하나는 '2+2는 항상 4이다'라는 수학의 일반 명제는 단 하나의 사례의 고찰만으로도 분명히 알 수 있으므로 그것이 참임을 나타내는 다른 사례를 늘어놓는 것은 무의미하다는 것이다. 따라서 수학의 일반 명제에 대한 우리의 지식은 '사람은 모두 죽는다'는 경험의 일반화에 대한 (단지 개연적일 뿐인) 지식과는 다른 방법으로 설명되어야만 할 것이다(이는 논리학에 대해서도 똑같이 적용된다).

문제는 모든 경험이 특수함에도 불구하고 이런 지식은 일반적이라는 사실에서 발생한다. 우리가 아직 경험하지 못한 특수한 사물에 대해 미리 어떤 진리를 틀림없이 알 수 있다는 것은 의심스러운 발상이다. 그러나 논리학이나 산수가 아직 경험하지 못한 사물에 적용된다는 것은 쉽게 의심할 수 없다. 우리는 지금으로부터 백 년 후의 런던 시민들이 어떤 사람들일지 모르고 있다. 그러나 백 년 후의 런던 시민 중 어떤 두 사람과 다른 두 사람을 합하면 네 사람이 된다는 것은 알고 있다.

이처럼 우리가 아직 경험하지 않은 것에 대해 예지할 수 있는 능력은 분명히 놀랄 만한 것이다. 이 문제에 대한 칸트의 해답은 내 견해로는 옳지 않다고 생각되지만, 아무튼 흥미로운 것이다. 그러나 이것은 매우 난해하고 철학자들 사이에서도 각기 다르게 이해되고 있다. 따라서 우리는 칸트의 해답에 대해 대체적인 윤곽만 말할 수 있을 뿐이다. 게다가 그렇게만 하더라도 칸트 체계의 수많은 해설자들은 이것이 사람들을 오해로 이끈다고 생각할 것이다.

칸트가 주장한 것은 우리의 모든 경험에서 두 가지 요소를 구별해야 한다는 것이었다. 즉 하나는 대상(다시 말해서, 우리가 물질적 대상이라고 호칭한 것)에서 비롯된 요소이고, 다른 하나는 우리 자신의 본성에서 비롯된 요소이다. 우리는 물질과 감각소여를 고찰하면서 물질적 대상은 감각소여의 결합과는 다르고, 감각소여는 물질적 대상과 우리 자신의 상호작용에서 생기는 것으로 간주해야 한다는 사실을 깨달았다. 여기까지는 우리의 견해도 칸트와 같다.

그러나 칸트에게 특징적인 것은 우리 자신과 물질적 대상의 역할을 각기 분담시키려고 한 그 방식이다. 그는 감각에 부여되는 생소한 자료—예컨대 색깔, 단단함 등—는 대상에서 비롯되는 것이고, 우리가 제공하는 것은 시간과 공간에 있어서의 배열 및 감각소여 사이의 모든 관계, 즉 비교 내지는 어떤 것을 다른 것의 원인이라고 봄으로써 생기는 감각소여 사이의 관계라고 생각했다.

그가 이렇게 주장하는 주된 이유는 우리가 공간 및 시간, 인과관계, 비교 등에 대해서는 선천적 지식을 갖지만 감각의 현실적인 생소한 자료에 대해서는 그렇지 않다는 데 있다. 우리가 경험하게 될 것은 모두 다, 그것에 대해 확인되는 여러 특징을 우리의 선천적 지식에서 보여주어야 한다는 것을 우리는 확신할 수 있다고 그는 말한다. 왜냐하면 그 여러 특징은 우리의 본성에서 비롯된 것이므로 이런 특징을 갖지 않고는 어떤 것도 우리의 경험에 포함될 수 없기 때문이라는 것이다.

그는 스스로 '물자체(物自體)'[1]라고 부르는 물질적 대상을 본질적으로 불가해한 것이라고 생각한다. 이해할 수 있는 것은 우리가 경험하는 대상이며, 그는 이것을 '현상(現象)'이라고 말한다. 현상은 우리와 물자체의 공동 산물이기 때문에 반드시 우리로부터 비롯된 특성들을 가지며, 그런 이유로 우리의 선천적 지식에 분명히 적합한 것이다. 그러므로 선천적 지식은 현실적이며 가능한 모든 경험에 대해 참된 것이지만, 그렇다고 해서 경험 이외의 것에도 적용된다고 생각해서는 안 된다.

이와 같이 선천적 지식은 분명히 존재하지만 우리는 물자체, 그리고 경험의 현실적 또는 가능한 대상이 아닌 것에 대해서는 아무것도 알 수 없다. 그는 이런 식으로 합리론자의 주장과 경험론자의 논의를 조정하여 조화시키려고 한다.

---

[1] 칸트의 '물자체'는 정의(定義)에 있어 물질적 대상과 같다. 즉 감각의 원인이다. 그러나 이와 같은 정의에서 연역되는 성질들은 동일하지 않다. 왜냐하면 칸트는 (비록 원인에 대하여 일종의 부정합성이 있을지라도) '물자체'에 대해서는 어떤 범주도 적용되지 않는다고 주장했던 것이다.

칸트 철학을 비평하는 사소한 논거는 차치하고라도, 그의 방법으로 선천적 지식의 문제를 취급하려고 하는 시도에 대해 치명적으로 생각되는 하나의 중요한 반론이 있다. 여기서 미리 설명해 두어야 할 것은, 사실은 논리 및 산수와 언제나 적합해야 한다는 우리의 신념이다. 논리와 산수가 우리에 의해 생겨난 것이라는 말로는 이에 대한 설명이 되지 않는다. 우리의 본성은 다른 것과 마찬가지로 현존하는 세계의 하나의 사실이므로 그것이 언제까지나 변하지 않으리라는 확실성은 있을 수 없다.

칸트의 말이 옳다면 내일은 2＋2＝5가 되도록 우리의 본성이 달라질지도 모르는 일이다. 이런 가능성에는 미처 그의 생각이 미치지 못한 것 같다. 그런데 이것은 그가 산술적 명제를 위해 정열적으로 옹호한 확실성과 보편성을 완전히 무너뜨리는 가능성이다. 형식적으로 말하면 이 가능성은 시간 자체가 주관에 의해 현상에 부과된 형식이므로 우리의 실재하는 '자아'는 시간 속에 있는 것이 아니며, 따라서 내일이라는 것이 없다고 하는 칸트의 견해와 모순된다는 것은 사실이다. 그러나 그는 역시 현상의 시간적 순서는 현상을 초월해 있는 것의 득성에 의해 결정된다는 점을 생각할 것이고, 이것만으로도 우리 논의의 실질(實質)은 충분히 보장된다.

더구나 다시 생각해 보면 우리의 산수에 대한 신념에 어떤 진리가 있을 때, 이 신념은 우리가 그것을 생각하든 생각하지 않든 언제나 사물에 적용되어야 한다는 것이 분명해진다. 비록 물질적 대상은 경험할 수 없다 하더라도 두 개의 물질적 대상과 다른 두 개의 물질적 대상을 더하면 반드시 네 개의 물질적 대상이 되어야 하는 것이다. 이런 주장은 분명히 우리가 2＋2＝4라고 말하는 경우 의미하는 그 범위에 포함되는 것이다. 이것이 진리라는 것은, 두 개의 현상과 두 개의 현상을 합하면 네 개의 현상이 된다는 주장이 참인 것과 같이 의심의 여지가 없다. 그러므로 칸트의 해답은 선천적 명제의 확실성을 설명하는 데 실패했으며, 게다가 그 명제의 범위를 부당하게 제한하고 있다.

칸트가 앞장서서 주장한 특수한 이론과는 다르더라도 선천적인 것을 어떤 의미에서는 정신적인 것으로 보고, 외부 세계의 사실보다는 우리가 필연적으로 그렇게 생각하게 되는 사고방식과 관계가 있다고 생각하는 것은 철학자들 사이에서 흔히 있는 일이다.

앞 장에서 우리는 일반적으로 '사고의 법칙'이라고 호칭되는 세 개의 법칙을 살펴보았다. 이런 호칭을 붙이게 된 견해는 자연스러운 것이지만, 이것이 오류라고 생각할 커다란 이유가 있다.

한 예로 모순율을 살펴보기로 하자. 이것은 흔히 '어떤 것이든 존재하면서 동시에 존재하지 않을 수는 없다'는 형식으로 표현되는데, 이는 어떤 것도 부여된 성질을 가지면서 동시에 갖지 않는다는 것은 불가능하다는 사실을 표현하려고 하는 것이다. 그러므로 예를 들어 어떤 나무가 너도밤나무라면 동시에 너도밤나무가 아니라는 것은 불가능하며, 내 책상이 장방형이라면 동시에 장방형이 아니라는 것은 불가능하다. 그런데 이런 원리를 사고의 법칙이라고 부르는 것이 자연스러운 이유는, 외적인 관찰보다는 오히려 사고에 의해 이것이 참임을 확신하게 되기 때문이다. 어떤 나무가 너도밤나무라는 것을 알고 있을 때 우리는 그것이 동시에 너도밤나무가 아닌지를 확인하기 위해 다시금 그 나무를 관찰할 필요는 없다. 사고만으로도 우리는 그런 일이 불가능하다는 것을 알고 있기 때문이다.

그러나 모순율이 '사고'의 법칙이라고 하는 결론은 잘못된 것이다. 우리가 모순율을 믿는 경우, 그것을 믿는 이유가 우리의 정신이 모순율을 믿을 수밖에 없도록 되어 있기 때문은 아닌 것이다. '이런' 믿음은 그 다음의 심리적 반성에서 발생한 결과이며, 이 반성은 모순율에 대한 믿음을 전제하고 있다. 모순율에 대한 믿음은 사고에 대한 믿음이 아니라 사물에 대한 믿음이다. 예를 들면, 우리가 어떤 나무를 너도밤나무라고 '생각' 한다면 동시에 너도밤나무가 아니라고 '생각' 할 수 없다는 믿음이 아니라, 어떤 나무가 너도밤나무라면 동시에 그 나무가 너도밤나무가 아닐 수는 없다는 믿음이다.

이처럼 모순율은 단순히 사고에 대한 것이 아니라 사물에 대한 것이다. 또한 모순율에 대한 믿음은 사고이지만 모순율 자체는 사고가 아니라 모든 사물에 대한 사실이다. 우리가 모순율을 믿을 때 그 믿고 있는 것이 세계의 사물에 대해 참이 아니라면, 우리가 모순율을 참이라고 '생각' 할 수밖에 없다는 사실도 모순율을 오류에서 구제하지는 못한다. 그리고 이것은 이 법칙이 결코 '사고' 의 법칙이 아니라는 사실을 잘 나타낸다.

다른 선천적 판단에도 이와 비슷한 논법이 적용된다. $2+2=4$라고 판단할 때, 우리는 우리의 사고에 대해서가 아니라 현실적인 모든 것 또는 가능한 쌍에 대해 판단하고 있는 것이다. 비록 우리의 정신이 $2+2=4$라고 믿도록 되어 있는 것이 사실이라 하더라도, $2+2=4$라고 주장할 때 주장되는 것은 결코 그런 사실은 아니다. 그리고 우리 정신의 구성과 연관된 어떤 사실도 $2+2=4$라는 명제를 참으로 만들지는 못한다. 그러므로 선천적 지식은, 그것이 오류가 아니라면 우리의 정신의 구성에 대한 지식이 아니라 정신적인 것이든 비정신적인 것이든 세계에 포함되는 것이라면 무엇에라도 적용시킬 수 있는 것이다.

우리의 모든 선천적 지식은 정확히 말해서 정신적 세계는 물론 물질적 세계에도 '존재' 하지 않는 실재물(實在物)과 관계하고 있다. 이 실재물은 명사적(名詞的)이 아닌 품사에 의해 지명될 수 있는 것으로서 성질이나 관계와 같은 것이다. 예를 들어, 내가 방 안에 있다고 가정해 보자. 나는 존재하고 내 방도 존재한다. 그런데 과연 '안에'라는 것은 존재하는가? '안에'라는 말에는 반드시 의미가 있다. 그것은 나와 내 방 사이에 성립하는 관계를 가리킨다. 이 관계는 나와 내 방이 존재하는 것과 동일한 의미에서 존재한다고는 할 수 없지만, 분명히 어떤 것이기는 하다. '안에'라는 관계는, 우리가 그것에 대해 생각하고 이해할 수 있는 것이다. 만약 그렇지 않다면 우리는 '나는 방 안에 있다'라는 문장을 이해할 수 없기 때문이다. 상당수의 철학자들이 칸트를 추종하여, 관계는 정신의 작용이며 물자체는 관계를 갖지 않지만 정신은 사고의 한 작용에 있어 물자체를 결합함으로써 관계 — 정신이 가져야만 한다고 판단하는 것 — 를 낳는다고 주장해 왔다.

그러나 이 견해에 대해서는, 앞에서 칸트에 반대한 것과 같은 반대를 할 수 있을 것이다. '나는 내 방 안에 있다'는 명제를 참으로 만드는 것이 사고가 아니라는 것은 자명한 사실이다. 집게벌레가 내 방에 있다는 것은 나, 집게벌레, 그리고 그 밖의 다른 사람이 이 진리를 알고 있지 않더라도 참이 된다. 왜냐하면 이 진리는 전적으로 집게벌레와 방에만 관계될 뿐 다른 어떤 것에도 의존하지 않기 때문이다. 그러므로 다음 장에서 좀더 상세히 고찰하겠지만, 관계는 정신적인 것도 물질적인 것도 아닌 세계에 놓여 있어야만 한다. 이 세계는 철학에 대해, 특히 선천적 지식의 문제에 대해서는 매우 중요하다. 다음 장에서는 더 나아가 이런 세계의 본성과 우리가 지금까지 다룬 여러 문제와의 관련을 살펴보기로 하겠다.

보편의 세계 제9장

앞 장을 마무리하면서 우리는 관계와 같은 실재물은 물질적 대상의 존재와는 다른 존재 방식을 취하고, 또한 정신의 존재 및 감각소여의 존재와도 다른 존재 방식을 취한다는 사실을 알았다. 이 장에서는 이런 존재의 본성은 무엇인가, 그리고 이런 존재 방식을 취하는 대상에는 어떤 것이 있는가를 고찰해 보자.

먼저 이런 존재 방식을 취하는 것에는 어떤 것이 있는가 하는 후자의 문제부터 살펴보겠다. 지금 우리가 취급하려는 문제는 플라톤[1]에 의해 철학에 도입된 상당히 오래된 문제이다. 플라톤의 '이데아론(論)'은 바로 이 문제를 해결하기 위한 시도였으며, 나는 그것이 지금까지 행해졌던 시도 가운데 가장 성공적이었다고 생각한다. 앞으로 언급하게 될 이론은 대부분 플라톤의 이론인데, 다만 시간이 경과함에 따라 반드시 필요하다는 것이 알려진 몇 가지 수정을 가했을 따름이다.

플라톤에게 있어 이 문제는 다음과 같은 방식으로 제기되었다. 예를 들어,

---

[1] Platon(기원전 427~347). 고대 그리스의 철학자, 형이상학의 수립자. 소크라테스로부터 많은 영향을 받았으며, 아테네 교외에 학교를 설립하여 아카데미아학파를 창설했다. 생전에 간행된 저서들 중 1편을 제외하고는 모두 일종의 희곡 작품으로서 여러 가지 논제를 놓고 철학적인 논의가 오고 간 것인데, 이것은 《대화편》이라고 불린다. 소크라테스가 모든 작품의 주요 등장인물이다.

'정의(正義)'라는 개념을 살펴보자. 정의가 무엇이냐는 질문을 받았을 때 우리는 먼저 여러 가지 정의로운 행위를 생각하고 여기에 공통된 것이 무엇인지를 찾아내려고 하는데, 이는 지극히 자연스러운 일이다. 정의로운 모든 행위는 어떤 의미에서는 정의로운 것에서만 찾아볼 수 있고, 그렇지 않은 것에서는 찾아볼 수 없는 공통된 성질을 분유(分有)하고 있어야 한다. 이런 본질로 인해 그 행위는 모두 정의롭고, 게다가 공통된 성질은 정의 그 자체일 것이며, 일상생활의 사실과 혼합되어 온갖 정의로운 행위를 산출하는 정의의 순수한 본질일 것이다.

이 밖에 공통된 사실에 적용될 수 있는 다른 말들, 즉 '희다'는 낱말에 대해서도 같은 말을 할 수 있다. 이런 말을 많은 특수한 사물에 적용하는 것이 가능한 이유는, 그것들이 모두 공통된 성질이나 본질을 분유하고 있기 때문이다. 플라톤은 이런 순수한 본질을 이름하여 '이데아' 또는 '형상(形相)'이라고 했다('이데아'의 의미는, 플라톤에게 있어서는 정신에 의해 파악되는 것이긴 하지만 정신 속에 있다고 간주되어서는 안 된다). 정의라는 '이데아'는 정의로운 어떤 것과도 같지 않다. 그것은 특수한 사물과는 다른 어떤 것, 개채의 특수한 사물이 함께 나누어 갖는 것이다. 그것은 특수한 것이 아니기 때문에 감관의 세계에는 존재할 수 없다. 또한 그것은 감관의 사물과 같이 유동적이고 가변적인 것은 아니다. 그것은 언제까지나 그 자체이고, 움직이지 않으며, 불멸의 것이다.

이렇게 하여 플라톤은 통상적인 감관의 세계보다 더 실재적인 초감각적 세계, 불변하는 이데아의 세계에 이르게 된다. 오직 이 세계만이 감관의 세계에 실재의 반영을 주고, 실재의 반영은 지극히 희미하다 할지라도 이 세계에 속하는 것이다. 플라톤에게 있어 진실로 실재하는 세계는 이데아의 세계이다. 감관의 세계의 사물에 대해 무엇인가 말하려고 해도 우리가 말할 수 있는 것은 고작 그 사물이 이러이러한 이데아를 분유하고 있다는 것뿐이고, 따라서 이러한 이데아는 사물의 온갖 특성을 구성하고 있는 것이기 때문이다. 그런 이유로 여기서 신비주의로 옮겨가는 것은 매우 쉬운 일이다. 우리는 신비의 빛 속에서 마치 감관의 대상을 보는 것처럼 이데아를 '보게 되기'를 소망할 수 있고, 이데아가 하늘에 있다고 상상할 수도 있을 것이다. 이와 같은 신비주의적인 전개는 지극히 자연스럽다. 그러나 이 이론은 논리학에 근거하고 있으며, 우리는 이데아를 논리학에 근거한 것으로서 살펴보아야 한다.

'이데아'라는 말은 시간이 경과함에 따라 무수한 연상(聯想)을 수반하게 되고, 플라톤의 '이데아'에 이런 연상이 적용되는 경우 오해를 불러일으킬 가능성이 많다. 그런 이유로 우리는 플라톤이 의미한 것을 기술하기 위해 '이데아'라는 말 대신 '보편'이라는 말을 사용하기로 하자.

플라톤이 의미하는 실재물의 본질은 감각에 부여되는 특수한 사물과 대립되는 것이다. 우리는 감각에 부여되는 것, 또는 감각에 부여된 것과 동일한 성질의 것을 '특수'라고 부르기로 하자. 특수에 대해 '보편'은 수많은 특수에 의해 분유되고, 앞에서 이미 말했듯이 '정의'와 '희다'는 것을 정의로운 행위와 흰 것으로부터 구분짓는 특성을 가지고 있다.

일상적인 말을 조사해 보면, 대체로 고유명사는 특수를 나타내고 그 밖의 명사·형용사·전치사·동사 등은 보편을 나타낸다는 사실을 알 수 있다. 대명사는 특수를 나타내지만 다의적(多義的)이다. 대명사가 어떤 특수를 나타내는지는 오직 그 문맥(文脈)이나 사정에 의해서만 알 수 있다. '지금'이라는 말은 특수, 즉 현재의 순간을 표시하지만, 대명사와 마찬가지로 이 말이 나타내는 것은 다의적인 특수이다. 왜냐하면 현재는 끊임없이 변하는 것이기 때문이다.

　보편을 가리키는 말이 적어도 하나 이상 포함되어 있지 않으면 도저히 문장이 성립될 수 없다는 것은 금세 알 수 있는 사실이다. 보편을 가리키는 말이 포함되어 있지 않은 문장에 가장 가까운 것은 '나는 이것을 좋아한다'는 명제일 것이다. 그러나 이 경우에도 '좋아한다'는 말은 보편을 가리킨다고 할 수 있다. 왜냐하면 내가 다른 것을 좋아하거나 다른 사람이 여러 가지 것을 좋아할 수도 있기 때문이다. 이렇듯 모든 진리에는 보편이 포함되어 있으며 진리에 대한 지식에는 보편에 대한 직접지가 포함된다.

　사전에 나오는 대부분의 낱말이 보편을 나타낸다는 것을 안다면, 보편이라는 실재물이 있다는 것을 자각한 사람이 철학자를 제외하고는 거의 없다는 사실은 이상한 것이다. 우리는 아주 당연하다는 듯 이 문장에서 특수를 지시하지 않는 말에는 주목하지 않는다. 만약 보편을 지시하는 말에 유의하도록 강요되면 우리는 당연하다는 듯이 이 말을 보편에 포섭되는 특수 가운데 하나를 나타내는 것으로 생각하게 될 것이다. 예를 들어, '찰스 1세는 목이 잘렸다'는 문장을 접할 때, 우리는 당연한 것처럼 찰스 1세, 찰스 1세의 목, 그의 목을 자르는 동작을 연상하게 되는데, 이것들은 모두 특수이다.

　그러나 우리는 마치 당연한 것처럼 '머리'라는 말, 또는 '자른다'는 말이 뜻하는 것 — 이것은 보편이다 — 에는 주목하지 않는다. 우리는 이런 말은 불완전하여 실체가 없다고 생각한다. 이런 말들을 사용하기 위해서는 그전에 어떤 맥락이 필요한 듯이 생각된다. 그러므로 철학적 연구가 우리의 주의를 보편으로 돌려주기까지 우리는 보편 자체에 전혀 주의를 기울이지 않을 수 있는 것이다.

　대체로 말하자면 철학자들 사이에서도 형용사나 명사에 의해 지시되는 보편만이 대부분 또 흔히 인정되었을 뿐이고, 동사나 전치사에 의해 지시되는 보편은 보통 무시되었다고 할 수 있다. 이런 현상은 철학에 지대한 영향을 미쳤다. 스피노자[2] 이래의 거의 모든 형이상학이 이와 같은 현상에 의해 규정되었다고 해도 과언은 아닐 것이다. 이런 일이 일어나게 된 원인을 살펴보면 대충 다음과 같다.

일반적으로 말해서 형용사와 고유명사는 단일한 사물의 성질이나 고유성을 표현하고, 전치사와 동사는 둘 또는 그 이상의 관계를 표현하는 경향이 있다. 그러므로 전치사와 동사를 무시함으로써 모든 명제는 둘 또는 그 이상의 사물의 관계를 표현한다기보다는 단일한 사물에 고유성을 귀속시킨다고 간주하게 되었다. 그리하여 궁극적으로 사물 간에는 관계와 같은 실재물이 존재할 수 없다고 생각하게 되고, 이로 인해 우주에는 단 하나의 사물밖에 존재할 수 없다거나, 또는 설사 많은 사물이 존재한다 하더라도 상호작용은 절대로 불가능하다고 생각하게 되었다. 모든 상호작용은 결국 관계인데, 관계는 불가능하기 때문이다.

이런 견해 가운데 우주에는 단 하나의 사물밖에 존재할 수 없다고 하는 견해를 '일원론(一元論, monism)'이라고 한다. 이는 스피노자에 의해 주창된 이래 오늘날에 와서는 브래들리[3]나 그 밖의 많은 철학자들에 의해 옹호되고 있다. 라이프니츠는 많은 사물이 있다 하더라도 상호작용은 불가능하다는 견해를 주창했지만, 오늘날에는 흔하지 않다. 이 견해는 단자론(單子論,

---

[2] Spinoza, Baruch(1632~77). 네덜란드의 철학자. 유대인이다. 1656년 유대교의 성전을 비판한 일로 파문(破門)된 이래 빈곤과 싸우며 고립된 생활을 했다. 《윤리학》, 《국가론》 등 많은 저서가 있다.

[3] Bradley, Francis Herbert(1846~1924). 독일 관념론의 영향을 받아 영국 경험론의 전통에 반대한 영국의 철학자. 저서로는 《논리학 원리》, 《현상과 실재》, 《진실과 실재》 등이 있다.

monadism)이라고 하는데, 그 이유는 고립된 사물 하나하나를 각기 단자(monad)라고 불렀기 때문이다. 상반된 이 두 철학은 모두 흥미로운 것이기는 하지만 내 견해로는 하나의 보편, 즉 동사나 전치사에 의해 표출되는 것이 아니라 형용사나 명사에 의해 표출되는 것에 부당한 주의를 기울인 결과 생겨난 것 같다.

실제로 누군가가 보편이라는 것의 존재를 완전히 부정하려고 한다면 우리는 '성질'이라는 실재물, 즉 형용사나 명사에 의해 표출되는 보편의 존재는 증명할 수 없으나 '관계', 즉 동사와 전치사에 의해 일반적으로 표출되는 것은 증명할 수 있음을 깨닫게 된다. 예를 들어, '희다는 것 자체'라는 보편을 살펴보자. 만약 이런 보편이 존재한다고 믿는다면, 우리는 사물이 흰 것은 희다는 것 자체의 성질을 가지고 있기 때문이라고 말할 것이다. 그러나 이 견해는 버클리와 흄에 의해 강하게 부정되었고, 그후의 경험론자들도 이들의 견해를 따랐다.

그들의 부정은 '추상적 관념'의 존재를 부정하는 형식을 취했다. 그들에 의하면 우리는 희다는 것 자체를 생각하려고 할 때 흰 색깔을 가신 특수한 사물에 대한 이데아를 형성하고, 그때 이것이 흰 색깔을 가진 다른 사물의 경우에도 참이라는 것을 모르는 것은 이 특수에 대해 연역하지 않도록 주의하면서 이 특수에 대해 추론하기 때문이라는 것이다.

우리의 현실적인 심적 과정의 설명으로는 이것은 사실 옳다고 할 수 있다. 예를 들어, 기하학에서 모든 삼각형에 대해 어떤 것을 증명하고자 할 때, 우리는 어떤 삼각형 하나를 그린 다음 다른 삼각형과 공통되지 않는 특성은 이용하지 않도록 주의하면서 그것에 대해 추론한다. 초보자라면 잘못을 저지르지 않기 위해 되도록 서로 닮지 않은 몇 개의 삼각형을 그리는 것이 때때로 많은 도움이 된다는 것을 알 수 있을 것이다. 그렇게 하면 그의 추리가 그려 놓은 모든 삼각형에 똑같이 적용되는지 확인할 수 있기 때문이다.

그러나 어떤 것이 희다든가 삼각형이라는 것을 어떻게 아는가 하는 문제가 제기되면 곧 난관에 빠지고 만다. 만약 '희다는 것 자체' 또는 '삼각형 자체'라는 보편을 피하려고 한다면, 우리는 흰색을 띤 특수한 조각이나 특수한 삼각형을 선택하고, 어떤 것이 우리가 택한 특수와 완전히 닮았으면 그것은 희다든가 삼각형이라고 말할 것이다. 그러나 이 경우에 요구되는 유사성은 곧 보편이 아니어서는 안 된다. 흰 것은 얼마든지 있기 때문에 유사성은 흰색을 가진 특수한 사물의 수많은 쌍 사이에서 성립되어야 하는 것이다. 그리고 이것이 바로 보편의 특성이다.

개개의 쌍에 대해서 각기 다른 유사성이 있다고 하는 말은 아무 소용이 없다. 그렇게 되면 우리는 이런 유사성은 서로 유사하다고 말할 수밖에 없고, 그리하여 결국은 보편으로서의 유사성을 인정하지 않을 수 없게 되는 것이다. 따라서 유사하다는 관계는 참된 보편이 아니어서는 안 된다. 그리고 이와 같은 보편을 인정할 수밖에 없는 단계에 이르면, 우리는 희다는 것 자체나 삼각형 자체라는 보편을 인정하지 않기 위해 복잡하고 설득력 없는 이론을 생각해 내는 것이 소용없음을 알게 된다.

버클리와 흄은 '추상적 관념'을 부정하는 그들에 대한 이런 반론을 깨닫지 못했다. 그들은 그들의 논적(論敵)과 마찬가지로 '성질'에 대한 것만을 생각하고, 보편으로서의 '관계'는 전혀 고려하지 않았기 때문이다. 그리하여 우리는 여기서 경험론자보다는 합리론자들이 옳았다고 판단되는 또 하나의 일면을 엿볼 수 있다. 물론 합리론자도 관계를 간과하거나 부정함으로써 그들의 연역은—만약 그런 것이 있었다면—경험론자의 연역보다 더 오류를 범하기 쉬웠을 테지만 말이다.

　이상으로 우리는 보편이라는 실재물이 반드시 존재해야만 한다는 것을 알았다. 따라서 다음에는 보편의 존재가 단순히 정신적인 것은 아니라는 점을 증명해 보자. 이는 보편에 속하는 것은 모두 그것에 대해 생각한다든가 어떤 방식으로 정신에 의해 감지된다는 것으로부터 독립되어 있다는 의미다. 우리는 이미 앞 장의 끝에서 이 문제에 대해 언급한 일이 있지만, 이제는 보편에 속하는 것의 존재 방식이 어떤 것인지를 고찰해 보아야 한다.

　'에든버러는 런던의 북쪽에 있다'는 명제를 생각해 보자. 이 문장에는 두 장소 사이의 관계가 나타나 있고, 이 관계는 확실히 이에 대한 우리의 지식으로부터 독립되어 존재한다. 에든버러가 런던의 북쪽에 있다는 것을 안다면 우리는 반드시 에든버러와 런던에만 관계된 어떤 사실을 알 수 있다. 그러나 이것을 알게 되었다고 해서 이 명제가 참이 되지는 않는다. 다만 우리는 그것을 알기 이전부터 존재했던 사실을 파악했을 뿐이다.

　에든버러가 위치한 지구 표면의 한 부분은, 남북에 대해 아는 사람이 하나도 없고 또한 이 우주에 관심을 갖는 사람이 없다 하더라도, 런던이 있는 지구 표면 한 부분의 북쪽에 있을 것이다. 물론 이것은 버클리가 주장한 이유나 칸트가 주장한 이유를 근거로 많은 철학자들에 의해 부정되고 있다. 그러나 우리는 이미 이런 이유를 고찰하고 그것들이 부적합하다는 결론을 내린 바 있다. 그러므로 이제 우리는 에든버러가 런던의 북쪽에 있다는 사실에는 어떤 정신적인 것도 전제되어 있지 않다는 것이 참이라고 생각할 수 있다. 그러나 이 사실에는 '……의 북쪽에'라는 관계가 내재되어 있고, 그것은 보편이다.

　또 이 사실의 구성 요소의 하나인 '……의 북쪽에'라는 관계에 정신적인 것이 내재되어 있다면, 이 사실 전체에 정신적이 것이 하나도 내재되어 있지 않다는 것은 모순이 된다. 따라서 이 관계는 이것을 관련되게 하는 각 항들과 마찬가지로 사고에 의존하지 않는다는 것, 또한 사고가 감지하기는 하지만 창조하지는 않는 독립된 세계에 속한다는 것을 인정할 수밖에 없게 된다.

그러나 이 결론은 '……의 북쪽에'라는 관계가 에든버러나 런던이 존재한다는 것과 같은 의미로는 '존재'하지 않는 것 같다는 난관에 부딪히게 된다. 만약 누군가가 "이런 관계는 어디에, 언제 존재하는가?" 하고 묻는다면, 우리는 "어디에도, 어느 때에도 존재하지 않는다"라고 대답할 수밖에 없다. 우리가 '……의 북쪽에'라는 관계를 발견할 수 있는 장소나 시간은 없는 것이다. 이와 같은 관계는 에든버러에도 존재하지 않고 런던에도 존재하지 않는다. 이 관계는 에든버러와 런던을 연관시키며, 두 도시 사이에 성립되는 관계로서 중립적인 것이기 때문이다. 또한 우리는 이 관계가 어떤 정해진 시간에 존재한다고 말할 수도 없다. 그런데 감관이나 내성(內省)에 의해 감지가 가능한 것은 모두 어떤 정해진 시간에 존재한다. 따라서 '……의 북쪽에'라는 관계는 이런 것들과 본질적으로 다르다. 이 관계는 공간 속에 존재하는 것도 아니고 시간 속에 존재하는 것도 아니며, 물질적인 것도 정신적인 것도 아니다. 그러나 아무튼 존재하는 어떤 것임에는 틀림이 없다.

보편에 속하는 이 매우 독특한 존재 방식에 의해 많은 사람들이 보편은 실은 정신적인 것이라고 생각하게 되었다. 우리는 보편에 대해 생각할 수 없고, 이때 우리의 사고는 다른 정신적 작용과 같이 전적으로 일상적인 의미에서 존재한다. 예를 들어, 희다는 것 자체에 대해 생각한다고 가정하자. 이 경우 어떤 의미로는 희다는 것 자체는 '우리의 정신 속에' 있다고 할 수 있다. 여기에는 제4장에서 버클리를 논하는 가운데 주의를 기울였던 것과 같은 애매함이 있다.

엄밀히 말하자면 우리의 정신 속에 있는 것은 희다는 것 자체가 아니라 희다는 것 자체에 대한 사고 작용이다. 역시 제4장에서 주의를 환기시켰던 '관념'이라는 말에 결부된 애매함이 여기서도 혼란을 야기한다. 이 말의 한 가지 의미에 있어서는, 즉 이 말이 사고 작용의 '대상'을 가리킨다는 의미에서는 희다는 것 자체는 하나의 '관념'이다. 따라서 이와 같은 애매함을 충분히 주의하지 않으면 우리는 다른 의미에서의 희다는 것 자체를 '관념', 즉 사고 작용이라고 착각하게 된다. 그리하여 우리는 희다는 것 자체는 정신적인 것이라고 판단하게 되는 것이다. 그러나 이렇게 생각함으로써 우리는 희다는 것 자체에서 보편성이라는 근본적인 성질을 박탈해 버리는 셈이 된다.

각기 다른 두 사람, 즉 이 사람과 저 사람의 사고 작용은 다르게 마련이다. 또한 한 사람이 현재 생각한 것과 그 사람이 그후에 생각한 것은 당연히 다르다. 따라서 만약 희다는 것 자체가 그 대상과 대립되는 것으로서의 사고라면 각기 다른 두 사람이 똑같이 이것을 사고할 수는 없고, 또한 같은 사람이라 하더라도 이것을 다시 똑같이 사고한다는 것은 불가능하다. 희다는 것 자체에 대한 각기 다른 수많은 사고에 공통되는 것은 사고의 '대상'이고, 이 대상은 이런 모든 사고와 다른 것이다. 그러므로 보편은 인식될 때에는 사고의 대상이라 하더라도 사고는 아니다.

우리가 '존재하는' 사물에 대해 말할 경우에는, 이 사물이 시간 속에 있을 때, 즉 그 사물이 존재하는 시간(언제까지나 존재할 가능성도 배제하지 않으면서)을 지적할 수 있을 때만으로 한정하는 것이 편리할 것이다. 그러면 사고와 감정, 정신과 물질적 대상은 존재한다. 그러나 이런 의미에서는 보편은 존재하지 않는다. 우리는 보편이 '생존한다(subsist)' 또는 '존재성을 갖는다(have being'고 할 때가 있는데, 여기서 '존재성'은 무시간적(無時間的)으로 존재하는 것으로서 '존재'와 대립된다. 따라서 보편의 세계는 다시 말하면 존재성의 세계라고 할 수 있다.

존재성의 세계는 변하지 않고 견고하며 정확하고, 수학자나 논리학자, 형이상학적 체계의 설립자 및 삶보다는 완벽을 중요시하는 모든 사람들에게 기쁨을 준다. 존재의 세계는 유동적이고 막연하며 명백한 구별이 없고 뚜렷한 계획이나 배열은 없지만, 거기에는 모든 사고와 감정, 모든 감각소여, 모든 물질적 대상, 유익하거나 해로운 모든 것, 삶의 가치와 세계에 어떤 차이를 생기게 하는 모든 것이 포함되어 있다. 우리는 저마다의 본성에 따라 둘 중 어느 한 세계를 선택하여 탐구할 것이다. 우리가 선호하지 않는 세계는 우리가 선호하는 세계의 흐릿한 그림자같이 느껴질 것이고, 어떤 의미로든 실재한다고 생각할 가치조차 없다고 여길 것이다. 그러나 실제로 이 두 세계는 우리의 공평한 주의를 요구할 권리를 가지고 있으며, 둘 다 실재적이고 둘 다 형이상학자에게는 중요하다. 사실 이 두 세계를 구분하고 나면 우리는 곧 두 세계의 관계를 탐구할 수밖에 없는 것이다.

그러나 이에 앞서 우리는 보편에 대한 우리의 지식을 점검해 보아야 한다. 다음 장에서는 주로 이에 대해 고찰할 것이다. 우리가 보편에 대해 생각하는 출발점이 된 선천적 지식의 문제도 그 과정에서 밝혀질 것이다.

보편에 대한 지식　제10장

부여된 시간에 있어서의 어떤 사람의 지식에 대해 살펴보면, 보편은 특수의 경우와 같이 직접지에 의해 알려지는 보편, 오직 기술에 의해서만 알려지는 보편, 직접지에 의해서도 기술에 의해서도 알려지지 않는 보편으로 분류할 수 있을 것이다.

먼저 직접지에 의한 보편의 지식을 생각해 보자. 우리가 희다, 붉다, 검다, 달다, 시다, 목소리가 높다, 단단하다 등의 보편, 즉 감각소여에 의해 예시되는 성질을 직접 인식하는 것은 틀림없는 사실이다. 흰 헝겊을 볼 때 우리가 먼저 직접 인식하는 것은 특수한 헝겊이지만, 수많은 흰 헝겊을 보게 됨으로써 그 모든 흰 헝겊에 공통된 희다는 것을 간단히 추상할 수 있게 되고, 그리하여 희다는 것을 직접 알게 된다. 이와 같은 과정을 통해 우리는 같은 종류의 보편을 직접 알게 될 것이다. 이런 종류의 보편을 일컬어 '감각적 성질'이라고 할 수 있다. 이런 보편은 다른 보편보다 추상의 노력이 덜하더라도 감지될 수 있고, 또한 다른 보편과 비교하여 특수에 보다 근접해 있는 듯하다.

다음에는 관계를 살펴보자. 가장 감지하기 쉬운 관계는 단일한 복합적 감각소여의 각기 다른 부분들 사이에 있는 관계이다. 이를테면 나는 지금 글을 쓰고 있는 페이지 전체를 한눈에 볼 수 있다. 그러므로 하나의 감각소여에 페이지 전체가 포함되어 있다. 그러나 우리는 이 페이지의 어느 부분은 다른 부분의 왼쪽에 있고, 어느 부분은 다른 부분의 위에 있다는 것을 깨닫고 있다. 이 경우에 추상의 과정은 대체로 다음과 같이 전개될 것이다. 나는 한 부분이 다른 부분의 왼쪽에 있는 무수한 감각소여를 차례로 본다. 그리하여 나는 각기 다른 흰 헝겊들이 있는 경우와 마찬가지로 이 모든 감각소여에 어떤 공통된 것이 있음을 깨닫고, 그 공통된 것이 각기 다른 부분 사이의 어떤 관계, 즉 내가 '……의 왼쪽에 있다'고 말하는 관계임을 추상에 의해 인식한다. 이런 식으로 하여 나는 보편적인 관계를 직접 인식하게 되는 것이다.

나는 이와 같은 방식으로 시간에 있어서의 전후 관계를 의식한다. 내가 종소리를 들었다고 가정해 보자. 마지막 종소리가 울려퍼질 때 나는 종소리 전체를 마음에 간직한 채 먼저 종소리가 뒤의 종소리에 앞서 들렸음을 깨닫는다. 또한 기억 속에서도 내가 기억하고 있는 것이 현재보다 앞서 일어난 것임을 깨닫는다. 나는 '……의 왼쪽에 있다'는 보편적인 관계를 추상한 것과 마찬가지로 이런 각기 다른 원천으로부터 전후라는 보편적 관계를 추상할 수 있다. 따라서 공간관계처럼 시간관계도 우리가 직접 인식하는 것에 포함된다.

유사성은 우리가 이와 거의 동일한 방식으로 직접 인식하게 되는 또 하나의 관계이다. 내가 동시에 녹색의 두 가지 색조를 본다고 할 때, 나는 금세 이 두 가지 색조가 유사하다는 것을 알 수 있다. 또한 동시에 붉은색을 본다면 나는 두 색조의 녹색이 붉은색에 대해서보다는 상호간에 더 유사하다는 것을 알 수 있다. 이리하여 나는 보편적인 유사성 내지는 상사성(相似性)을 직접 인식하게 된다.

특수의 사이에서와 같이 보편의 사이에서도 우리가 직접 인식할 수 있는 여러 관계가 있다. 우리는 이제 막 녹색의 두 가지 색조 사이의 유사성이 붉은색의 한 색조와 녹색의 한 색조 사이의 유사성보다 더 크다는 사실을 알았다. 여기서 우리가 다루고 있는 것은 두 관계 사이에 있는 관계, 다시 말해서 '……보다 더 크다'는 관계이다. 이런 관계에 대한 우리의 지식은, 비록 감각소여의 성질을 지각하는 경우보다는 더 큰 추상력이 필요하긴 하지만, 마찬가지로 직접적이며 또한 (적어도 어떤 경우에는) 마찬가지로 전혀 의심할 수 없는 듯하다. 그러므로 보편에 대해서도 감각소여에 대해서와 마찬가지로 직접적 지식이 있는 것이다.

여기서 우리가 보편에 대한 고찰을 시작했을 때 해결하지 않고 방치해 두었던 선천적 지식의 문제로 되돌아가면, 우리는 전에 할 수 있었던 것보다는 훨씬 더 만족스러운 방법으로 이 문제를 풀어나갈 수 있게 되었음을 깨닫는다. '2+2=4'라는 명제를 다시 살펴보자. 이미 언급했던 점으로 미루어 이 명제가 '2'라는 보편과 '4'라는 보편 사이의 관계를 말하고 있다는 것은 명백하다. 이것은 이제 우리가 확립하고자 하는 명제, 즉 '선천적 지식은 모두 오직 보편의 여러 관계만을 취급한다'는 명제를 암시하고 있다. 이 명제는 상당히 중요한 것으로서, 앞에서 말한 선천적 지식에 대한 난점을 해결하는 데 많은 도움이 된다.

눈여겨보지 않으면 우리의 이 명제가 마치 참이 아닌 것처럼 생각되는 경우가 한 가지 있다. 그것은 선천적 명제가, 특수의 한 부류에 속하는 모든 것이 어떤 다른 부류에 속한다고 말하거나, (결국은 동일한 것이지만) 어떤 하나의 성질을 가진 '모든' 특수는 동시에 어떤 다른 성질도 갖는다고 말하는 경우이다.

이런 경우에는 마치 우리가 취급하고 있는 것이 성질이라기보다는 이 성질을 가진 특수인 것처럼 생각될 수도 있다. '2+2=4'라는 명제가 바로 그 사례이다. 왜냐하면 이 명제는 '어떤 2에 다른 2를 더해도 4이다', 또는 '두 개의 2로 형성된 어떤 집합도 4의 한 집합이다'라는 형식으로 표현될 수 있기 때문이다. 만약 이런 명제가 실제로 보편만을 취급한다는 것을 확인할 수 있다면 우리의 명제는 이미 증명되었다고 생각해도 무방할 것이다.

어떤 명제가 취급하는 것이 무엇인지를 알 수 있는 한 가지 방법은, 이 명제가 의미하는 것을 알기 위해 반드시 이해해야 할 말은 무엇인가, 다시 말해서 우리가 직접 알아야 할 대상이 무엇인가를 자문해 보는 것이다. 그 명제가 의미하는 바를 알게 되면, 그것의 진리 여부는 아직 밝혀지지 않았더라도, 이 명제가 실제로 다루고 있는 것을 반드시 직접 알아야만 한다는 것은 분명하다. 이런 시험을 통해 우리는 특수와 관계하고 있는 듯한 무수한 명제가 실은 오직 보편과 관계하고 있음을 알게 된다. '2+2=4'라는 특수한 경우를 보면, 이것이 '두 개의 2로 형성된 어떤 집합도 4의 한 집합이다'라는 의미로 해석될 경우에도 '집합'과 '2'와 '4'가 무엇을 의미하는지를 알면 우리는 이 명제를 이해할 수 있다는 것, 즉 이 명제가 주장하는 바를 알 수 있다는 것은 분명하다.

세계에 존재하는 모든 쌍을 알 필요는 없다. 만약 세계의 모든 쌍을 알아야만 한다면 우리는 결국 이 명제를 이해할 수 없다는 말이 된다. 왜냐하면 그 헤아릴 수 없이 많은 쌍을 모두 안다는 것은 불가능하기 때문이다. 따라서 '특수한 쌍이 있다는 것을 알게 되면', 우리의 일반적인 명제에는 이 특수한 쌍에 대한 명제가 '내재'되어 있다 하더라도 일반적 명제는 이런 특수한 쌍이 있다고 주장하거나 내재하지는 않으며, 그리하여 결국 실재하는 특수한 쌍에 대해서는 어떤 진술도 할 수 없게 된다. 그것은 고작 보편으로서의 '쌍'에 대해 진술할 수 있을 뿐이며, 이 쌍이나 저 쌍에 대한 진술은 할 수 없다.

이리하여 '2+2=4'라는 진술은 오직 보편만을 다루고 있으며, 그 결과 이와 관련된 보편을 직접 알고 이 진술이 주장하고 있는 보편 사이의 관계를 감지할 수 있는 사람은 모두 그 진술을 이해할 수 있다. 우리의 지식을 점검해 보면 알 수 있듯이, 우리는 때때로 보편 사이의 이와 같은 관계를 아는 능력, 따라서 때때로 산술이나 논리학의 명제 같은 일반적인 선천적 명제를 아는 능력이 있다는 것을 사실로서 인정하지 않으면 안 된다.

앞에서 이 지식에 대해 고찰했을 때 신비적으로 생각되었던 것은, 이 지식이 경험을 예지하거나 통제하는 것처럼 보인다는 점 때문이었다. 그러나 이제 우리는 이 생각이 오류였음을 알 수 있다. 경험할 수 있는 것과 관련된 어떤 사실도 경험으로부터 독립하여 인식될 수 없다. 우리는 두 사물과 다른 두 사물을 더하면 네 개의 사물이 된다는 것은 선천적으로 알고 있지만, 브라운과 존스가 두 사람이고 로빈슨과 스미스가 두 사람일 경우엔 브라운과 존스와 로빈슨과 스미스는 네 사람이 된다는 것을 선천적으로 알 수는 '없다'. 왜냐하면 브라운과 존스와 로빈슨과 스미스 같은 사람들이 존재한다는 것을 알지 못하면 우리는 이 명제를 이해할 수 없고, 그것은 오직 경험에 의해서만 알 수 있는 것이기 때문이다.

따라서 일반적 명제는 선천적이라 하더라도 이 명제를 현실적인 특수에 적용할 경우에는 어김없이 경험과 관련되므로 결국 경험적 요소를 포함하는 것이 된다. 이리하여 우리는 선천적 지식 가운데 신비적으로 보였던 것이 오류에서 기인한 것임을 알 수 있다.

이 점은 순수한 선천적 판단과 '인간은 모두 죽는다'와 같은 경험적 일반화를 비교해 보면 더욱 명백해진다. 이 경우에도 앞에서와 마찬가지로 우리는 여기에 포함된 보편, 즉 '인간'과 '죽는다'를 이해하면 쉽게 이 명제가 의미하는 바를 알 수 있다. 이 명제의 의미를 이해하기 위해 전인류를 개별적으로 직접 알 필요는 없는 것이다. 그러므로 선천적인 일반적 명제와 경험적인 일반화 사이의 차이는 명제의 '의미'에 있는 것은 아니다. 그 차이는 '증거'의 속성에 있다. 경험의 경우 증거는 특수한 사례들이다. 우리가 인간은 모두 죽는다는 것을 믿는 이유는, 사람이 죽는 수없이 많은 사례를 알고 있는 반면 일정한 연령 이상으로 산 사례는 모르고 있기 때문이다. 결코 '인간'이라는 보편과 '죽는다'는 보편의 결합을 알기 때문에 믿는 것은 아니다.

만약 생리학이 살아 있는 육체를 지배하는 일반 법칙을 상정하고 살아 있는 모든 유기체는 영원히 살 수 없다는 것을 증명할 수 있다면, 이것은 '인간'과 '죽는다'는 것을 결합시키고, 그로 인해 우리는 죽는 인간이라는 특수한 증거에 의존하지 않고도 이 명제를 주장할 수 있을 것이다. 그러나 이것은 단지 우리의 일반화가 보나 광범위한 일반화에 포섭된 것을 의미할 뿐이며, 보다 넓은 일반화에 대한 증거는 보다 널리 적용되기는 하지만 역시 같은 종류의 것이다.

과학의 발달은 계속해서 이런 포섭을 낳고 있으며, 그리하여 과학적 일반화를 위한 보다 범위가 넓은 귀납적 기초를 부단히 제공한다. 그러나 이는 확실성의 '정도'를 더 증대시키기는 하지만 다른 종류의 확실성을 제시하지는 못한다. 궁극적인 근거는 역시 귀납적이다. 즉 그 근거는 몇몇 사례로부터 도출되는 것이며, 논리학이나 산술이 보여주듯이 보편의 선천적 결합은 아닌 것이다.

선천적인 일반적 명제에 대해서는 다음과 같은 두 가지 대립된 점이 인정되어야 한다. 하나는 많은 특수한 사례가 알려지면 귀납을 통해 먼저 일반 명제에 도달하고, 그런 연후에 비로소 보편의 결합이 알려진다는 것이다. 예를 들어, 삼각형의 각 변에 그 대각의 정점에서 수직선을 그어보면 그 세 개의 수직선이 한 점에서 교차한다는 것은 누구나 알고 있는 사실이다. 실제로 수직선을 그어보고 이 수직선이 언제나 한 점에서 교차한다는 것을 발견함으로써 처음으로 이 명제에 도달한다는 것은 그다지 어려운 일이 아니다. 이런 경험을 통해 우리는 일반적 증명을 고찰하고 그 증명을 발견하게 된다. 수학자들은 모두 이런 일을 흔히 경험하고 있다.

또 하나의 대립된 점은 보다 흥미 있고 철학적으로 더욱 중요하다. 그것은 사례를 전혀 알지 못할 때에도 우리는 이따금 일반 명제를 알 수 있다는 점이다. 다음과 같은 경우를 살펴보자. 우리는 모두 수를 곱할 수 있고, 그 결과 '적(積)'이라고 불리는 제3의 수가 생긴다는 것을 알고 있다. 또한 우리는 그 적이 100보다 작은 모든 정수(整數)의 짝은 실제로 곱할 수 있고, 거기서 산출된 수치가 구구표에 기록되어 있다는 것을 알고 있다. 그러나 우리는 정수의 수는 무한하며, 인간이 생각했고 또 앞으로 생각하게 될 정수의 짝은 그 수가 한정되어 있다는 것도 알고 있다.

그러므로 인간에 의해 한 번도 생각되지 않았고 앞으로도 생각되지 않을 정수의 짝이 존재하며, 그 정수의 짝은 모두 그 적이 100 이상의 것이라는 결론이 나온다. 따라서 우리는 다음과 같은 명제에 도달하게 된다. '인간에 의해 한 번도 생각되지 않았고 앞으로도 생각되지 않을 두 개의 정수의 적은 모두 100 이상이다.' 이것은 그 진리성을 부정할 수는 없지만, 그 성질상 예를 들 수 없는 일반 명제이다. 왜냐하면 우리가 생각할 수 있는 모든 두 개의 수는 이 명제의 전제조건에 따라 제외되어 버리기 때문이다.

흔히들 단 하나의 사례도 들 수 없는 일반 명제를 이해한다는 것은 불가능하다고 말한다. 이런 명제를 이해하는 데는 오직 보편의 관계에 대한 지식만이 필요하며, 문제가 되고 있는 보편의 사례에 대한 지식은 전혀 필요하지 않다는 것을 모르기 때문에 그런 말을 하는 것이다. 그러나 이런 일반 명제에 대한 지식은 일반적으로 인식되었다고 평가받는 많은 명제에 대해 상당히 중요하다. 예를 들어, 우리는 앞의 몇 장에서 감각소여와 대립되는 물질적 대상에 대해서는 오직 추리에 의해서만 지식을 얻을 수 있으며, 우리가 직접 인식할 수 있는 사물은 아니라는 것을 알았다. 따라서 이것이 직접 인식되는 것인 경우, 우리가 '이것은 물질적 대상이다' 라는 형식의 명제를 이해하는 것은 불가능하다. 이리하여 우리는 물질적 대상에 대한 지식은 모두 어떤 현실적 사례도 제시할 수 없다는 사실을 알게 된다.

우리는 물질적 대상과 관련된 감각소여의 사례는 제시할 수 있지만, 현실의 물질적 대상의 사례를 제시할 수는 없다. 따라서 물질적 대상에 대한 우리의 지식은 단 하나의 사례도 제시될 수 없는 일반적 지식의 가능성에 완전히 의존하고 있는 것이다. 또한 다른 사람의 정신에 대한 우리의 지식이나, 직접지에 의해 어떤 사례도 알려지지 않은 다른 부류의 사물에 대한 지식의 경우에도 이와 동일한 말을 할 수 있다.

이번에는 분석 과정에서 밝혀졌던 우리의 지식의 원천에 대해 대강 살펴보기로 하자. 우리는 먼저 사물에 대한 지식과 진리에 대한 지식을 구분해 보아야 한다. 여기에는 각각 직접적인 것과 파생적인 것이라고 하는 두 종류의 지식이 속해 있다. 우리가 보통 '직접지'라고 말하는 사물에 대한 직접적 지식은 특수인가 보편인가에 따라 두 종류로 분류된다. 특수 가운데 우리는 감각소여에 대한 직접지와 (생각컨대) 우리 자신에 대한 직접지를 가지고 있다. 보편 중에서는 무엇이 직접지에 의해 인식되는지를 결정하는 원리는 없는 듯한데, 아무튼 직접지에 의해 인식되는 것으로서 감각적 성질, 시간과 공간의 관계, 유사성, 어떤 추상적인 논리적 보편이 있는 것만은 확실하다.

우리가 기술에 의한 지식이라고 말하는 사물에 대한 파생적 지식에는 반드시 어떤 것에 대한 직접지와 진리에 대한 지식이 포함되어 있다. 진리에 대한 우리의 직접적 지식을 이름하여 '직관적' 지식이라고 말하고, 직관적으로 인식된 진리는 '자명한' 진리라고 말한다. 이런 진리에는 감관에 주어지는 것만을 진술하는 것과 어떤 추상적인 논리 및 산술적 원리, 그리고 (확실한 것은 아니지만) 어떤 윤리적 명제가 포함된다. 진리에 대한 파생적 지식은 자명한 연역원리를 사용하여 자명한 진리로부터 연역될 수 있는 모든 것으로 이루어져 있다.

지금 말한 설명이 참이라면 진리에 대한 우리의 모든 지식은 직관적 지식에 의존하는 것이 된다. 따라서 이전에 직접지에 의한 지식의 성질 및 범위를 고찰했던 것과 같은 방식으로 직관적 지식의 성질과 본성을 고찰하는 것이 중요하다. 그런데 진리에 대한 지식은 사물에 대한 지식의 경우에는 나타나지 않는 다른 문제, 즉 '오류'의 문제를 제기한다. 우리의 신념 가운데 몇몇 사항은 오류였음이 밝혀지게 되므로 어떻게 지식을 오류로부터 구별할 수 있는지를 고찰하는 것이 필요하다.

직접지에 의한 지식의 경우에는 이와 같은 문제가 생기지 않는다. 왜냐하면 직접지의 대상은 그것이 어떤 것이라 하더라도, 꿈속에 있거나 환상 속에 있는 것이라 하더라도, 우리가 직접적 대상을 초월하지 않는 한 오류는 발생하지 않기 때문이다. 오류는 반드시 직접적 대상, 이를테면 감각소여를 어떤 물질적 대상의 부호라고 간주할 때만 발생한다. 그러므로 진리에 대한 지식과 연관된 문제는, 사물에 대한 지식과 연관된 문제보다 훨씬 더 난해하다.

  다음에는 진리에 대한 지식과 연관된 문제 중에서 직관적 판단의 성질과 범위를 먼저 고찰해 보기로 하자.

직관적 지식　제11장

일반적으로 우리가 믿는 모든 것은 증명되어야 한다거나, 적어도 개연적인 것임이 밝혀져야 한다고 생각하는 경향이 있다. 대부분의 사람들은 아무런 이유도 제공하지 않는 신념은 불합리한 신념이라고 간주해 버린다. 대체로 이런 견해는 타당하다. 우리의 통상적인 신념은 대부분 그 이유를 제공하는 것으로 간주되는 다른 신념으로부터 추리되거나 추리될 수 있는 것이다. 보편적으로 그 이유라는 것은 망각되거나 우리의 정신에 의식적으로 떠오른 적이 없는 것이다. 예를 들어, 지금 우리가 먹으려는 음식이 독이 아니라고 생각하는 이유가 무엇인지를 자문해 보는 사람은 거의 없다. 그러나 이런 질문을 받는다면 낭장은 대답할 준비가 되어 있지 않지만, 곧 아주 만족할 만한 이유를 찾아내리라고 생각한다. 그리고 우리가 이런 신념을 갖는 것은 대개 정당화되어 있다.

그러나 어떤 이유를 제시해도 끈질기게 그 이유의 이유를 추궁하는 소크라테스적인 인물을 상상해 보자. 우리는 곧, 아마도 머지않아 더 이상의 이유를 발견할 수 없는, 그 이상의 이유는 이론적으로도 찾아낼 수 없는 지경에 이를 것이다. 일상생활의 통상적인 신념에서 시작하여 우리는 여기저기 계속 되돌아가 마침내는 지극히 명백한 것이어서 그 자체가 더 명백한 어떤 것으로부터도 연역될 수 없는 일반적 원리, 또는 일반적 원리의 사례에 이르게 된다. 이를테면 우리의 음식이 영양이 많고 독이 아니라고 하는 일상생활의 거의 모든 문제는, 이미 제6장에서 고찰한 바 있는 귀납원리로 되돌아가게 된다. 그러나 이 이상 더 뒤로 물러서게 되는 일은 없을 것이다.

이 원리 자체는 때로는 의식적으로, 때로는 무의식적으로 우리의 추리에서 줄곧 사용되고 있다. 그러나 단순하면서도 자명한 어떤 원리로부터 출발하여 그 결론으로서 귀납원리에 이르게 하는 추리는 없다. 그리고 이 말은 다른 논리적 원리에도 해당된다. 이 원리가 진리라는 것은 명백하므로 우리는 논증을 구성하는 데 이것을 사용하며, 이런 원리 자체는, 적어도 그중 일부는 논증이 불가능한 것이다.

그러나 자명성(自明性)은 일반 원리 가운데 증명이 불가능한 것에만 국한되지는 않는다. 어떤 수의 논리적 원리가 인정된다면 그 이외의 것은 이 원리로부터 연역될 수 있다. 그러나 연역된 명제는 대부분의 경우 증명 없이 전제된 명제와 마찬가지로 자명한 것이다. 더구나 모든 산술은 논리학의 일반 원리로부터 연역될 수 있지만, '2 + 2 = 4'라는 산술의 단순한 명제는 논리학의 원리와 마찬가지로 자명하다.

그리고 이것은 다소 논란의 여지가 있지만, '우리는 선한 것을 추구해야 한다'는 것처럼 자명한 윤리적 원리도 있으리라 생각된다.

일반 원리의 모든 경우에 있어 우리에게 익숙한 사물을 다루는 특수한 사례가 일반 원리보다 더 명백하다는 점도 그냥 지나쳐서는 안 된다. 예를 들어 모순율에 의하면, 어떤 것이 어떤 성질을 가지면서 동시에 갖지 않을 수는 없다. 이런 원리는 이해만 하면 금세 분명해지지만, 우리가 보고 있는 하나의 장미꽃이 붉으면서 동시에 붉지 않을 수도 있다고 하는 것만큼 분명하지는 않다(물론 이 장미꽃이 어느 부분은 붉고 어느 부분은 붉지 않거나, 붉다고 하기에는 애매한 분홍색을 띠고 있을 경우도 있다. 그러나 전자의 경우에는 장미꽃이 전체적으로 붉지 않다는 것이 분명하고, 후자의 경우에는 붉은색에 대해 확실한 정의를 내리자마자 그 대답은 이론적으로 분명하게 된다). 우리는 대체로 특수한 사례에 의해 일반 원리를 이해하게 된다. 추상적인 것을 취급하는 데 능숙한 사람들만 이 사례의 도움을 받지 않고도 쉽게 일반 원리를 파악할 수 있다.

일반 원리 이외의 다른 자명한 진리는 감각으로부터 직접 얻을 수 없는 진리다. 우리는 이런 진리를 '지각적 진리'라 하고, 이런 진리를 표현하는 판단을 '지각적 판단'이라 한다. 그러나 여기서 자명한 진리의 확실한 본성을 파악하기 위해서는 상당한 주의가 필요하다. 현실적인 감각소여는 참도 아니고 거짓도 아니다. 예를 들어, 내가 일정한 색을 가진 헝겊을 보고 있다면 그것은 단지 존재할 뿐이며, 참이라든가 거짓이라고 말할 성질의 것은 아니다. 이런 헝겊이 있다는 것은 참이고, 이것이 어떤 모양과 어느 정도의 밝기를 가진 것도 참이며, 이것이 어떤 다른 색채에 둘러싸여 있는 것도 참이다.

그러나 헝겊 자체는 감관의 세계의 다른 모든 것과 마찬가지로 참이라든가 거짓이라고 하는 것과는 본질적으로 다른 것이며, 결국 '참'이라는 말을 적용할 수 없는 것이다. 따라서 우리가 감관으로부터 얻게 되는 자명한 진리는 그것이 어떤 것이든 이런 진리를 얻게 만든 감각소여와는 다른 것이어야 한다.

분석을 계속해 나가다 보면 어쩌면 종국에는 하나로 합쳐질지 모르지만, 자명한 지각적 진리에는 두 종류가 있는 것 같다. 하나는 어떤 방식으로든 전혀 분석을 하지 않고 단지 감각소여의 '존재'를 주장하는 경우이다. 우리는 붉은 헝겊을 보고 '이러이러한 붉은 헝겊이 있다'고 판단하거나, 좀더 정확히 말해서 '그것이 있다'고 판단한다. 이것은 지각의 직관적 판단의 하나이다. 또 한 가지 종류는 감관의 대상이 복합적일 경우에 생기는데, 이때 우리는 그것에 대해 약간의 분석을 가한다. 예를 들어, 우리는 둥글고 붉은 헝겊을 보면 '이 붉은 헝겊은 둥글다'고 판단하게 된다. 이것 또한 지각적 판단이지만, 앞서 들었던 예와는 다르다. 지금 말한 예에는 색깔과 모양을 모두 가지고 있는 감각소여가 있다. 이를테면 그 색깔은 붉고, 그 모양은 둥글다. 우리의 판단은 이 감각소여를 일단 색깔과 모양으로 분석한 다음 붉은색이 모양에 있어서는 둥글다고 말함으로써 색깔과 모양을 다시 결합시킨다.

이런 판단의 또 다른 예를 보면, '이것은 저것의 오른쪽에 있다'는 명제가 있는데, 여기서는 '이것'과 '저것'을 동시에 볼 수 있다. 이런 종류의 판단에서는 감각소여가 서로 연관된 구성 요소를 포함하고, 판단은 이런 구성 요소들이 관계를 가진다고 주장한다.

직관적 판단 중에서 감관의 판단과 비슷한 것 같지만 전혀 별개인 또 하나의 부류는 '기억'에 대한 판단이다. 대상에 대한 판단에는 대상에 대한 심상(心象)이 수반되기 쉽고, 더구나 이런 심상은 기억을 구성할 수 있는 것이 아니라는 사실 때문에 기억의 본성에 대해서는 얼마간의 혼란이 발생할 우려가 있다. 심상은 현재의 것이고 기억되는 것은 과거의 것이라는 사실에 주목하는 것만으로도 이 점은 쉽게 알 수 있다. 더구나 우리는 분명 어느 정도까지는 심상과 기억되는 것을 비교할 수 있으므로, 약간 넓은 범위에서 보면 우리의 심상이 얼마나 정확한지를 알게 되는 경우가 많다.

그러나 이 일은 심상과 대립되는 대상이 어떤 방식으로든 우리의 정신 앞에 있지 않으면 불가능하다. 그러므로 기억의 본질은 심상에 의해 구성되는 것이 아니라 과거의 것으로 인정되는 대상을 정신 앞에 직접 가짐으로써 구성된다. 이런 의미에서 상기되는 사실이 없으면 우리는 과거가 있었다는 사실조차 모를 것이고, 또한 날 때부터 장님인 사람이 '빛'이라는 말을 이해할 수 없듯이 과거라는 말을 이해하지 못할 것이다. 따라서 기억에 대한 직관적 판단은 반드시 필요한 것이며, 궁극적으로는 과거에 대한 우리의 지식은 모두 이런 판단에 의존하는 것이다.

그러나 기억의 경우에는 난처한 일이 생긴다. 누구나 알고 있듯이 기억은 신뢰할 수 없는 경우가 많아서 대체로 직관적 판단의 신빙성에 대해 의심하게 만들기 때문이다. 이런 난점은 가벼운 문제가 아니다. 그러나 우선 그 범위를 되도록 축소시켜 보자. 대체로 말하면 기억은 그 경험이 얼마나 인상 깊고 어느 정도의 시간이 경과했느냐에 따라 신빙성이 달라진다고 할 수 있다. 만약 이웃집에 30초 전에 벼락이 떨어졌다면 내가 보고 들은 것에 대한 나의 기억은 상당히 신뢰할 만한 것이고, 따라서 섬광이 있었는지를 의심하는 것은 어리석게 보일 것이다. 그리고 시간적으로 가깝기만 하다면 그다지 생생한 경험이 아니더라도 같은 말을 할 수 있다.

내가 30초 전에 지금 앉아 있는 의자에 앉아 있었다는 것은 부인할 수 없는 사실이다. 하루 이상 지난 일을 상기해 보면 지극히 확실한 일, 대체로 확실한 일, 거기에 수반된 상황을 생각함으로써 확실해지는 일, 그리고 절대적으로 확실하지 않은 일이 있음을 발견할 수 있다. 내가 오늘 아침에 식사를 했다는 것은 지극히 확실하지만, 철학자라면 으레 그렇듯이 식사에 관심을 갖지 않았다면 나는 식사를 했는지 안했는지 의심하게 될 것이다. 아침 식사를 하면서 나눈 대화에 대해서도, 나는 어떤 말은 쉽게 생각해 낼 수 있지만 어떤 말은 가까스로, 또 어떤 말은 의혹을 느끼면서 생각해 낼 수 있고, 어떤 말은 전혀 생각해 내지 못한다. 이와 같이 내가 기억하는 것에 대한 자명성의 정도에는 연속적인 단계가 있고, 기억의 신빙성에도 이와 걸맞는 단계가 있다.

그러므로 기억은 신뢰할 수 없다는 데서 비롯된 최초의 물음에 대한 대답은 다음과 같다. 즉 기억에는 자명성의 정도가 있으며, 그것은 기억의 신빙성과 대응하는 것이므로 최근에 발생한 생생한 사건에 대한 기억일수록 완전한 자명성과 완전한 신빙성의 한계점에 도달한다는 것이다.

그러나 완전히 잘못된 기억을 굳게 믿는 경우도 있을 수 있다. 이 경우에는 직접 정신 앞에 있다는 의미에서 사실상 기억되고 있는 것은, 이것이 비록 실제로 기억하고 있는 것과 관련이 있긴 하더라도 잘못 믿고 있는 것과는 다른 어떤 것이다. 조지 4세는 입버릇처럼 워털루 전투에 참전한 일이 있다고 말하다가 마침내는 실제로 참전했던 것처럼 믿게 되었다고 한다. 이 경우 직접 기억되는 것은 반복되는 그의 주장이다. 다시 말해서, 그가 주장하는 것에 대한 신념은(만약 그런 것이 존재한다면) 기억되고 있던 주장과 결부되어 생겨난 것이고, 따라서 순수한 기억과 동일한 경우는 아닐 것이다. 잘못된 기억은 모두 이런 식으로 처리될 수 있으리라고 생각된다. 즉 이것은 엄밀한 의미로는 전혀 기억이라고 할 수 없다는 점이 밝혀질 것이다.

기억의 경우를 통해 자명성에 대한 한 가지 중요한 점이 밝혀졌다. 요컨대 자명성에는 정도가 있다는 사실이다. 자명성은 단순히 있다든가 없다든가 하는 성질의 것이 아니라, 절대적인 확실성으로부터 거의 자각할 수 없을 만큼 희미한 상태에 이르기까지 한계적인 정도의 차이를 갖고 다소간 현존할 수 있는 성질을 가진 것이다.

지각적 진리 및 논리학의 원리 가운데 어떤 것은 최고도의 자명성을 가지며, 직접적 기억의 진리도 이와 거의 같은 정도의 자명성을 갖는다. 귀납원리는, 예를 들어 '참된 전제로부터 전개된 명제는 참이어야 한다' 라는 논리학의 일부 다른 원리보다는 자명성의 정도가 덜하다. 기억은 시간이 경과하고 희미해질수록 그 자명성이 감소된다.

논리학 및 시간의 진리는 (일반적으로 말해서) 복잡해질수록 자명성이 떨어지게 된다. 윤리학이나 미학(美學)의 내재적인 가치 판단은 얼마간의 자명성을 가진 것처럼 여겨지지만, 대단한 것은 아니다.

인식론에서 자명성의 정도는 매우 중요하다. 왜냐하면 명제가 참이 아니면서도 얼마간의 자명성을 가지고 있다면(그렇게 보이는 경우가 있듯이) 자명성과 진리 사이의 모든 연관을 포기할 필요까지는 없고, 다만 명제 사이에 대립이 생겼을 때 보다 자명한 명제를 선택하고 보다 덜 자명한 명제는 버릴 필요가 있기 때문이다.

그러나 이미 설명했듯이 서로 다른 두 개의 개념이 자명성에 있어서 결합되는 경우도 있으리라고 생각된다. 즉 그중 한 개념은 최고도의 자명성에 대응하는 것으로서 설제로 진리에 대한 절대적으로 확실한 보증이고, 다른 한 개념은 그 밖의 모든 정도의 자명성에 대응하는 것으로서 절대적으로 확실한 보증은 아니며 난시 얼마간의 추정은 가능하다. 그러나 이것은 아직까지는 이 이상 논의를 전개할 수 없는 시사에 불과하다.

진리의 본성을 논한 뒤에 우리는 지식과 오류의 구별과 관련하여 이 자명성의 문제를 다시 다루게 될 것이다.

진리와 오류 제12장

사물에 대한 지식과는 달리 진리에 대한 지식에는 대립되는 것, 즉 '오류'가 있다. 우리는 사물에 대해서 다만 그것을 알든지 모르든지 할 뿐으로, 직접지에 의한 지식에 국한하는 한 사물에 대한 잘못된 지식이라고 기술할 만한 적극적인 정신의 상태는 없다. 우리가 직접 아는 것은 모두 어떤 것이어야만 한다. 우리는 직접지로부터 추리를 잘못하는 경우는 있지만, 직접지 자체는 속이는 일이 없다. 그러므로 직접지에 대해서는 어떤 이원론(二元論)도 성립되지 않는다.

그러나 진리에 대한 지식에는 이원론이 성립된다. 우리는 참된 것을 믿는 것과 같이 오류인 것도 또한 믿을 수 있다. 우리는 수많은 문제에 대해 사람마다 서로 다른 양립할 수 없는 의견을 가지고 있음을 안다. 그러므로 그런 신념들 가운데 일부는 잘못된 것일 수밖에 없다. 잘못된 신념도 참된 신념과 같이 강하게 주장되기 때문에 참된 신념으로부터 잘못된 신념을 어떻게 구별하느냐 하는 것은 매우 어려운 문제이다. 주어진 어떤 경우에 우리는 우리의 신념이 잘못이 아님을 어떻게 알 수 있는가? 이것은 완전히 만족할 만한 대답을 기대할 수 없는 난해한 문제이다. 그러나 비교적 난해도가 덜한 예비적 문제가 있는데, 그것은 다음과 같다. 즉 우리는 진리와 오류라는 말을 가지고 무엇을 '의미'하려고 하는가 하는 문제이다. 우리는 이 장에서 이런 예비적 문제에 대해 고찰하게 될 것이다.

　이 장에서 우리가 묻고 있는 것은, 하나의 신념이 참인지 거짓인지를 어떻게 알 수 있느냐는 문제가 아니라, 하나의 신념이 참인지 거짓인지를 묻는 것이 무엇을 의미하느냐는 문제이다. 이 물음에 확실한 대답을 얻게 되면 하나의 신념이 참인가 하는 문제에 대해서도 대답할 수 있을 것이다. 그러나 지금은 다만 '진리란 무엇인가', 그리고 '오류란 무엇인가'를 물을 뿐이며, '어떤 신념이 참인가', '어떤 신념이 거짓인가' 하는 문제는 묻지 않기로 하겠다. 이 서로 다른 문제를 명백히 구별하는 것은 아주 중요하다. 이 두 문제를 혼동하면 그 어느 쪽에도 실제로 적용할 수 없는 대답이 나올 것이기 때문이다.

　진리의 본성을 발견하려는 경우에 준수해야 할 세 가지 점, 모든 이론이 충족시켜야 할 세 가지 필요 조건이 있다.

　첫째 진리에 대한 우리의 이론은 대립되는 것, 즉 오류까지도 인정하는 것이어야 한다. 대부분의 철학자들이 이 조건을 적절히 충족시키지 못했다. 그들은 우리의 모든 사고가 참이 될 수밖에 없는 이론을 만들어냈지만, 이때 장애가 되었던 것은 오류를 받아들일 만한 자리를 찾아내는 일이었다. 이런 점에서 신념에 대한 우리의 이론은 직접지에 대한 이론과는 다른 것이어야 한다. 왜냐하면 직접지의 경우에는 대립되는 것을 설명할 필요가 없었기 때문이다.

　둘째 진리와 오류가 상관적이라는 의미에서 보면, 신념이 없으면 진리도 오류도 존재하지 않는다는 것은 지극히 명백한 것 같다. 만약 단순한 물질의 세계를 상상한다면 그런 세계에는 결코 오류가 존재할 수 없을 것이며, 또한 이 세계에 소위 '사실'이라고 불리는 것이 포함되어 있다 하더라도 진리와 오류는 같은 종류의 것이라는 의미에서는 어떤 진리도 포함되어 있지 않을 것이다. 실제로 진리와 오류는 신념 및 진술(陳述)의 성질이다. 그러므로 단순한 물질의 세계에는 신념이나 기술이 포함되지 않을 것이기 때문에 진리나 오류도 포함되지 않을 것이다.

셋째 그러나 지금 말한 것과는 달리 어떤 신념이 참이거나 거짓인 것은 언제나 신념 그 자체의 외부에 있는 것에 의존하고 있다는 점을 인정해야 한다. 내가 찰스 1세는 교수대에서 죽었다고 확신할 때, 단순히 신념을 검토함으로써 알게 되는 나의 신념의 내재적 성질 때문이 아니라 2세기 반 전에 있었던 역사적 사건 때문에 나는 나의 신념이 참이라고 생각하는 것이다. 만약 찰스 1세가 침대에서 죽었다고 믿는다면 나의 이 신념은 거짓이 된다. 나의 신념이 지극히 생생하고, 또한 지극히 신중하게 이 신념에 도달했다 하더라도 그것이 거짓임을 막을 수는 없다. 이 신념이 거짓인 것은 지난날 발생한 사건 때문이지 나의 신념의 내재적 성질 때문은 아닌 것이다. 따라서 진리와 오류가 신념의 성질이라 할지라도 신념, 또는 신념과는 다른 것의 관계에 의존하는 성질이지 신념의 내석 성질에 의존하는 성질은 아니다.

위에서 말한 세 번째 필요 조건에 의해 우리는 진리란 신념과 사실이 대응하는 어떤 형태에 있다고 하는 견해 — 이것은 철학자들 사이에서 대체로 보편적인 견해였다 — 에 도달하게 된다. 그러나 이것은 논박하기 힘든 반론이므로 대응의 형식을 찾아내는 것은 결코 쉬운 일이 아니다. 한편으로는 이런 사실로 인해 — 그리고 다른 한편으로는 진리가 사고와 사고 밖의 어떤 것과의 대응에 있다면 사고가 진리를 언제 얻는지를 결코 알 수 없다고 하는 생각에 의해 — 대부분의 철학자들은 완전히 신념 밖에 있는 어떤 것과의 관계에 있는 것은 아니라고 하는 진리에 대한 정의를 발견하려고 노력하게 되었다.

이런 종류의 정의를 추구하는 가장 중요한 시도는 진리는 '정합성(整合性, coherence)'에 있다고 하는 논의이다. 이 논의에서는, 오류의 징표는 우리의 신념에 정합성이 없다는 점이고, '진리'라는 완벽하게 완성된 체계의 일부분을 형성하는 데 이 진리의 본질이 있다고 주장한다.

그러나 이 견해에는 한 가지, 아니 두 가지의 크나큰 난점이 있다. 하나는, 신념의 정합성 체계는 '하나'만이 가능하다고 생각할 이유가 없다는 것이다. 소설가는 풍부한 상상력을 발휘하여 우리가 알고 있는 것과 완전히 합치하면서도 실제의 과거와는 전적으로 다른 세계의 과거를 생각해 낼지도 모른다. 좀더 과학적인 문제를 말하면, 어떤 주제에 대해 밝혀진 모든 사실을 설명하는 가설이 하나 또는 그 이상도 있을 수 있다는 것은 분명하다. 그리고 이 경우 과학자는 하나의 가설 이외에는 모든 가설을 부정하는 사실을 찾아내려고 노력하는데, 그들이 늘 성공해야 할 이유는 없는 것이다.

철학을 보더라도 서로 대적하는 두 가설이 모두 어떤 사실이라도 설명할 수 있는 경우는 흔히 있다. 그러므로 예를 들면 인생은 긴 꿈일 따름이며, 외부 세계는 꿈의 대상이 갖는 정도의 실재성밖에 가질 수 없다는 것은 가능한 일이다. 그러나 이와 같은 견해는 밝혀진 여러 사실과 일치하지 못한다고 생각되지는 않지만, 다른 사람과 사물이 실제로 존재한다고 간주하는 상식적인 견해보다 더 선호해야 할 이유는 없다. 이처럼 진리의 정의로서의 정합성은, 정합적 체계가 단 하나일 수밖에 없다는 증명이 없는 까닭에 실패하고 만다.

이런 진리의 정의에 대한 또 하나의 반론은, 이런 정의는 '정합성'의 의미를 이미 알고 있는 것으로 가정하지만 실제로 '정합성'은 논리 법칙이 참임을 전제로 하고 있다는 점이다. 두 명제는 양자가 다 참일 경우에는 정합적이지만, 적어도 둘 중 하나가 거짓이어야 할 경우에는 비정합적이다.

그런데 두 명제가 모두 참인지 아닌지를 알기 위해서 우리는 모순율과 같은 진리를 알고 있어야만 한다. 예를 들어, '이 나무는 너도밤나무이다'와 '이 나무는 너도밤나무가 아니다'라는 두 명제는 모순율로 미루어볼 때 정합적이 아니다. 그러나 모순율 자체가 정합성의 테스트를 요하는 것이라면, 설사 모순율이 참이 아니라고 가정하더라도 다른 것과 정합하지 않는 것은 이미 하나도 없는 것이다. 그러므로 논리 법칙은 그 안에서 정합성의 테스트가 이루어지는 골격 또는 테두리며, 결코 이런 테스트로 인해 논리 법칙 자체가 확립될 수는 없다.

이상의 두 가지 이유로 볼 때 정합성은 진리의 의미를 부여하는 것으로서 인정받지는 못한다. 비록 많은 진리가 알려진 후에는 흔히 정합성이 진리의 가장 중요한 '기준'이 되기는 하지만, 그래도 역시 그러하다.

이리하여 우리는 다시 진리의 본성을 구성하는 것으로서 '사실과의 대응'으로 되돌아가게 된다. 이제 해결해야 할 문제는 '사실'이 의미하는 것은 무엇인가, 그리고 신념이 참이 되기 위해 신념과 사실 사이에 존재해야 하는 대응의 본질은 무엇인가 하는 점을 명백히 규명해 두는 일이다.

앞에서 제시한 세 가지 필요 조건에 따라 우리는, 첫째 진리에는 대립적인 것, 즉 오류가 있다는 점을 인정하고, 둘째 진리를 신념의 성질로 만들며, 셋째 진리를 신념 및 외부 사물의 관계에 완전히 의존하는 성질로 만드는 진리론을 추구해야만 한다.

오류를 인정해야 하는 필요성 때문에 신념을 정신과 단일한 대상—믿는 것이라고 해도 무방하다—의 관계라고 간주하는 것은 불가능하다. 만약 신념을 이런 것으로 간주한다면 신념은 직접지의 경우와 같이 진리와 오류의 대립을 인정하지 않을 것이고, 따라서 항상 참이 되어야만 한다. 이런 사실은 다음의 예로 더욱 명백해진다.

오셀로는 데스데모나가 캐시오를 사랑한다고 착각하고 있다. 우리는 오셀로의 이 신념이 '캐시오에 대한 데스데모나의 사랑'이라는 단일한 대상에만 결부된다고 말할 수 없다. 왜냐하면 만약 이런 대상이 있다면 이 신념은 참이 되기 때문이다. 실제로는 이런 대상은 없으며, 그리하여 오셀로는 이런 대상과 아무 관계도 가질 수 없다. 따라서 그의 신념은 이런 대상과의 관계에 있을 수는 없다.

그의 신념은 다른 대상, 즉 '데스데모나가 캐시오를 사랑하는 것'과 연관된다고 말할 수도 있을 것이다. 그러나 데스데모나가 캐시오를 사랑하는 것이 아니라면, 이런 대상이 있다고 생각하는 것은 '캐시오에 대한 데스데모나의 사랑'이 있다고 생각하는 것만큼이나 곤란하다. 따라서 신념은 정신과 단일한 대상의 관계에 있는 것은 아니라고 하는 신념론을 추구하는 편이 더 바람직할 것이다.

일반적으로 관계는 항상 '두 개'의 항(項) 사이에서 성립한다고 생각하는데, 실은 꼭 그런 것은 아니다. 세 개의 항이나 네 개의 항, 또는 나아가 그 이상의 항을 필요로 하는 관계도 있다. '……의 사이에'라는 관계를 예로 들어보자. 항이 두 개밖에 없다면 '……의 사이에'라는 관계는 성립될 수 없다. 적어도 세 개의 항이 있어야만 이 관계는 가능하게 된다. 요크는 런던과 에든버러 사이에 있지만, 세계에 런던과 에든버러 두 도시밖에 없다면 한 장소와 다른 한 장소 사이에는 아무것도 있을 수 없다. 이와 마찬가지로 '질투'에도 세 사람이 필요하다. 최소한 세 사람이 포함되지 않는 한 질투라는 관계는 성립될 수 없다.

'A는 B가 C와 D의 결혼을 빨리 추진시키기를 바라고 있다'라는 명제는 네 항의 관계를 포함한다. 즉 A, B, C, D가 모두 나오고, 네 사람을 모두 포함하는 형식이 아니라면 그 사이의 관계를 표현할 수 없다. 이런 예는 얼마든지 있지만, 그 관계가 성립되기 위해서 둘 이상의 항이 필요한 관계가 있다는 것을 이해시키는 데는 이것만으로도 충분할 것이다.

'판단하는 것' 또는 '믿는 것'에 포함된 관계는, 만약 오류도 정당하게 인정되어야 한다면, 두 항 사이의 관계가 아니라 여러 항 사이의 관계로 생각해야 한다. 데스데모나가 캐시오를 사랑한다고 믿을 때의 오셀로는 그 정신 앞에 '캐시오에 대한 데스데모나의 사랑' 또는 '데스데모나가 캐시오를 사랑하는 것'과 같은 단일한 대상을 갖고 있는 것은 아니다. 만약 그렇다면 모든 정신으로부터 독립하여 존재하는 객관적인 오류가 반드시 있어야 하기 때문이다. 그런데 이것은 논리적으로 반박될 수는 없지만, 가능한 한 피해야 할 이론이다.

따라서 판단을 정신과 그에 관련된 여러 가지 대상이 모두 개별적으로 일어나는 관계라고 이해하는 편이 보다 쉬운 오류의 설명이 된다. 다시 말해서, 데스데모나, 사랑하는 것, 캐시오, 이것은 모두 오셀로가 데스데모나는 캐시오를 사랑한다고 믿을 경우에 존재하는 관계에 포함된 여러 항이어야 한다. 그러므로 이 관계는, 오셀로도 이 관계에 포함된 하나의 항이므로 결국 네 항의 관계인 것이다. 네 항의 관계라고 할 때 우리가 말하고자 하는 것은 오셀로가 데스데모나와 어떤 관계를 가지며 사랑한다는 것, 또한 캐시오에 대해서도 같은 관계를 갖는다는 것은 아니다. 이것은 믿는다는 것 이외의 어떤 관계에는 적용될지 모르지만, 믿는다는 것은 확실히 오셀로가 관계된 세 항과 '저마다' 관계를 갖는 것이 아니라 네 항 '모두'와 함께 갖는 관계이다. 여기에 포함된 것은 믿는다는 관계의 한 예에 불과할 뿐이지만, 이 한 예는 네 개의 항을 모두 연결시킨다.

따라서 오셀로가 그의 신념을 가지고 있을 때 실제로 일어나는 일은, '믿는 것'이라는 관계가 오셀로, 데스데모나, 사랑하는 것, 캐시오라는 네 개의 항을 하나의 복합적인 전체로 연결시킨다는 것이다. 신념 또는 판단이라고 일컬어지는 것은 정신을 그 자체 이외의 몇 개의 대상과 연관시키는, 믿는다거나 판단한다는 것의 관계에 불과하다. 신념이나 판단의 '작용'은 어떤 특정한 시간에 어떤 여러 항 사이에 믿거나 판단한다는 관계 속에서 생기는 것이다.

이렇게 해서 우리는 참된 판단과 거짓 판단을 구별하는 것이 무엇인지를 이해할 수 있는 경지에 도달했다. 이 목적을 위해 하나의 정의를 채택하기로 하자. 모든 판단 작용에는 판단하는 정신이 있고, 그것에 대해 정신이 판단하는 몇몇 항이 있다. 여기서 우리는 정신을 일컬어 판단의 '주체'라고 하고, 그 밖의 항들은 '객체'라고 하자. 따라서 오셀로가 데스데모나는 캐시오를 사랑한다고 판단할 때, 오셀로는 주체이고 데스데모나와 사랑하는 것과 캐시오는 객체가 된다.

주체와 객체를 합하여 판단의 '구성 요소'라고 한다. 판단한다는 관계에는 '지향'이나 '방향'이라고 불리는 것이 있다는 사실을 알아야 한다. 우리는 비유적으로 판단은 그 대상을 어떤 '순서'로 배열한다고 말할 수 있다. 이 순서는 문장에서의 말의 순서에 의해 지시된다(굴절어의 경우에는 동일한 것이 어미변화에 의해, 예를 들어 주격〈主格〉과 대격〈對格〉에 의해 지시된다). 캐시오가 데스데모나를 사랑한다는 오셀로의 판단은 동일한 구성 요소로 형성된 것임에도 불구하고 데스데모나는 캐시오를 사랑한다는 그의 판단과는 다르다.

왜냐하면 판단한다는 관계가 이 두 경우에는 그 구성 요소를 다른 순서로 배열하기 때문이다. 이와 마찬가지로 캐시오가 데스데모나는 오셀로를 사랑한다고 판단할 경우에도 판단의 구성 요소는 같지만 그 순서는 다르다.

'지향'이나 '방향'을 갖는다는 이런 성질은, 판단한다는 관계가 그 밖의 다른 모든 관계와 공유하는 성질이다. 관계의 '지향'은 순서와 계열의 궁극적인 근원이며 수학적 개념의 온갖 기본 가운데 하나이다. 그러나 이 문제에 대해서는 이 이상 더 파고들 필요가 없다.

우리는 '판단하는 것'이나 '믿는 것'이라는 관계는 주체와 객체를 하나의 복합적인 전체로 결합시키는 것이라고 말했다. 이런 관점에서 판단한다는 것은 다른 모든 관계와 같다. 두 개의 항 또는 그 이상의 항 사이에서 어떤 관계가 성립될 때, 이 관계는 항상 그 항들을 복합적인 전체로 결합시킨다.

만약 오셀로가 데스데모나를 사랑한다면 거기에는 '데스데모나에 대한 오셀로의 사랑'이라는 복합적 전체가 있다. 이런 관계에 의해 결합되는 여러 항은 그 자체가 복합적이거나 단순한 것이지만, 이 항들의 결합에 의해 산출된 전체는 틀림없이 복합적이다. 여러 항을 연관시키는 관계가 있는 경우에는 항상 이런 항들의 결합으로 이루어진 복합적 대상이 있다.

이에 반해 복합적 대상이 있는 경우에는 항상 그 구성 요소를 연관시키는 관계가 있다. 믿는다는 작용이 발생할 경우 여기에는 어떤 복합체가 있고, 이 복합체에서 '믿는 것'은 결합하는 관계이며, 주체와 객체는 믿는다는 관계의 '지향'에 의해 어떤 순서로 배열된다. '오셀로는 데스데모나가 캐시오를 사랑한다고 믿는다'는 문제의 고찰에서 밝혀졌듯이 대상 가운데 하나는 관계 — 이 경우에는 '사랑한다는 것'의 관계이다 — 가 된다. 그러나 이런 관계는, 그것이 믿는다는 작용에서 발생할 경우에는 주체와 객체로 구성된 복합적 전체의 결합성을 낳는 관계는 아니다. 믿는다는 작용에서 '사랑한다' 는 관계가 발생할 경우 그것은 객체 가운데 하나이다. 즉 '사랑하는 것' 은 건축에서의 벽돌이지 시멘트는 아니다. 시멘트에 해당되는 것은 '믿는다' 는 관계인 것이다.

이 신념이 참일 때, 거기에는 또 하나의 복합적 결합체가 있게 되고, 이 결합체에서는 이 신념의 객체의 하나였던 관계는 다른 객체와 결부된다. 그러므로 예를 들면 데스데모나가 캐시오를 사랑한다고 생각하는 오셀로의 믿음이 참이라면, '캐시오에 대한 데스데모나의 사랑' 이라는 복합적 결합체가 있다. 이 결합체는 이 신념의 '객체' 만으로 이루어져 있으며 그 순서는 신념의 경우와 같고, 객체 가운데 하나였던 관계가 여기서는 이 신념의 다른 객체들을 연결시키는 시멘트로서 작용한다. 그런데 어떤 신념이 '오류' 일 경우에는 이 신념의 객체만으로 이루어진 이와 같은 복합적 결합체는 없다. 데스데모나가 캐시오를 사랑한다는 오셀로의 믿음이 '오류' 라면 '캐시오에 대한 데스데모나의 사랑' 이라는 복합적 결합체는 없는 것이다.

이와 같이 신념이 어떤 결합된 복합체와 '대응' 할 경우에는 '참' 이고, 그렇지 않을 때는 '오류' 이다. 보다 분명히 하기 위해 이 신념의 객체는 두 개의 항과 어떤 관계이며, 믿는 것의 '지향' 에 의해 그 항들이 일정한 순서로 배열되었다고 가정하자. 이때 이런 순서를 가진 두 개의 항이 관계에 의해 복합체로 결합된다면 이 신념은 '참' 이고, 결합되지 않는다면 '거짓' 이 된다. 바로 이것이 우리가 추구했던 진리와 오류에 대한 정의이다. 판단하는 것이나 믿는 것은 정신이 하나의 구성 요소가 되는 어떤 복합적 결합체이다. 만약 그 밖의 요소들이 신념에 있어서의 순서대로 복합적 결합체를 이룬다면 이 신념은 참이고, 그렇지 않을 때에는 거짓이다.

그러므로 진리와 오류는 신념의 성질이기는 하나 어떤 의미로는 외적인 성질이다. 왜냐하면 신념에 대한 진리의 조건은 신념 또는 (일반적으로 말하면) 정신을 포함하는 것이 아니라, 다만 신념의 '객체'만을 포함하는 것이기 때문이다. 정신이 어떤 것을 믿을 때, 정신을 포함하지 않고 단지 그 객체만을 포함한 복합체가 대응하고 있다면 그 신념은 참이다. 이런 대응이 진리를 보증하는 것이므로 대응이 없을 때는 거짓이 된다. 따라서 우리는 동시에 다음의 두 사실을 설명하고 있는 셈이다. 즉 신념은, 첫째 그것이 존재하기 위해 정신에 의존하며, 둘째 그것이 참이 되기 위해 정신에 의존하는 것은 아니라는 두 가지 사실이다.

이 이론을 달리 표현하면 다음과 같다. 한 예로 '오셀로는 데스데모나가 캐시오를 사랑한다고 믿는다'는 신념을 살펴보면, 데스데모나와 캐시오는 객체항(客體項, object-term)이 되고 사랑하는 것은 객체관계(客體關係, object-relation)가 된다. 객체관계에 의해 신념에 있어서와 같은 순서로 연관된 객체항으로 구성된 '캐시오에 대한 데스데모나의 사랑'이라는 복합적 결합체가 있을 때 이 복합적 결합체는 '신념에 대응하는 사실'이라고 부를 수 있다. 그러므로 신념은 대응하는 사실이 있을 때는 참이고, 그렇지 않을 때는 거짓이다.

정신이 진리와 오류를 만들어내지 않는 것은 확실한 것 같다. 정신은 신념을 만들어내지만, 신념이 생긴 후에도 정신은 그것을 참이나 거짓으로 만들지는 못한다. 이를테면 기차 시간에 맞추어 가는 경우처럼, 믿는 사람의 능력 안에 있는 미래의 일에 관련된 특수한 경우 이외에는 정신이 신념을 만드는 것은 '사실'이고, 이런 사실에 (예외적인 경우는 제외하고) 이 신념을 가지고 있는 사람의 정신은 포함되지 않는다.

이리하여 이제 우리는 진리와 오류가 의미하는 바를 결정지었다. 따라서 다음에는 어떤 신념이 참인지 거짓인지를 인식하는 데 어떤 방법이 있는지 고찰해 보기로 한다.

지식, 오류 및 개연적 의견

제13장

앞 장에서 고찰한 진리와 오류가 무엇을 의미하는가 하는 문제는, 참된 것과 그렇지 않은 것을 어떻게 알 수 있는가 하는 문제보다 흥미로운 것은 못 된다. 이 장에서는 참과 거짓을 어떻게 알 수 있는가 하는 문제를 고찰해 보기로 하자.

우리의 신념 가운데 일부 잘못된 점이 있다는 것은 조금도 의심할 수 없는 사실이다. 그러므로 우리는 어떤 하나의 신념이 잘못되지 않았다는 것을 어떤 확실성을 근거로 하여 추구하게 된다. 달리 표현하면, 과연 우리는 무엇을 '안다'고 할 수 있는가, 또는 단지 우연에 의해 이따금 참된 것을 믿는 것인가? 그러나 이 문제를 다루기 전에 우리는 먼저 '안다는 것'이 의미하는 바를 결정해야 하며, 이것은 흔히 생각하는 것만큼 쉬운 문제는 아니다.

얼른 생각하면, 지식을 정의하여 '참된 신념'이라고 할 수 있다고 말할지도 모른다. 우리가 믿는 것이 참이라면 우리는 우리가 믿는 것에 대한 지식에 이르렀다고 생각할 수 있을 것이다. 그러나 지식이라는 말이 우리가 흔히 사용하고 있는 방식과는 합치하지 못하는 경우도 있다. 간단한 예를 하나 들어 보자. 어떤 사람이 전 수상(首相)의 성이 B로 시작된다고 믿는다면, 그의 신념은 참이다. 요컨대 전 수상은 헨리 캠벨 배너먼 경(Sir Henry Campbell Bannerman)이었다. 그런데 그가 전 수상을 밸푸어(Balfour) 씨로 알고 있더라도 그는 역시 전 수상의 성이 B로 시작된다고 믿을 것이다. 그러나 비록 이 신념이 참이라 할지라도 지식을 이루지는 못할 것이다.

한 신문이 총명한 예지에 의해 어떤 전투의 결과가 적힌 전보를 받기도 전에 그 결과를 보도했을 경우, 다행스럽게도 그 신문은 뒤에 그 예측이 옳았음을 밝히는 보도를 할 수도 있고 경험이 부족한 독자의 마음속에 보도에 대한 신념을 불러일으킬 수도 있을 것이다. 그러나 그들의 신념이 참이었음에도 불구하고 그들이 지식을 갖고 있다고는 말할 수 없다. 따라서 참된 신념이 잘못된 신념에서 비롯되었을 경우에는 그 신념이 참이라 하더라도 분명 지식은 아니다.

이와 동일한 이치로, 만약 그것을 연역한 전제가 참일 때에도 잘못된 추리 과정에 의해 연역되었다면 그것은 지식이라고 말할 수 없다. 내가 모든 그리스인이 인간이고 소크라테스가 인간임을 알기 때문에 소크라테스가 그리스인이라고 추리한다면, 나는 소크라테스가 그리스인이었던 것을 안다고 말할 수는 없다. 왜냐하면 나의 전제와 나의 결론이 참이라 하더라도 그 결론이 전제로부터 나온 것은 아니기 때문이다.

그렇다면 우리는 참된 전제에서 정당하게 추리된 것 이외에는 어떤 것도 지식이 아니라고 말해야 하는 것인가? 우리가 그렇게 말할 수 없다는 것은 명백하다. 이런 정의는 지나치게 광범하고 또한 지나치게 협소하기도 하다. 우선 지나치게 광범하다는 것은, 우리의 전제가 참이라는 것만으로는 충분하지 않고, 또한 인식된 것이어야 하기 때문이다. 전 수상이 밸푸어 씨라고 믿는 사람은 전 수상의 성이 B로 시작된다는 참된 전제로부터 옳게 연역할 수는 있지만, 이와 같은 연역에 의해 이르게 되는 결론을 알고 있다고는 말할 수 없다. 따라서 우리는 방금 우리가 규정한 정의를 수정하여 지식은 이미 인식된 전제로부터 타당하게 연역된 것이라고 말해야 할 것이다.

그러나 이는 순환논법적인 정의이다. 따라서 이것은 고작 어떤 하나의 지식, 즉 우리가 직관적 지식에 대립되는 것으로서 파생적 지식이라고 부른 것을 정의하고 있을 뿐이다. 우리는 이렇게 말할 수 있다. "파생적 지식은 직관적으로 알려진 전제로부터 정당하게 연역된 것이다"라고. 그러나 이런 진술에는 형식적인 결함은 없지만, 직관적 지식의 정의는 아직까지 추구해야 할 문제로 남아 있다.

여기서 직관적 지식의 문제는 잠시 접어두고, 위에서 언급한 파생적 지식의 정의를 고찰해 보기로 하자. 파생적 지식의 정의에 대한 주된 반론은, 그것이 부당하게 지식을 제한한다는 것이다. 어떤 직관적 지식으로 인해 발생했으며 또 이 직관적 지식으로부터 타당하게 추리될 수 있는 것이지만, 실제의 문제로서는 직관적 지식으로부터 어떤 논리적 과정으로도 추리되지 않는 신념을 사람들이 참된 신념으로 믿어버리는 경우는 무수히 많다.

예컨대 독서에 의해 생기는 신념을 살펴보자. 왕의 죽음이 신문에 보도되었다면, 우리는 왕이 죽었다는 데 상당한 정당성을 부여할 것이다. 만약 왕의 죽음이 거짓이라면 그런 보도가 나올 리 없기 때문이다. 또한 신문이 왕의 죽음을 단언하고 있다는 우리의 믿음은 충분히 정당화된다. 그러나 이 경우 우리의 신념의 기초가 되는 직관적 지식은 이 소식을 전달하는 인쇄를 보고 획득한 감각소여의 존재에 대한 지식이다. 이 지식은 문자를 제대로 이해하지 못하는 사람들 이외에는 거의 의식에 떠오르지 않는다.

어린아이는 글씨의 모양을 의식하고 서서히 고통스럽게 그 의미를 깨우칠 것이다. 그러나 읽는 행위에 숙달된 사람은 즉시 글씨가 의미하는 바를 알고 반성하지 않는 이상, 인쇄된 글씨를 본다고 하는 감각소여로부터 이런 지식이 나왔다는 것을 깨닫지 못한다. 그러므로 얼마든지 글씨로부터 그 의미를 타당하게 추리할 수 있고 독자가 그렇게 하려고 마음만 먹으면 할 수도 있는 일이지만, 실제로 이런 일은 진행되지 않는다. 사실상 독자는 논리적 추리라고 하는 어떤 조작도 하지 않기 때문이다. 그러나 신문이 왕의 죽음을 보도한 것을 독자가 알지 못한다고 하는 것은 불합리한 말이 될 것이다.

따라서 타당한 논리적 연관이 있고 당사자의 반성에 의해 이런 연관을 의식할 수 있다면, 우리는 단순한 연상에 의한 것이라 하더라도 직관적 지식의 결과인 것은 모두 파생적 지식이라고 인정해야 한다. 사실 우리가 하나의 신념으로부터 다른 신념으로 이행해 가는 방법은 논리적 추리에 의한 방법 이외에도 많이 있다. 인쇄된 것으로부터 그 의미로 옮겨가는 것이 이와 같은 방법의 한 예이다. 이런 방법은 '심리적 추리'라고 부를 수 있다. 그러므로 심리적 추리와 병행하는 논리적 추리를 찾아낼 수 있다면, 우리는 파생적 지식을 획득하는 하나의 수단으로서 심리적 추리를 인정하게 된다.

그런데 이것은 파생적 지식에 대한 정의를 우리가 바라는 것보다는 덜 정확한 것으로 만든다. 왜냐하면 '찾아낼 수 있다면' 하는 막연한 말만으로는 그것을 찾아내기 위해 얼마만큼의 반성이 필요한지 알 수 없기 때문이다. 그러나 사실 지식은 정확한 개념이 아니다. 이 장에서 앞으로 좀더 상세히 고찰하겠지만, 지식은 개연적 의견과 쉽게 구별할 수 없는 것이다. 그러므로 지식에 대해 아주 정확한 정의를 추구해서는 안 된다. 이런 정의는 모두 어느 정도는 오해를 유발시키게 마련이기 때문이다.

그러나 지식과 관련하여 나타나는 주요한 난점은 파생적 지식에 있는 것이 아니라 직관적 지식에 있다. 파생적 지식을 취급하는 경우 우리는 직관적 지식의 테스트에 의존할 수 있다. 그러나 직관적 신념에 대해서는 참인 어떤 것과 거짓인 어떤 것을 구별하고 기준을 발견하는 것은 여간 힘든 일이 아니다. 이런 문제에서 어떤 아주 정확한 결론에 도달한다는 것은 거의 불가능하다. 진리에 대한 우리의 모든 지식에는 다소 의심이 혼합되어 있으므로 이런 사실을 간과하는 이론은 분명 잘못된 것이다. 그러나 이 문제에 나타난 곤란을 완화시켜 주는 수단이 전혀 없는 것은 아니다.

먼저 우리의 진리론은 어떤 진리를 그 무류성(無謬性)을 보증한다는 의미에서 '자명하다'고 구별하게 하는 가능성을 제시한다. 앞에서도 말했듯이 어떤 신념이 참일 때는 거기에 대응하는 사실이 있다. 따라서 이런 사실에서는 그 신념의 몇몇 대상들이 단일한 복합체를 구성하고 있다. 그리고 신념이 이 장에서 고찰한 다소 애매한 조건들을 충족시킨다면 이런 사실에 대한 지식을 구성한다고 할 수 있다.

그러나 어떤 사실에 대해서도 신념으로 이루어진 지식 이외에 지각(가능한 가장 광범한 의미에서)에 의해 이루어진 지식도 있는 것이다. 예를 들어, 일몰 시간을 알고 있다면 여러분은 그 시간에 태양이 지고 있다는 사실을 알 수 있다. 이것은 진리에 대한 지식으로 구성된 그 사실의 지식이다. 그러나 동시에 날씨가 좋으면 실제로 일몰 광경을 볼 수도 있다. 이 경우 여러분은 동일한 사실을 사물에 대한 지식에 의해 다시금 알게 되는 것이다.

그러므로 복합적인 사실에 대해 이론적으로 알 수 있는 방법에는 두 가지가 있다. 즉 첫째는 판단에 의해 아는 방법이 있다. 이 판단에서는 그 몇몇 부분이 실제로 관계되고 있는 것과 같이 관계한다고 판단된다. 둘째 복합적 사실 자체에 대한 직접지에 의해서 아는 방법이 있다. 이 직접지는 결코 감관의 대상에만 한정된 것은 아니지만 (광범위한 의미에서) 지각이라고 말할 수 있다. 그런데 복합적 사실을 알 수 있는 두 번째 방법은, 다시 말해서 직접지에 의한 방법은 실제로 그와 같은 사실이 있을 경우에만 가능하고, 또한 첫번째 방법은 모든 판단과 마찬가지로 자칫하면 잘못을 범한다는 점을 염두에 두어야 한다. 두 번째 방법은 복합적 전체를 제시하기 때문에 이런 복합체를 형성하도록 결합시키는 관계를 실제로 그 부분들이 가지고 있을 경우에만 가능하다. 이에 비해 첫번째 방법은 그 부분들과의 관계를 개별적으로 제시하므로 단지 부분들의 실재와 관계의 실재만을 요구한다. 즉 관계가 이런 방법으로 이 부분들을 관계시키지 않는 경우가 있음에도 불구하고 이와 같은 판단이 생길 수 있는 것이다.

제11장의 마지막 부분에서 진리에 대한 절대적으로 확실한 보증이 되는 자명성과 단지 부분적 보증밖에 될 수 없는 자명성—이 두 종류의 자명성이 있다고 시사한 것을 기억할 것이다. 이제 우리는 이 두 종류를 구별할 수 있게 되었다.

우리는 진리에 대응하는 사실을 직접 알고 있을 때 으뜸가는 가장 절대적인 의미에서 그 진리는 자명하다고 말할 수 있다. 오셀로가 데스데모나는 캐시오를 사랑한다고 믿을 때 이에 대응하는 사실은, 만약 그의 믿음이 참이라면 '캐시오에 대한 데스데모나의 사랑'이 된다. 이것은 데스데모나 이외에는 그 누구도 직접 알 수 없는 사실이다. 따라서 우리가 고찰해 온 자명성의 의미에서 말한다면, 데스데모나가 캐시오를 사랑한다는 진리(만약 이것이 참이라면)는 단지 데스데모나에게 자명한 것이 된다.

모든 정신적 사실과 감각소여에 관련된 모든 사실은 이와 동일한 개인적 성질을 가지고 있다. 지금 우리가 말하는 의미에서 이런 사실, 또는 감각소여가 자명한 것은 오직 한 사람에게만 해당될 수 있다. 오직 한 사람만이 정신적 사실 및 관련된 감각소여를 직접 알 수 있기 때문이다. 따라서 실존하는 특수한 사물에 대한 사실은 유일하게 한 사람에게만 자명할 수 있다.

　이에 반해 보편에 대한 사실에는 이와 같은 개인적 성질이 없으므로, 많은 정신이 동일한 보편을 직접 알 수 있다. 따라서 보편 사이의 관계는 직접지에 의해 많은 사람들에게 알려질 수 있다. 어떤 관계를 가지고 어떤 항들로 구성된 복합적 사실을 직접지에 의해 인식하게 되는 모든 경우, 이런 항들이 이와 같은 관계를 가지고 있다는 진리는 으뜸가는 절대적 자명성을 가지며, 이때 이런 항들이 이와 같은 관계를 가진다고 하는 판단은 틀림없이 참이어야 한다고 우리는 말한다. 그러므로 이런 종류의 자명성은 진리의 절대적인 보증인 것이다.

　그러나 이런 종류의 자명성이 진리의 절대적 보증이긴 하지만, 그것이 주어진 어떤 판단의 경우에 이 판단이 참이라는 것을 절대적으로 확신할 수 있게 해주지는 않는다. 우리가 복합적 사실인 태양이 빛나고 있다는 것을 먼저 지각하고, 다음에 '태양이 빛난다'는 판단을 한다고 가정해 보자. 지각에서 판단으로 나아가기 위해서는 반드시 주어진 복합적 사실을 분석해 보아야 한다. 우리는 '태양'과 '빛나는' 것을 사실의 구성 요소로서 분리하지 않으면 안 되는 것이다. 이 과정에서 우리는 오류를 범할 수도 있다. 따라서 어떤 사실이 으뜸가는 절대적 자명성을 가질 때에도 이 사실에 대응하는 것으로 생각되는 판단은 결코 오류를 범하는 일이 없다고 할 수는 없다. 왜냐하면 이런 판단이 실제로는 사실과 대응하지 않을 수도 있기 때문이다. 그러나 (앞 장에서 이미 설명했던 의미에서) 만약 이 판단이 대응한다면 그것은 참이 아니어서는 안 된다.

　두 번째 종류의 자명성은 무엇보다도 먼저 판단에 속하는 것으로서, 단일한 복합적 전체로서의 사실의 직접적 지각으로부터 파생된 것은 아니다. 이 두 번째의 자명성은 최고도의 자명성으로부터 가까스로 신념이라고 할 수 있는 자명성에 이르기까지 단계적인 정도의 차이가 있다. 단단한 길을 달려 우리 곁에서 점점 멀어져 가는 말을 예로 들어보자. 먼저 말발굽소리를 듣는 우리의 확실성은 매우 완전하다. 그런데 조용히 귀를 기울이고 있는 동안 점차, 어쩌면 상상이었거나 위층의 덧문 소리, 또는 심장의 고동 소리가 아니었을까 하고 의심하는 순간이 온다. 그러다가 애초에 무슨 소리가 들리긴 했던 것일까 하고 의심하게 된다. 그리고 이제 아무 소리도 들리지 않는다고 '생각하고', 마침내는 아무 소리도 들리지 않는다는 것을 '안다'. 이 과정에서 알 수 있듯이 자명성은 최대의 것에서 최소의 것에 이르기까지 연속적인 차이를 보이고 있다. 그리고 그 차이는 감각소여 자체에 있는 것이 아니라 감각소여에 의거한 판단에 있는 것이다.

다른 예를 들어보자. 하나는 청색이고 하나는 녹색인 두 색조를 비교한다고 가정하자. 처음에 우리는 이 두 색조가 다르다는 것을 완전히 확신하고 있다. 그런데 녹색이 차츰 청색에 가깝게 변하여 처음에는 청록색이 되고 다음에는 녹색에 가까운 청색이 되고 그 다음에는 청색으로 변화한다면, 우리는 둘 사이에 어떤 차이가 있는지 의심하게 되고, 다음에는 아무런 차이도 식별할 수 없다는 것을 깨닫게 된다. 악기를 조율할 때도 같은 일이 일어나고, 계속적인 변화의 차이가 있는 경우에는 언제나 같은 일이 일어난다. 그러므로 이런 종류의 자명성은 정도의 문제이며, 정도가 낮은 쪽보다는 정도가 높은 쪽을 더욱 믿을 수 있다는 것은 분명하다.

파생적 지식에 있어서도 우리의 궁극적인 전제는 어느 정도의 자명성을 가져야 하고, 또 이런 전제와 이것에서 연역된 결론 사이의 관련도 어느 정도의 자명성을 가져야 한다. 기하학에서의 일련의 추리를 예로 들어보자. 우리의 출발점이 되었던 공리(公理)가 자명하다는 것만으로는 불충분하다. 추리의 여러 관계에 있어 전제와 결론의 연관이 자명해야 한다는 것 또한 필요한 것이다. 추리가 난해할 경우 이와 같은 관련은 대부분 극히 미미한 자명성만을 가질 뿐이다. 따라서 어려움이 큰 경우에는 추리의 과정에서 오류가 생길 수도 있는 것이다.

지금까지 언급한 것으로 미루어 직관적 지식 및 파생적 지식에 대한 다음과 같은 점은 명백하다. 즉 직관적 지식이 그 자명성의 정도에 따라 신뢰할 수 있는 것이라면, 확실한 감각소여의 존재라든가 논리학 및 산술의 간단한 진리와 같이 완전히 확실하다고 생각되는 것으로부터 그 반대라기보다는 어느 정도는 확실한 것 같다는 판단에 이르기까지 그 신뢰성에는 정도의 차이가 있다. 우리가 확신하는 것이 참이고 그것이 직관적, 또는 직관적인 지식(그것은 이 지식으로부터 논리적으로 귀결된다)으로부터 논리적이나 심리적으로 추리된 것이라면 지식이라고 부를 수 있다.

그리고 우리가 확신하는 것이 참이 아니라면 그것은 오류라고 부른다. 우리가 확신하는 것이 지식도 아니고 오류도 아니라면 그것은 개연적 의견(probable opinion)이라고 부를 수 있다. 또한 최고도의 자명성을 갖지 못했거나 최고도의 자명성을 갖지 못한 것으로부터 유추된 것이기 때문에 다소 망설이면서 믿는 것도 역시 개연적 의견이다. 따라서 보편적으로 지식이라고 통용되는 것은 대부분 어느 정도는 개연적 의견이다.

개연적 의견에 대해서는, 우리는 정합성으로부터 큰 도움을 받을 수 있다. 정합성은 진리에 대한 정의로서는 거부된 것이지만, 흔히 하나의 기준으로는 사용될 수 있다. 개별적인 개연적 지식의 집단은, 만약 그것들이 서로 정합적이라면 개별적인 경우보다는 훨씬 확실하다. 대부분의 과학적 가설이 그 개연성을 얻게 되는 것은 바로 이런 방식에 의해서이다. 과학적 가설은 개연적 의견의 정합적 체계의 틀에 박힘으로써 독립적으로 있는 경우보다는 더욱 확실하게 되는 것이다. 이 말은 일반적인 철학적 가설에도 적용된다.

단 하나의 경우에는 이런 가설이 매우 의심스럽게 보이지만, 개연적 의견의 집단에 이 가설을 도입시키는 질서와 정합성을 염두에 둔다면 거의 확실한 것이 된다. 특히 이것은 꿈과 깨어 있을 때의 생활을 구별하는 문제에도 적용된다. 만약 우리가 날마다 꾸는 꿈이 깨어 있을 때와 마찬가지로 서로 정합적이라면, 우리는 꿈과 깨어 있을 때의 생활 중 어느 것을 믿어야 할지 혼란스러울 것이다. 그런데 실제로는 정합성의 테스트에 의해서 꿈은 믿을 수 없으며 깨어 있을 때의 생활은 믿을 수 있다고 판단한다.

그러나 이 테스트는 성공할 경우에는 정합성을 높여주지만, 정합적 체계의 어느 부분에 이미 확실성이 없을 경우에는 절대적인 확실성을 주지 못한다. 그러므로 개연적 의견을 단순히 조직화한다고 하여 그 자체가 전혀 의심할 수 없는 지식으로 변하지는 않는 것이다.

철학적 지식의 한계　제14장

지금까지 철학에 대해 많은 것을 알아보았지만, 거의 모든 철학자들이 그 저술에서 큰 비중을 두었던 많은 문제에 대해서는 거의 언급하지 않았다. 대부분의 철학자는—적어도 상당한 수의 철학자는—선천적인 형이상학적 추리에 의해 종교의 기본적 교리, 우주의 본질적인 합리성, 물질의 허망성(虛妄性), 모든 악의 비실재성 등을 증명할 수 있다고 공공연하게 주장하고 있다.

이런 주장을 신빙성 있는 것으로 만드는 이유를 찾아낼 수 있다는 희망이 평생 동안 철학을 연구해 온 사람들을 주로 고무해 왔다는 것은 의심의 여지가 없는 듯하다. 그러나 나는 그들의 희망이 허망한 것이라고 확신한다.

형이상학에 의해서는 우주 전체에 대한 지식은 얻을 수 없을 것 같으며, 또한 설사 논리적 법칙에 의해 이러이러한 것은 존재해야 하고 이러이러한 것은 존재할 수 없다는 것이 증명되었다 하더라도 이런 증명은 비판적 음미를 감내할 수 없을 것 같다.

이 장에서 우리는 이런 추리가 타당하다고 기대할 수 있는지 여부를 알아보기 위해 이 추리가 시도되는 여러 가지 방식을 간단하게 고찰해 보기로 하겠다.

우리가 지금부터 고찰하려는 이론에 대한 근세의 위대한 대표적 철학자는 헤겔¹이다. 헤겔의 철학은 매우 난해하며, 해설가들 사이에서도 그 올바른 해석에 대한 의론이 분분하다.

내가 채택하려는 해석은 대부분이라고까지는 할 수 없지만 많은 해설가들이 취하는 것이고, 철학의 흥미롭고 중요한 형태를 밝혀준다는 장점을 지니고 있다. 이 해석에 의하면, 그의 주된 주장은 전체성(全體性)이 결여된 것은 어느 것이나 분명히 단편적이므로 잔여 세계에 의해 보충되지 않으면 존재할 수 없다는 것이다. 마치 비교해부학자(比較解剖學者)가 단 하나의 뼈를 보고 전체적으로 어떤 형태의 동물이었는지를 아는 것처럼, 헤겔에 의하면 형이상학자는 실재하는 한 조각만으로도 이 실재가 전체적으로는 어떤지를—적어도 그 대강의 윤곽만큼은—알 수 있다고 한다. 외관상 분리되어 있는 실재의 부분은, 이를테면 이 부분을 다음 부분에 이어주는 갈고리를 가지고 있다. 그리고 그 다음 부분 역시 새로운 갈고리를 가지고 있다. 이런 식으로 하여 마침내 우주 전체가 재건된다.

헤겔에 의하면 이런 근본적인 불완전성은 사고의 세계에서나 사물의 세계에서나 마찬가지다. 사고의 세계에서는 추상적 개념이나 불완전한 개념을 검토하는 경우에 그것이 불완전하다는 생각을 잊으면 자기모순에 빠진다는 사실을 알게 된다. 이 모순은 문제의 관념을 대립적인 것, 또는 반정립(反定立, antithesis)으로 변화시킨다. 그리고 이 모순에 빠지지 않기 위해서는 본래의 관념과 그 반정립의 종합인, 불완전함이 보다 적은 새로운 관념을 발견하지 않으면 안 된다. 이 새로운 관념은 우리가 출발점으로 삼았던 관념보다는

---

1 Hegel, Georg Wilhelm Friedrich(1770~1831). 독일의 철학자. 칸트 철학을 계승한 '독일 관념론'의 대성자이다. 그는 철학 체계의 근간을, 모든 사물을 '정(正)'·'반(反)'·'합(合)'의 세 단계로 나누는 변증법에 의해 전개하는 데 두었다. 주저로는 《정신현상학》, 《논리학》, 《법철학 강요》 등이 있다.

덜 불완전하지만 아직도 완전하다고는 할 수 없고, 오히려 반정립으로 넘어가서 이 반정립과 더불어 새로운 종합으로 결합되어야 한다.

헤겔은 이와 같은 방식으로 '절대적 관념(absolute idea)'에 도달하기까지 계속 나아간다. 헤겔에 의하면 이 절대적 관념은 불완전하지 않고 대립되는 것도 없으므로 더 이상 전개될 필요도 없다. 따라서 절대적 관념은 절대적 실재를 적절히 기술할 수 있는 것이다. 그러나 보다 저급한 관념은 부분적인 견해에 나타나는 실재를 기술할 따름이며, 동시에 전체를 꿰뚫어보는 사람에게 나타나는 실재는 기술하지 못한다. 따라서 헤겔은 다음과 같은 결론에 이르렀다. 요컨대 절대적 실재는 하나의 조화로운 체계, 즉 시간 또는 공간 속에 존재하는 것도 아니고, 어떤 악도 포함하지 않으며, 전적으로 합리적이고 전적으로 정신적인 체계를 형성한다는 것이 그의 결론이다.

그는 우리가 알고 있는 세계에 그 조화로운 체계와 대립되는 현상이 있다면 그것은 전적으로 우주에 대한 우리의 관점이 단편적이기 때문이라는 것을 논리적으로 증명할 수 있다고 확신했다. 만약 우리가 신과 같이 우주 전체를 볼 수 있다면, 시간과 공간과 물질과 악과 모든 노력 및 투쟁은 사라지고 그 대신 우리는 영원하고 완벽하며 변하지 않는 정신적 통일체를 보게 될 것이다.

이와 같은 견해에는 분명 숭고하고 기꺼이 받아들이고 싶은 것이 있다. 그러나 이 견해를 뒷받침하는 논거를 신중히 검토해 보면 여기에는 많은 혼란과 인정할 수 없는 많은 가정이 있음을 알 수 있다. 이 체계의 토대를 이루는 본질적인 이론은, 불완전한 것은 자존(自存)할 수 없으므로 존재하려면 반드시 다른 사물의 도움이 필요하다는 것이다. 그것 자체 이외의 것과 관계를 갖는 것은 모두 다 그 본성에 있어 이런 외적인 사물과의 어떤 관련을 포함해야 하고, 따라서 외적 사물이 존재하지 않는다면 현재와 같은 것일 수가 없다고 주장한다. 예를 들어, 인간의 본성은 그의 기억과 그 밖의 지식, 그리고 그의 사랑이나 미움 등으로 이루어져 있고, 따라서 그가 알고 사랑하고 미워해야 할 대상이 없다면 그 사람은 현재의 그일 수가 없는 것이다. 그는 본질적으로, 그리고 분명하게 단편적 존재이다. 그러므로 그가 스스로를 실재의 전체라고 생각한다면 그는 자기모순에 빠지고 마는 것이다.

그러나 이런 사상은 대체로 사물의 본성이라는 개념에서 나온 것이며, 이 본성이라는 것은 사물에 대한 모든 진리를 의미하는 듯싶다. 어떤 사물을 다른 사물에 결합시키는 진리는 다른 사물이 존재하지 않는다면 성립될 수 없다는 것은 당연한 사실이다. 그러나 사물에 대한 진리는 앞에서의 용어법에 따르면 마땅히 그 사물의 본성의 한 부분이어야 하지만, 사물 자체의 한 부분은 아니다. 사물의 '본성'이 사물에 대한 모든 진리를 뜻하는 것이라면, 우리는 우주에서의 모든 사물과 그에 대한 모든 다른 사물과의 관계를 알지 못하고는 결코 사물의 본성을 알 수 없다. 그러나 '본성'이라는 말이 이런 뜻으로 사용되었다면 그 사물의 본성을 알지 못하거나 적어도 완전히 알지 못할 때에도 사물을 알 수 있다고 주장할 것이다.

'본성'이라는 말의 이런 용법을 취할 경우에는 사물에 대한 지식과 진리에 대한 지식 사이에 혼란이 생긴다. 어떤 사물에 대해 알고 있는 명제가 보잘것없는 것이라 하더라도 우리는 직접지에 의해 그 사물에 대한 지식을 가질 수 있다―이론적으로는 이 사물에 대한 단 하나의 명제도 알 필요가 없다. 그러므로 사물에 대한 직접지에는 위에서 말한 의미에서의 '본성'에 대한 지식은 포함되지 않는다. 그리고 사물에 대한 직접지는 그 사물의 어떤 명제를 아는 데는 항상 포함되지만 위와 같은 의미의 '본성'에 대한 지식은 포함되지 않는다. 따라서 첫째로 사물에 대한 직접지에는 이론적으로는 그 사물의 관계에 대한 지식은 포함되지 않고, 둘째 그 사물의 관계의 일부에 대한 지식에는 그 관계 전부에 대한 지식이나 위와 같은 의미에서의 본성에 대한 지식은 포함되지 않는다.

예를 들어, 나는 나 자신의 치통에 대해 직접 알 수 있다. 그리고 나의 이 지식은 치과 의사(내 치통에 대해 그는 직접 알지 못한다)가 말해 줄 수 있는 근본 원인은 모르더라도, 그리하여 위에서 말한 의미의 '본성'은 모르더라도 직접지에 의해 인식이 가능한 한도 내에서는 완전할 것이다. 그러므로 어떤 사물이 관계를 가졌다는 사실은 그 관계가 논리적으로 필연적인 것임을 증명하지는 못한다. 즉 그것이 이러이러한 사물이라는 단순한 사실로부터 그것이 실제로 갖고 있는 여러 가지 관계를 갖지 않으면 안 된다고 연역할 수는 없는 것이다. 이런 관계를 가져야 한다는 것은 아마도 우리에게 이미 그 관계에 대한 지식이 있기 때문에 나온 귀결일 것이다.

이렇게 해서 우리는 헤겔이 믿었던 것, 즉 우주 전체가 단일한 조화로운 체계를 형성한다는 것을 증명하지 못한다. 그리고 이것이 증명되지 않은 이상 우리는 공간과 시간과 물질과 악 등이 실재하지 않는다는 것 또한 증명할 수 없다. 왜냐하면 헤겔은 이런 것들의 단편적이고 관련적인 성질로부터 이 견해를 연역했기 때문이다. 따라서 이제 우리에게는 이 세계를 단편적으로 연구하는 일이 남아 있다. 우리의 경험과 동떨어진 우주의 부분들의 성격을 안다는 것은 절대로 불가능하다. 이런 결론은 철학자들의 많은 체계에 의해 어쩌면 우주 전체를 알게 될지도 모른다고 기대한 사람들을 실망시키겠지만, 현대의 귀납적이고 과학적인 기질에는 잘 맞는데다 지금까지 앞의 여러 장에서 시도한 인간의 지식에 대한 모든 고찰에 의해서도 확인된다.

형이상학자들의 야심에 찬 위대한 시도는 대체로 현실세계의 여러 가지 외관상의 특징은 자기모순적이며, 따라서 실재적인 것이 아니라는 점을 증명하려는 것이었다. 그러나 근대사상의 보편적인 경향은, 이와 같이 상정된 모순은 환상적이며, 반드시 존재해야만 하는 것에 대한 고찰로부터 선천적으로 증명될 수 있는 것은 거의 없다는 것을 밝히려는 쪽으로 추진되고 있다.

공간과 시간의 예에서 우리는 그런 경향을 찾아볼 수 있다. 공간과 시간은 무한히 넓고 무한히 분할할 수 있을 것처럼 보인다. 우리가 어느 방향으로든 똑바로 나아갔을 때 마침내는 그 이상 아무것도 없고 공허한 공간마저도 존재하지 않는 최후의 점에 이르게 된다고 믿기는 어렵다. 또한 상상 속에서 과거나 미래로 나아갔을 때, 우리가 그 이상으로는 공허한 시간마저도 존재하지 않는 최초의 시간, 또는 최후의 시간에 이르게 된다고 믿기는 어렵다. 그러므로 공간과 시간은 그 넓이에 있어 무한한 것 같다.

또 직선 위에 있는 두 점을 보면 그 사이의 간격이 아무리 작더라도 그 사이에는 분명히 다른 점들이 있어야 한다. 모든 거리는 반으로 분할할 수 있고 또 그 반의 반으로 분할할 수 있으며, 이런 식으로 끝없이 계속된다. 시간에서도 이 점은 마찬가지다. 순간과 순간 사이에 아무리 짧은 시간이 경과했더라도 그 사이에 다른 순간이 있어야 한다는 것은 분명하다. 그러므로 공간과 시간은 무한히 분할할 수 있는 것 같다.

그러나 철학자들은 이처럼 분명한 사실 ― 무한한 넓이와 무한한 분할 가능성 ― 에 반대하여, 사물의 무한한 집합은 있을 수 없으며, 그렇기 때문에 공간에서의 점의 수와 시간에서의 순간의 수는 일정한 한도가 있다는 것을 증명하려는 논의를 전개해 왔다. 이리하여 공간과 시간의 분명한 성질과 무한집합이 불가능하다는 생각 사이에 모순이 생긴 것이다.

이 모순을 처음으로 강조한 사람은 칸트이다. 그는 공간과 시간의 불가능성을 연역하고 공간과 시간은 단순히 주관적인 것일 뿐이라고 선언했다. 그 후로 수많은 철학자들이 공간과 시간은 단순한 현상일 뿐 실재하는 세계의 특징은 아니라고 믿게 되었다. 그러나 오늘날에는 수학자, 특히 게오르크 칸토어[2]의 노력으로 무한집합이 있을 수 없다는 것은 잘못된 견해였음이 드러났다. 사실 무한집합은 자기모순적이라기보다는 오히려 어떤 완고한 정신적 편견과 모순되는 것일 뿐이다. 따라서 공간과 시간을 비실재적이라고 간주하는 이유는 그 정당성을 잃고, 형이상학적 구상의 커다란 원천의 하나는 고갈되고 만다.

그러나 수학자들은 흔히 생각되고 있는 그런 공간이 있을 수 있다는 것을 밝히는 것만으로는 만족하지 않았다. 그들은 나아가 논리가 보여줄 수 있는 한, 공간의 다른 여러 가지 형식도 마찬가지로 있을 수 있다는 사실을 밝혔다. 상식적으로는 필연적인 듯싶고 지난날에는 철학자들에 의해 필연적인 것으로 간주되었던 유클리드의 공리 가운데 일부는, 지금은 단지 우리가 현실의 공간과 친숙하나는 섬으로 인해 필연성이라는 외관을 가질 뿐으로, 선천적인 논리적 기초 때문에 그런 외관을 갖는 것은 아니라는 사실이 밝혀졌다. 수학자들은 이런 공리가 오류가 되는 세계를 상정함으로써 상식에 의한 편견을 약화시켰으며, 논리학을 이용하여 우리가 살고 있는 공간과 어느 정도는 다른 공간도 가능하다는 것을 나타냈다. 그리고 이런 공간의 일부는 우

---

[2] Gerog Cantor(1845~1918). 독일의 수학자로서 집합론의 창시자. 삼각함수의 급수 연구에서 출발하여 해석학의 기본적 문제로 향하고, 근방(近傍)·집적점(集積點)·도집합(導集合) 같은 개념을 확립하여 실변수 함수론의 기초를 구축했다. 유명한 저서로는 《초한적(超限的) 집합론의 기초에 대한 기여》가 있다.

리가 측량할 수 있는 거리와 관련된 유클리드 공간과 별차이가 없기 때문에 우리의 현실적 공간이 엄밀히 유클리드적인지, 아니면 다른 종류의 공간의 하나인지를 관찰로써 밝힐 수는 없다. 따라서 입장은 완전히 바뀐다. 전에는 경험은 단지 한 종류의 공간을 논리에 맡겨놓았고, 논리는 이런 종류의 공간이 있을 수 없다는 것을 밝혀준 것 같았다.

그런데 지금은 논리는 많은 종류의 공간이 경험을 떠나서 가능하다는 것을 나타내고, 경험은 다만 이런 공간 사이에서 부분적으로 결정할 따름이다. 그러므로 존재하는 것에 대한 우리의 지식은 지난날 생각했던 것보다 적어지고, 반대로 존재할지도 모르는 것에 대한 지식은 굉장히 커졌다. 우리는 모든 구석의 틈까지도 환히 볼 수 있는 협소한 벽에 갇혀 있는 것이 아니라, 자유로운 가능성을 지닌 탁 트인 세계에 있는 것이다. 이 넓은 세계에는 알아야 할 것이 무한하므로 아직도 미지의 것으로 남아 있는 많은 것이 있다.

공간이나 시간에 있어서 발생한 일은 다른 방면에서도 마찬가지로 어느 정도 발생한다. 선천적 원리로써 우주를 규정하려는 시도는 실패하고 말았다. 논리학은 예전처럼 가능성을 방해하는 것이 아니라 상상력의 위대한 해방자가 되어 반성되지 않은 상식에 감금된 수많은 양자택일을 제시하고, 논리가 우리의 선택에 맡긴 많은 세계 사이에서 어느 것을 택할지를, 결정이 가능할 때는 경험으로 하여금 결정하도록 했다. 그러므로 존재하는 것에 대한 지식은 우리가 경험을 통해 습득할 수 있는 것에 국한된다―그러나 현실적으로 우리가 경험할 수 있는 것에 국한되는 것은 아니다. 왜냐하면 이미 살펴보았듯이, 우리가 직접 경험하지 않은 사물이라 하더라도 기술에 의해 많은 지식을 얻을 수 있기 때문이다.

그러나 기술에 의한 지식에는 어떤 경우에도 보편 사이의 연관이 필요하다. 보편 사이의 연관은 이러이러한 소여부터 여기에 포함된 어떤 종류의 대상을 추리하는 것을 가능하게 만들기 때문이다. 따라서 예를 들면, 물질적 대상에 대해 감각소여가 물질적 대상의 기호라는 원리는 그 자체가 보편 사이의 연관이다. 그리고 단지 이 원리 덕분에 우리는 경험에 의해 물질적 대상에 대한 지식을 얻을 수 있다. 이 말은 인과법칙에도 해당된다. 또한 보다 일반적이 아닌 것으로 내려가면 중력의 법칙 같은 원리에도 이 말을 적용할 수 있다.

중력의 법칙과 같은 원리는 귀납원리처럼 지극히 선천적인 원리와 경험의 결합에 의해 증명된다. 아니, 증명된다기보다는 아주 개연적인 것이 된다. 따라서 진리에 대한 모든 다른 지식의 근원이 되는 직관적 지식에는 두 종류가 있다. 즉 순수한 경험적 지식으로서 우리가 직접 알고 있는 특수한 사물의 존재와 어떤 성질을 일깨워주는 직관적 지식이 있고, 또한 순수한 선천적 지식으로서 보편 사이의 관련을 알려주고 경험적 지식에 부여된 특수한 사실로부터 추리를 가능하게 하는 직관적 지식이 있다. 우리의 파생적 지식은 항상 순수한 선천적 지식에 의존하고, 또한 이따금 순수한 경험적 지식에 의존하기도 한다.

만약 앞에서 말한 것이 사실이라면, 철학적 지식과 과학적 지식은 본질적으로 다르지 않다. 철학에는 열려 있고 과학에는 열려 있지 않은 지혜의 특별한 근원은 있을 수 없으며, 철학에 의해 밝혀진 결과와 과학에 의해 밝혀진 결과는 근본적으로 같은 것이다. 철학에서의 '비판(criticism)'은 철학과 과학을 다른 학문으로 분류하는 근본적 특성이다. 철학은 과학과 일상생활에서 채택되는 원리를 비판적으로 검토한다. 철학은 그런 원리에 있을 수도 있는 비정합성을 찾아내고, 비판적인 연구 결과 그 원리들을 부정할 만한 이유가 발견되지 않을 때만 그것들을 받아들인다.

많은 철학자들이 믿고 있듯이 과학의 근저에 놓여 있는 여러 원리가 불필요하고 사소한 항목에서 해방되어 우주 전체에 대한 지식을 줄 수 있다면, 이런 지식은 과학적 지식과 마찬가지로 신뢰되어야 한다는 권리를 갖는다. 그러나 우리의 고찰은 이런 지식을 발견하지 못했다. 이것은 대담한 형이상학자의 특수한 사상에 대해서는 대체로 부정적인 결과가 된다. 그러나 일반적인 지식으로 받아들일 수 있는 것에 대해 말한다면, 우리의 결과는 대체로 긍정적이다. 우리의 비판 결과 생겨난 이런 지식을 거부할 이유는 거의 발견되지 않으며, 또한 사람들이 흔히 가지고 있다고 생각되는 지식을 가질 수 없다고 상정해야 할 이유도 없는 것이다.

그러나 철학을 지식의 비판이라고 말할 경우에는 일정한 한계를 정해 놓을 필요가 있다. 만약 우리가 전적으로 회의적인 태도를 취하고 모든 지식의 외부에 있으면서 이런 외부의 입장에서 지식의 내부로 되돌아가기를 원한다면, 우리는 불가능한 것을 요구하는 셈이므로 이 회의주의는 어떤 말로도 결코 반박될 수 없다. 무릇 모든 논박은 그것을 토론하는 자들이 공유하고 있는 지식의 단편으로부터 시작되어야 하고, 따라서 어떤 논의도 완전한 회의로부터는 출발할 수 없기 때문이다. 그러므로 철학이 사용하는 지식의 비판은, 만약 어떤 성과를 거두기를 기대한다면 이처럼 파괴적인 것이어서는 안 된다. 이런 절대적 회의주의에 대해서는 논리적인 어떤 논의도 전개될 수 없다. 그러나 이런 회의주의가 불합리하다는 것을 알기란 그리 어려운 일이 아니다.

근대철학을 창시한 데카르트의 '방법적 회의'는 이렇듯 파괴적인 비판이 아니라 오히려 우리가 철학의 본질이라고 주장하는 종류의 비판이다. 그의

'방법적 회의'는 의심스러운 것은 모두 다 의심하고, 지극히 명백하게 보이는 지식이라 하더라도 다시금 반성했을 경우에 실제로 그것을 알고 있다고 확신할 수 있는가 하고 자문해 보는 데 있다. 이것은 철학의 본질을 구성하는 비판이다. 감각소여의 존재와 같은 지식은 우리가 아무리 냉혹하고 철저하게 숙고하더라도 전혀 의심의 여지가 없는 듯하다.

철학적 지식도 이런 지식까지 믿는 것을 조심하라고 요구하지는 않는다. 그러나 반성을 시작하기까지는 믿고 있었지만 엄밀하게 연구하고 나면 소멸되고 마는 신념 — 예를 들어, 물질적 대상과 우리의 감각소여가 흡사하다는 것과 같은 신념 — 이 있다. 철학은 이런 신념을 뒷받침해 주는 새로운 논의가 발견되지 않는 한 그 신념을 버리라고 명령할 것이다. 그러나 아무리 신중히 검토해 보아도 결코 반론할 수 없다고 생각되는 신념을 버리라고 하는 것은 합리적이 아니며 또한 철학이 지향하는 바도 아니다.

한마디로 말해서 철학이 지향하는 비판은 아무 근거 없이 거부할 것을 결정하는 비판이 아니라, 분명한 것 같은 지식은 그 장점을 낱낱이 고찰하고 이 고찰이 끝닌 후에도 여전히 지식으로 남아 있는 것은 무엇이든지 유지하는 비판이다. 이때 약간의 오류를 범할 위험이 남아 있다는 것은 인정해 주어야 한다. 왜냐하면 인간은 경우에 따라 쉽게 오류를 범할 수 있기 때문이다.

철학이 이처럼 오류를 범할 수 있다는 위험을 감소시키고, 경우에 따라서는 이런 위험을 사실상 거의 무시할 수 있을 만큼 감소시킨다고 주장하는 것은 정당하다. 어떻게든 오류가 생길 수 있는 세계에서 이 이상의 일을 한다는 것은 불가능하다. 그리고 사려 깊은 철학의 옹호자라면 아무도 이 이상의 일을 해왔다고 공언하지는 않을 것이다.

철학의 가치　제15장

철학의 여러 가지 문제에 대한 간단하고도 불완전한 고찰도 이제 막바지에 이르렀다. 여기서 결론적으로 철학의 가치는 무엇이며, 무슨 이유로 철학을 연구해야 하는지 고찰해 보는 것도 나쁘지는 않을 것이다. 과학이나 실제적인 여러 문제의 영향을 받아 해로울 것도 이로울 것도 없는 사소한 구분이나 하고, 알 수도 없는 문제에 대해 이러쿵저러쿵 논쟁하는 것이 철학이 아니냐고 의심하는 사람이 많아졌다는 점에서 볼 때 이것은 더욱 고찰해 볼 필요가 있는 문제이다.

철학에 대해 이런 견해를 품게 된 것은 삶의 목적에 대한 잘못된 생각과, 또한 철학이 얻고자 하는 것에 대한 잘못된 생각 때문인 것 같다. 자연과학은 발명을 매개로 하여 자연과학에 문외한인 사람들에게도 유용한 것이 되었다. 따라서 자연과학의 연구가 권장되는 이유는 단순히 또는 일차적으로 그것이 연구자에게 미치는 영향이 아니라 오히려 인류 전체에 미치는 영향 때문이다. 철학에는 이런 유용성이 없다. 만약 철학이 그것을 연구하는 사람 이외의 사람들에게도 어떤 가치를 갖는다면, 그것은 철학 연구자들의 생활에 미치는 영향을 통해 간접적으로 나타날 뿐이다. 따라서 철학의 가치는, 만약 그런 것이 있다면, 이런 영향하에서 먼저 추구되어야 할 것이다.

그러나 더 논의를 전개하여 철학의 가치를 결정하려는 우리의 노력이 실

제15장 철학의 가치 _ 169

패로 끝나지 않으려면, 먼저 우리의 정신은 '실제적'인 사람이라고 잘못 호칭되고 있는 사람들이 갖는 편견에 빠지는 일이 없어야 한다. '실제적인 사람'이란 말은 종종 사용되고 있는데, 이것은 단지 물질적인 요구만을 인정하는 사람, 육체를 위한 음식이 필요하다는 것은 알지만 정신을 위한 양식도 필요하다는 것은 잊은 사람을 말한다.

만약 사람들이 똑같이 잘살고 가난과 질병이 가능한 한 감소되었다 하더라도, 가치 있는 사회의 구현을 위해서는 아직도 해야 할 일이 많이 남아 있을 것이다. 그리고 현존하는 세계에서도 마음의 재화(財貨)는 최소한 신체의 재화와 거의 같은 정도로 중요하다. 철학의 가치는 오직 마음의 재화에서만 발견할 수 있다. 그리고 이런 재화에 무관심하지 않은 사람에게만 철학 연구는 결코 시간 낭비가 아님을 납득시킬 수 있다.

다른 모든 학문과 마찬가지로 철학도 우선적으로 지식을 목적으로 한다. 철학이 목적으로 하는 지식은 여러 과학에 일체성과 체계를 제공하는 지식이고, 그런 지식은 우리의 확신과 편견과 신념의 토대를 비판적으로 고찰하는 과정에서 생겨나게 된다. 그러나 철학은 이런 문제에 명백한 대답을 하려는 시도에서 그다지 성공했다고는 말할 수 없다. 만약 수학자, 광물학자, 역사학자, 그리고 그 밖의 학자에게 그들의 학문에 의해 얼마나 확실한 진리가 확립되었느냐고 묻는다면, 그들의 대답은 당신이 들을 의사를 가지고 있는 한 언제까지나 계속될 것이다.

그러나 철학자에게 동일한 질문을 했을 때, 그가 정직한 사람이라면, 그는 철학은 다른 학문처럼 적극적인 성과를 거두지는 못했다고 고백할 것이다. 적극적인 성과를 거두지 못했다는 말은 부분적으로는 다음과 같은 사실에 의해 분명히 설명된다. 즉 어떤 주장에 대하여 명백한 대답을 할 수 있게 되면 이미 그 주제는 철학이 아니라 개별과학으로 불리게 된다는 사실이다. 오늘날 천문학에 포함된 천체에 대한 모든 연구는 전에는 철학에 속하는 학문이었다.

뉴턴의 위대한 업적의 하나로 '자연철학의 수학적 원리'라는 것이 있다. 마찬가지로 철학의 한 분과였던 인간의 마음의 연구는 오늘날 철학에서 분리되어 심리학이라는 과학이 되었다. 그러므로 철학이 불확실하다는 말은 대체로 진실이라기보다는 외관상의 문제이다. 즉 확실한 대답이 가능한 문제는 이미 과학으로 옮겨졌으며, 당장 확실하게 대답할 수 없는 것만이 남아 철학이라고 불리는 잔재를 이루고 있다.

그러나 이런 것은 철학의 불확실성에 대한 진상의 일부분일 뿐이다. 우리가 알고 있는 한, 인간의 지력(知力)이 현재와 완전히 다른 수준으로 변화되지 않는 한 인간의 지성으로는 도저히 해결할 수 없는 문제들이 많이 있다. 그리고 이런 문제 중에는 우리의 정신생활과 밀접한 관계를 가진 것도 있다.

우주는 통일된 어떤 계획이나 목적을 갖고 있는가, 아니면 원자의 우연한 집합에 불과한가? 의식은 지혜의 끝없는 성상을 바랄 수 있게 하는 우주의 영구적 부분인가, 아니면 언젠가는 생활할 수 없게 변할 조그만 행성 위에서 일시적으로 생기는 우연한 것에 불과한가? 선과 악은 우주에 있어 중요한가, 아니면 인간에게만 중요한 것인가? 이런 문제는 철학에 의해 제기되었고, 많은 철학자들로부터 다양한 대답이 나왔다. 그러나 이런 대답이 다른 방식으로 발견되든 발견되지 않든 철학에 의해 나온 대답은 모두 다 참이라는 것이 논증되지는 못하는 것 같다.

이 대답을 발견할 가능성이 거의 없더라도 이런 문제를 지속적으로 고찰하고, 이런 문제의 중요성을 일깨워주며, 이런 문제에 대한 모든 접근을 검토하고, 명백히 확인할 수 있는 지식에만 스스로를 제한함으로써 말살되어 버리기 쉬운 우주에 대한 사변적 관심을 생생하게 유지하는 것도 철학의 과제 중 하나이다.

많은 철학자들이 철학은 이와 같은 근본적 문제에 대해 대답을 하고, 그 대답이 진리임을 확립할 수 있다고 주장했다. 그들은 종교적인 신앙에서 가장 중요한 것을 철저한 논증에 의해 참이라고 증명할 수 있다고 생각했다. 이런 시도에 대해 판단하기 위해서는 인간의 지식을 대체적으로 살펴보고 그 방법과 한계에 대해 어떤 견해를 구성할 필요가 있다. 이런 주제에 대해 독단적으로 발언하는 것은 지혜로운 처사는 아닐 것이다. 그러나 지금까지 앞의 각 장에서 해온 고찰이 우리를 잘못으로 이끌지 않았다면, 우리는 종교적 신앙의 철학적 증명을 발견하리라는 희망을 버리지 않을 수 없을 것이다. 따라서 우리는 이런 문제에 대한 일련의 명확한 대답을 철학적 가치의 일부에 포함시킬 수는 없다. 그러므로 반복해서 말한다면, 철학의 가치는 그것을 연구하는 사람들이 얻게 되는, 명백히 확인할 수 있는 지식의 체계에 의존해서는 안 된다.

사실 철학의 가치는 대부분 그 불확실성에서 찾아야 한다. 철학적 소양이 부족한 사람은 상식이나 나이 및 국적에 의한 습관적 신념, 그리고 사려 깊은 이성의 도움이나 동의 없이 마음속에 싹튼 확신에서 생긴 편견에 사로잡혀 평생을 보낸다. 이런 사람이 판단한 세계는 분명하고 유한하며 확정적이다. 일상적인 대상은 아무 문제도 일으키지 않지만 친숙하지 않은 가능성은 경멸하고 거부해 버린다. 이에 반해 앞의 몇 장에서 보았듯이 우리가 철학적 사색을 시작하면 곧 지극히 일상적인 사물조차도 아주 불완전한 대답밖에 할 수 없는 문제가 되어 버리는 것이다.

철학은 스스로 제기한 의문에 대해 참된 대답이 무엇인지 확실성을 갖고 말해 주지는 못하지만, 우리의 사고를 넓히고 관습의 전제에서 벗어나게 하는 많은 가능성을 시사할 수는 있다. 그러므로 철학은 사물이 무엇인가에 대한 우리의 확실성의 느낌을 감소시키는 한편 사물이 무엇일 수 있는가에 대한 우리의 지식을 크게 확대시키기도 한다. 철학은 인간을 자유롭게 만드는 회의의 영역에 한번도 빠져보지 못한 사람들의 다소 오만한 독단론을 제거하고, 익숙한 사물을 익숙하지 못한 반대 측면에서 관찰하게 함으로써 우리의 경이감을 생생히 유지시켜 준다.

전혀 예상 밖의 가능성을 보여준다는 유용성은 접어두더라도, 철학은 사색하는 대상의 위대함과 사색 결과 얻게 되는 협소하고 개인적인 목표로부터의 자유 때문에 가치를 갖는다. 아마도 이 가치는 철학의 가장 중요한 가치일 것이다. 본능적인 사람은 그 생활이 그의 개인적인 이해관계의 범주에 한정되게 마련이다. 가족이나 친구는 그 안에 포함되겠지만, 외부 세계는 그것이 본능적 욕구를 돕거나 방해하지 않는 한 무시하고 만다. 이런 생활은 열광적이고 한정된 것인 데 반해 철학적 생활은 안정되고 자유롭다.

본능적 관심의 사적인 세계는 가까운 장래에 우리의 사적인 세계를 파괴할 크고 막강한 세계의 한복판에 위치한 작은 세계이다. 외부 세계를 전부 포함할 만큼 우리의 관심을 확대하지 못한다면, 우리는 탈출을 막는 적으로 인해 결국은 항복할 수밖에 없다는 것을 알고 있는 포위당한 요새의 경비대와 같은 상태에 머무르게 된다. 이런 생활에 평화는 존재하지 않으며, 오직 완강한 욕망과 무력한 의지 사이의 끊임없는 투쟁이 있을 뿐이다. 우리의 생활이 위대하고 자유롭기를 바란다면 우리는 무슨 수를 써서라도 이 감옥과 투쟁으로부터 탈출해야만 한다.

제15장 철학의 가치 _ 173

철학적 사색은 거기에서 탈출하는 한 방법이 된다. 우주를 적대하는 두 진영 — 친구와 적, 조력하는 것과 적대하는 것, 선과 악 — 으로 구분하지 않고 우주 전체를 공정한 안목으로 보는 것이 철학적 사색이다. 철학적 사색은 순수하다면 인간 이외의 나머지 우주가 인간과 동족이라는 것을 증명하려고 하지 않는다. 지식의 획득은 모두 '자기'의 확대인데, 이 확대는 직접 추구되지 않을 때 가장 효과적으로 달성된다. 자기의 확대는 지식에 대한 욕구만이 작용하고 있을 때, 대상이 이러이러한 성격을 가져야 한다고 미리 기대하지 않고 대상 속에서 찾게 되는 성격을 자기에게 적응시키는 연구에 의해 달성된다. 또한 이 자기 확대는 자기를 있는 그대로 방치하고, 세계와 자신이 매우 유사하기 때문에 이질적인 것은 인정하지 않더라도 세계에 대한 지식이 가능하다는 것을 나타내고자 할 때에는 달성되지 않는다.

이것을 증명하고 싶다는 욕구는 자기 주장의 한 형식이고, 모든 자기 주장의 경우와 같이 이런 자기 주장도 자기의 성장 — 자기가 이것을 바라고 가능하다는 것을 알고 있는 — 에 하나의 장애물이 된다. 자기 주장은 다른 경우와 마찬가지로 철학적 사변에 있어서도 세계를 자신의 목적을 위한 수단으로 간주한다. 그러므로 자기 주장은 세계를 자기보다 가치가 덜한 것으로 만들고, 그리하여 자기 소유가 될 재화의 위대함에 한계를 두게 된다. 이에 반해 사색에서는, 우리는 '비아(非我)'로부터 출발하여 그 위대함에 의해 자기의 경계를 넓혀 나간다. 우주의 무한성에 의해 그것을 사색하는 정신은 무한에 어느 정도 관여한다.

이와 같은 이유로 말미암아 우주를 인간에 동화시키려는 철학으로는 영혼의 위대함이 육성되지 않는다. 지식은 '자기'와 '비아'를 통일하는 하나의 형식이다. 다른 모든 통합과 마찬가지로 자기와 '비아'의 통합은 어느 한쪽이 지배하게 되면 손상되고 만다. 따라서 우주를 우리 자신 속에서 찾을 수 있는 것에 강제로 일체시키려 하면 손상된다.

인간은 만물의 척도이고, 진리는 인간에 의해 만들어진 것이며, 공간과 시간과 보편의 세계는 정신의 성질이고, 정신에 의해 생겨난 어떤 것이 없다면 그것은 이해할 수 없고 무의미하다는 견해를 가진 철학적 경향이 만연하고 있다. 만약 지금까지의 우리의 고찰이 참이라면 이 견해는 진리가 아니다. 뿐만 아니라 이 견해는 철학적 사색을 가치 있는 것으로 만드는 모든 것을 빼앗아 버리는 결과를 초래한다. 왜냐하면 이 견해는 사색을 '자기'에게 속박해 두기 때문이다. 이 견해에서 말하는 지식은, '비아'와의 통일이 아니라 우리와 우리 자신을 초월한 세계 사이에 꿰뚫어볼 수 없는 장막을 드리우는 일련의 편견과 습관, 그리고 욕망이다. 이런 인식론에 쾌감을 느끼는 사람은 그의 말이 곧 법이 되지 않음을 두려워해서 결코 집 밖으로 나가지 않는 사람과 같다.

이에 반해 진정한 철학적 사색은 '비아'의 모든 확대에서 만족을 찾고, 또한 사색의 대상을 위대하게 만들고, 그리하여 사색하는 주체를 위대하게 하는 모든 것에서 만족을 찾는다. 사색에 있어 개인적 또는 사적인 모든 것, 습관이나 개인적 이익과 욕망에 의존하는 모든 것은 대상을 왜곡하고, 그 결과 지성이 추구하는 통일을 손상시킨다. 지금 살펴본 바와 같이 주체와 객체 사이에 두꺼운 벽을 쌓음으로써 이런 개인적이고 사적인 것은 지성을 감금하는 감옥이 된다.

자유로운 지성은 신과 같은 안목으로 사물을 본다. 즉 '여기'와 '현재'도 없이, 희망도 두려움도 없이, 습관적인 신념이나 전통적 편견에 빠지지 않고 안정되고 냉정하게 오직 지식—인간으로서 성취할 수 있는 되도록 비개인적이고 순수하게 사색적인 지식―만을 추구하면서 사물을 본다. 그러므로 자유로운 지성은 감관에 의해 인식되는 지식보다는 개인적 역사의 우연이 개입되지 않는 추상적이고 보편적인 지식에 더 가치를 부여할 것이다. 그런데 감관에 의해 인식되는 지식은, 이런 지식이 거의 다 그렇듯이 배타적이고 개인적 견해에 의존하며, 그 감각기관이 나타나는 모든 것을 왜곡하는 육체에 의존하는 것이다.

철학적 사색의 자유와 공정함에 숙달된 정신은 동일한 자유와 공정함을 행위와 감정의 세계에서도 유지할 것이다. 이런 정신은 서슴없이 그 목적과 욕망을 전체의 한 부분으로 인정할 것이다. 그리고 이런 정신은 그 목적과 욕망을 그 밖의 모든 것이 인간의 어떤 행위에 의해서도 좌우되지 않는 세계의 지극히 미미한 단편이라고 간주함으로써 생기는 것이다.

사색에서 진리에 대한 순수한 욕구가 되는 공정함은 행동의 경우 정의가 되고 감정의 경우는 보편적인 사랑, 즉 유용하다거나 존경받을 만하다고 평가받는 사람들만이 아니라 모든 사람에게 줄 수 있는 사랑이 되는 것과 똑같은 정신의 성질이다. 그러므로 사색은 사고의 대상뿐만 아니라 행위와 감정의 대상까지도 확대시킨다. 사색은 우리를 다른 모든 도시와 싸우고 있는 성벽으로 둘러싸인 한 도시의 시민으로 만들 뿐 아니라 우주의 시민으로 만든다. 인간의 진정한 자유, 그리고 보잘것없는 희망과 두려움의 노예상태로부터의 해방도 이런 우주의 시민이 되는 데 있다.

여기서 철학의 가치에 대한 논의를 요약해 보자. 철학은 그 문제에 명확한 대답을 얻기 위해 연구되는 학문이어서는 안 된다. 왜냐하면 일반적으로 명확한 대답은 진리임을 알 수 없기 때문이다. 그러므로 철학의 연구는 문제 그 자체를 위해 전개되어야 한다. 이런 문제는 가능한 것에 대한 우리의 견해를 확대하고 우리의 지적 상상력을 풍요롭게 하며, 사변에 대해 마음의 문을 닫게 만드는 독단적 확신을 약화시키기 때문이다. 그러나 무엇보다도 가장 큰 이유는 철학이 사색하는 우주의 위대성 덕분에 우리의 정신 또한 위대해지고 우주와의 통합이 가능해지기 때문이다. 이 우주와의 통합이야말로 정신의 최고선(最高善)인 것이다.

문헌 노트

  기본적인 철학 지식을 얻고자 하는 사람은 입문서를 통해 전반적 개관을 얻기보다는 위대한 철학자들의 저술 몇 권을 읽는 편이 보다 쉽고 유익하다는 것을 깨닫게 될 것이다. 그런 의미에서 다음은 특히 권장할 만한 저술들이다.

플라톤 – 《공화국》(특히 제6권과 제7권)
데카르트 – 《성찰》
스피노자 – 《윤리학》
라이프니츠 – 《단자론(單子論)》
버클리 – 《힐라스와 필로누스 사이에 오간 세 가지 대화》
흄 – 《인간의 오성에 대한 연구》
칸트 – 《미래의 모든 형이상학을 위한 서설》

동서양 철학 비교 부록

■ 일러두기
이 책의 부록 〈동서양의 철학 비교〉는 철학에 대한 전반적인 이해를 돕기 위해 옮긴이가 심혈을 기울여 저술하였음을 밝혀 둔다.

1. 철학에의 길

(1) 철학의 시작

우리는 이 세상에 태어나고, 이 세상에서 생활하고, 이 세상에서 죽어간다. 이 세상에서의 우리의 생활을 빠르게 이끌고 나아가기 위해서는 어떻게 생각하고 어떻게 행동해야 하는가. 이 점에 관한 빠른 인식, 총명한 이해는 어떤 것인가. 이것을 구하는 데서 철학은 시작된다.

철학의 시작은 신화(神話)이다. 세계와 인생에 관한 막연하고 어렴풋한 상념은 처음에 신화의 형태로 생각되고 묘사되었다. 신화의 가장 오랜 형태는 인류가 아직 식물의 재배를 모르고 가축의 사육도 모르던 이전의 채집·수렵시대까지 거슬러올라갈 수 있다.

채집·수렵시대의 인류에게 가장 두렵고도 가장 친근하게 생각되었던 것은 야생의 동물이었으리라. 인류는 포유류의 신종(新種)으로서, 유인원의 무리에서 겨우 한 걸음 진화한 존재일 뿐이었다. 따라서 그들에게 야수는 무서운 적이었으며, 동시에 그들의 동류(同類)이기도 했다. 그러므로 그들에게 사냥은 신성한 행위가 아니면 안 되었다. 동물과 인간이 그 근원에서 동일하다는 관념은 이 시대 이래의 신학적 상념에 의존하고 있다.

동물을 죽이는 일은 곧 동물을 그 영혼의 고향으로 되돌려보내는 것이었다. 그것을 공동체에서 확인하는 방식이 의식과 제사이다. 여기에는 이 세계의 현상을 초월한 근원적인 세계가 지향되고 있었다고 할 수 있을 것이다. 근원의 세계로부터 생겨난 것이 현상의 세계인데, 이 세계는 반드시 근원의 세계에 의해 설명되고 시인되지 않으면 안 된다.

(2) 문화의 시작

토인비는 《역사의 연구》에서 세계의 문명사회를 29개 들고, 그 가운데 외부의 영향을 받지 않고 스스로 문명을 창조한 나라는 이집트와 수메르(Sumer)뿐이라고 했다. 실제로 이 두 나라를 제외하고는 외부의 영향을 받지 않은 선행 문명은 전혀 없었다.

이집트 문명

저 유명한 헤로도토스(Herodotos)는 '이집트는 나일 강의 선물'이라고 했다. 이 말은 건조지대의 중앙에 위치한 이집트에 만약 나일 강이 없었다면 인류가 거주할 수 없었을 것이며, 따라서 국가의 형성이나 농업의 발전도 불가능했을 것이라는 뜻이다. 마찬가지로 메소포타미아의 티그리스, 유프라테스, 인도의 인더스, 갠지스, 그리고 중국의 황하 등에 대해서도 같은 말을 할 수 있다.

공중에서 본 나일 강은 사막 속의 한 줄기 푸른 띠였다. 이곳에 인간과 동물이 물과 먹을 것을 구하여 모여들고, 장기간에 걸친 공동생활의 결과 목축이 생겨났다. 또 초기의 농업은 일단 수확하고 나면 토지의 생산력이 떨어져서 새로운 토지를 찾아 이주해야 했지만, 대하의 주변에선 해마다 되풀이되는 범람에 의해 운반되는 비옥한 토양 덕분에 매년 같은 장소에서 씨앗을 뿌릴 수 있었으므로 이것이 정주(定住)의 가장 큰 동기가 되었다.

이집트의 기초는 농경에 있고, 농경의 기초는 나일 강의 정기적 범람에 의존하고 있었다. 그리하여 이집트인은 나일 강의 범람을 통제하고자 제방을 쌓고 저수지를 만들고 관개수로를 팜으로써, 한편으로는 홍수의 피해를 줄이고 다른 한편으로는 농경지를 확장했던 것이다. 그런데 이런 공동의 토목공사는 정확한 계산과 깊은 예견, 그리고 엄청난 노동력을 필요로 하는 인류 최초의 시련이 되었다.

기원전 4000년경, 나일 강 유역에는 상이집트와 중이집트, 그리고 델타의 동왕국과 서왕국이 있었는데, 그후 상하 이집트로 통일되고 '제1왕조'가 나타나게 되었다.

기제(Gizeh)의 제1피라미드는 이집트 제4왕조 쿠프의 무덤으로 세계에서 가장 오래된 최대의 석조 건축물이다. 이 시대의 기록은 거의 남아 있지 않지만, 피라미드는 당시 이집트 문명의 발달 정도를 잘 말해 주고 있다. 이 대건축물의 완성에 정확한 토목공학과 수학이 전제되었으리라는 것은 말할 나위도 없다. 또한 피라미드의 각 변이 정확히 동서남북에 면한 것으로 보아 천문학이 매우 발달했으리라는 것도 짐작할 수 있다.

이집트에서는 매년 규칙적으로 나일 강이 범람하고, 태양은 매일 규칙적으로 같은 궤도를 운행한다. 계절이나 날씨의 변화는 거의 없다. 그리하여 이집트인들은 이 변함없는, 마치 영원 속의 찰나와도 같은 세계를 그들에게 부여된 유일한 세계로서 받아들였다. 단, 그들도 모든 생명체는 언젠가는 죽음을 맞이하게 된다는 것을 알고 있었다. 그러나 그들은 육체를 보존함으로써,

1. 철학에의 길 _ 183

죽음은 한순간의 잠일 뿐이며, 이윽고 영혼이 돌아올 때 육체는 부활하게 된다고 믿었다. 그리하여 오늘날까지 전해지는 미라가 생겨난 것이다.

그들은 인간뿐만 아니라 신들의 성스러운 동물, 이를테면 소, 고양이, 독수리 등도 미라로 만들었다. 미라의 제법(製法)은 고도의 의학적·화학적인 지식을 전제로 한다. 특히 부패를 방지하기 위해 사용된 온갖 약품, 그리고 향료의 성질과 그 양은 엄밀히 규정되어 있었다.

이집트에서는 파라오(Pharaoh)[1]를 신의 출현이라고 생각했다. 바로 이것이 지배자를 신의 대리인 혹은 제사(祭司)로서 생각했던 메소포타미아를 비롯한 많은 다른 나라들과 다른 점이다. 이집트의 제1왕조가 탄생한 이후 거의 3천여 년 동안 이집트는 관념적으로 유일신인 왕이 지배하는 왕조의 연속이었다. 그리하여 메소포타미아의 왕들이 종교적인 것보다는 정치적·군사적 직능을 중요시한 데 비해 파라오는 이 세 가지 직능을 초월한 신으로서 이집트인의 모든 생활을 지배했던 것이다. 이집트인의 생활이 전적으로 파라오에 달려 있는 이상 그의 생명과 건강은 가장 중요한 문제였다. 그래서 파라오가 늙거나 병에 걸리면 살해하고 대신 젊고 건강한 왕을 추대하여 뒤를 잇게 했다. 이것은 최근까지 아프리카의 일부 민족 사이에서도 흔히 행해졌던 풍습이다.

그러나 역사시대의 이집트에서는 이미 그와 같은 야만스런 풍습은 발견되지 않고, 그 대신 즉위 30년째 되는 해에 '세드제'라 불리는 성대한 제전을 올렸다. 이 제전을 통해 왕이 새로이 환생한다고 믿었던 것이다. 또한 왕은 신인만큼 인간과 피를 섞을 수는 없다는 생각에서 자매혼(姉妹婚)이 자주 행

---

[1] 고대 이집트 왕의 칭호.

해졌다. 이 풍습은 훗날 이집트의 지배자가 된 그리스인에게까지 전해져서, 클레오파트라는 동생과 결혼했던 것이다.

메소포타미아 문명

인류 최고(最古)의 정주 농경문화는 지금으로부터 약 8천 년 전 북부 메소포타미아에서 발생했다. 이어 그들은 우수한 마제석기(磨製石器), 채색토기, 소형의 진흙상을 만들었고, 원형 가옥에서 살았다. 그후 기원전 4000년경 그들은 남부 메소포타미아의 충적층(沖積層) 평야로 내려갔다. 그 무렵까지 그들은 보리·밀·대추·야자 등을 재배하고 소·양·나귀 등의 가축을 사육하고 있었다. 강을 건너는 배와 토기를 만드는 녹로는 있었지만, 아직 돛이나 수레는 발명되지 않았다. 그런데 기원전 3300년경에 갑자기 우루크기(期) 문화가 발생하여 그때까지의 생활이 일변하게 되었다. 높은 토대 위에 장대한 신전이 세워지고 원통 인장(圓筒印章)이 나타났다. 마제석기 외에 처음으로 청동이 사용되고 동시에 원시적 회화문자(繪畵文字)가 나타났다. 괭이에 이어 보습이 사용되었으며, 이것을 소에 맴으로써 농산물의 생산이 급격히 증가되었다.

신전을 중심으로 형성된 집단은 이제 도시라고 부를 만한 규모로까지 발달했다. 신전의 한 모퉁이에는 뒷날 바벨탑이라고 불리는 성탑이 세워졌다.

우리는 보통 문자의 발명과 금속기의 사용 및 국가의 형성을 '역사시대'의 초기, 즉 문명사회의 성립으로 본다. 우루크 문화는 완전한 역사시대의 시작은 아니지만, 이것을 '원사시대(原史時代)'라고 한다. 그리하여 후대의 전승이나 수많은 영웅의 사적을 이 시대의 특징으로 간주하고 있다.

영국의 고고학자 G. 차일드는 식량 생산의 개시에 이어지는 인류사상 제2

의 혁명을 '도시혁명'이라고 말했다. 구약성서의 〈창세기〉에 의하면 옛날 세계의 언어는 하나였다고 한다. 그런데 인간이 힘을 합해 탑을 쌓음으로써 하늘에 닿으려고 하자 신은 크게 노하여 인간의 언어를 혼란시켜 버렸다. 그리하여 서로 말이 통하지 않게 되었으므로 결국 이 사업은 중지되고 말았다. 헤브라이어로 혼란을 의미하는 동사를 '바라르'라고 하는데, 신이 말을 혼란시켰으므로 이 도시를 바벨이라고 부르게 되었다는 것이다.

메소포타미아의 광야에 흩어져 있는 건축물은 모두 고대 도시의 유적이다. 그 한 모퉁이에 좀더 높은 언덕이 있는데, 이것은 옛날의 지그라트(성탑) 유적이다. 즉 각 도시에는 으레 몇 개의 신전이 있었는데, 주신(主神)의 신전 모퉁이에는 반드시 7층탑을 세우고 '하늘과 땅의 일곱 경계'라고 불렀다. 이것은 산을 상징하는 것으로서, 터키의 산악지대에서 기원전 3000년경 남하한 수메르인이 그들의 고향의 산악 종교를 추모하여 세운 것이라고 한다. 흙벽돌로 만들어진 그 탑의 각 층은 벽에 붙여진 비스듬한 계단으로 이어져 있었다. 제일 꼭대기에는 조그마한 신전이 있고, 그곳에 신이 강림한다고 믿었다.

고대 메소포타미아에서 통용된 문자는 '설형문자(楔形文字)'라고 한다. 즉 양질의 진흙판에 끝이 세모꼴인 막대기로 새긴 것인데, 처음에는 그림문자였으나 차츰 그 모양이 간단해져 양식화되고, 직선만 사용하게 되어 이른바 설형문자가 완성된 것이다.

가장 오랜 원시적 회화문자는 우루크기 후기(기원전 3300년경)에 나타났다. 그리하여 오늘날 그 뜻을 해독할 수 있는 수메르어의 가장 오랜 문헌은 기원전 2500년부터 시작된다. 이것은 즉시 아카드(Akkad)인에게 전해져 언어 계통이 전혀 다른 아카드어의 표기로 사용되었고, 다시 수메르, 즉 아카드 문화가 전파됨에 따라 서남 아시아의 모든 민족 사이에서 널리 사용되었다.

이집트에 비해 열악한 자연조건을 가진 메소포타미아에서는 인간의 문명은 자연에 의해 좌우되었다. 대하가 범람하면 대홍수가 나서 전답은 물론 사람과 가축까지도 큰 피해를 입었다. 또한 가뭄의 피해도 상당했다. 이리하여 초기의 수메르인은 이와 같은 피해가 신에 의해 좌우된다고 믿어, 신을 섬김으로써 그 혜택을 받으려고 했다.

물론 신들의 의사는 인간으로서는 알 수 없는 것이었지만, 신은 때때로 '하늘의 문자'로써, 혹은 꿈에 나타남으로써 그 의사를 표시했다. 따라서 그 의미를 해독하기 위해 천문학과 점성술이 발달했던 것이다(천문학은 말 그대로 하늘의 문자를 읽는 학문이다. 점성술은 동서고금의 모든 민족 사이에서 각각 중요한 역할을 담당했다).

1927년 영국인 홀과 위리히는 기원전 2500년경의 왕묘를 발굴했다. 이 왕묘에는 황금 투구나 황금 단검, 접시, 술잔 등 수많은 보석이 있었으며, 또한 다수의 무장한 순장자(殉葬者)와 전차(戰車)가 출토되었다. 학자들은 이 왕묘를 우르(Ur) 제1왕조 시대의 것이라고 추정했다. 그런데 그 왕묘에서 '길가메시 신화'라는 중요한 문헌을 찾아냈다. 영웅 길가메시는 우루크의 왕으로 적군에게 포위되어 있었다. 길가메시는 먼저 장로회의를 소집하여 대책을 논의했다. 이에 장로들은 항복하라고 권유했지만 왕은 동의하지 않고 전사들의 집회에 의견을 물었다. 그러자 전사들은 무기를 들고 싸우자는 왕의 의견에 찬성했다.

S. N. 클레머는 이 문헌을 분석하여 장로회의를 현재의 상원, 그리고 전사의 집회를 하원으로 비유하고 있다. 지금까지 오리엔트는 이른바 전제주의(專制主義) 국가로 생각되었고, 따라서 개인의 자유 혹은 민주주의는 그리스

인의 폴리스 사회에 이르러 비로소 나타났다고 알려져 있었는데, 이 문헌에 의해 중대한 의문이 제기되었던 것이다. 콥센은 이것을 '원시적 민주주의'라고 명명했다.

이어 메소포타미아에는 기원전 2300년경에 사르곤이 등장했다. 사르곤은 유목민 아카드족의 지도자로서, 그 우수한 군대로 남북 메소포타미아를 통일했으며, 이어 사방의 민족을 정복하여 공전의 대제국 건설자가 되었다. 그 제국은 후세의 많은 유목민 제국의 특징을 갖춘 가장 오랜 본보기가 되었다.

그는 교역로를 보호하기 위해 다리를 놓고 도로를 만들었으며, 역을 설치하고 또한 아카드에 항구를 만들어 남북의 교역을 촉진시켰다. 그리하여 이 대영토에 아카드의 통일된 도량형(度量衡)의 단위를 유통시키게 되었다. 인도의 모헨조다로(Mohenjo-Daro)와 하라파(Harappa)의 유적으로 알려진 인더스 문명과의 활발한 교역도 이때 이루어졌다.

사르곤 제국에 의해 쇠퇴했던 수메르인은 다시 왕조를 부흥시켰고, 이를 우르 제3왕조라고 했다. 현존하는 것 중 가장 오래된 '성문법전'이 편찬된 것은 이때이다. 그러나 이 왕조는 불과 150년 가량 지속되었을 뿐으로, 그후 여러 도시국가로 분열되었다. 이 가운데 비교적 작은 도시국가였던 바빌론은 함무라비(Hammurabi)의 등장과 함께 도시를 차례로 정복하고 메소포타미아 전역을 통일하게 되었다.

함무라비는 고대 오리엔트를 통해 가장 유명한 군주의 한 사람이다. 그 치세의 수많은 기록이 고스란히 남아 당시의 사회를 생생하게 전해 주고 있다. 그 시대의 기록 가운데 첫째로 꼽을 수 있는 것이 함무라비 법전이며, 다음으로는 함무라비의 서한과 당시의 법률·경제 문서이다.

왕이 곧 신이라고 믿었던 이집트에는 법률이 없었다. 왕의 재판이 바로 신의 심판이라고 생각했기 때문이다. 그러나 서아시아의 몇몇 민족 사이에서는 법이 신으로부터 하달된 율법이라고 믿는 경향이 있었다. 그 일례로 모세는 시나이 산에서 여호와로부터 '십계명'을 받았다. 함무라비 법전 이전에도 많은 법전이 있었으나, 그 모두가 이 한 권에 집대성되었다고 볼 수 있다.

"눈에는 눈, 이에는 이!"라는 구약성서에 나타난 이 말은 함무라비 법전 196조에 나온다. '만일 누가 아웰무의 눈을 멀게 하면 그 사람의 눈도 멀게 만든다. 197조, 만일 아웰무의 뼈를 부러뜨리면 그렇게 만든 자의 뼈도 부러뜨린다. 198조, 만일 무슈케눔의 눈을 멀게 하거나 뼈를 부러뜨리면, 은 1마나를 지불하게 한다. 200조, 만일 아웰무의 이(齒)를 부러뜨리면 그렇게 만든 자의 이도 부러뜨린다. 201조, 만일 무슈케눔의 이를 부러뜨리면 은 3분의 1마나를 지불하게 한다.'

이것은 복수형법, 또는 동해(同害)형법이라 불리는 것이다. 아웰무는 정복자 아무르인으로서, 귀족이며 자유인이고, 무슈케눔은 피정복자인 바빌로니아인으로서 노예 신분이었다. 즉 모든 형벌은 그 신분에 따라 차별을 두었던 것이다.

(3) 생명과 지성

신화적 세계관이 철학으로서 형성되려면 합리적 사고방식이 필요하지만, 현실의 인간생활 그 자체에는 많은 비합리성이 있으며 비합리적인 온갖 조건 속에서 영위된다. 이것은 기본적으로는 현대에도 변함이 없다.

합리적 사고방식은 이와 같은 비합리적인 것 속에서의 법칙을, 그 법칙에 의해 명확히 하지 않으면 안 된다. 합리적인 것은 비합리적인 것을 배제하고 축출하는 것이 아니라, 오히려 비합리적인 것을 구해 내는 것이다. 그리스에서는 이것을 '현상의 구제'라고 했다. 오늘날의 과학적 지식도 이와 같은 '현상의 구제'의 시도이다. 사람의 지식이 생겨난 이래 그 역사는 비합리성에 대한 합리성의 투쟁이라고 하기보다는 오히려 비합리성에 있어서의 바른 법칙을 합리성이 구해 내고, 이것에 의해 합리적 사고방식이 한 걸음 전진한다는 방식의 역사라고 할 수 있다.

 이와 같은 합리성과 비합리성의 관계는 또한 지성과 생명의 관계이며, 관리와 생산의 관계이기도 하다. 지성은 곧 생명에 의해 유지되고, 따라서 생명의 법칙을 포착하고 그것을 바르게 이끄는 것이 지성이 해야 할 일이다. 생명을 상실한 지성은 공허한 지성이지만, 지성을 잃은 생명은 맹목의 인생이라는 것과 안팎을 이루고 있는 것이다. 이런 의미에서 지성과 생명은 서로 보완하는 입장이라고 하겠다.

2. 인식에 대하여

(1) 감각과 지각

다음은 아누이(Anouilh)의 희곡의 한 장면이다. 아직도 캄캄한 새벽, 외출에서 돌아온 안티고네를 유모가 나무란다.

"어디 갔다오는 거죠?"

안티고네는 대답한다.

"산책을 좀 했어요, 유모. 아름다웠어요! ……나는 아직 잠들어 있는 뜰을 기습했던 거예요. 뜰이 눈치채지 못하게 살짝 뜰을 엿보았지요. 아직 인간을 생각하고 있지 않은 뜰은 너무나 아름다웠어요."

사실상 우리가 평소 보아서 익숙한 풍경이나 사물은 언제나 사람에게 보이는 것을 의식하고, 자기의 참모습을 숨기려 하고 있는 것처럼 느껴진다. 문의 손잡이는 누군가가 잡아주기를 기다리고 있다. 집은 내가 안으로 들어오는 것을 기다린다. 그런데 집에 들어갈 때 나는 문의 손잡이나 집의 모습을 보려고는 하지 않는다. 그러나 어쩌다가 문을 열지 않거나 집 안으로 들어가지 않고 그 모습을 찬찬히 관찰해 보자. 그러면 나는 새삼스럽게 손잡이의 도금이 벗겨지고 집의 벽에 빗물이 샌 흔적이 있는 것을 발견하게 된다. 따라서 나는 매일 보아서 눈에 익은 것이라도 실제로는 전혀 보고 있지 않았던 셈이

되는 것이다.

그런데 문의 손잡이나 집의 벽이 나에게 준 감각은 결코 있는 그대로의 감각은 아니다. 왜냐하면 그것은 집에 들어간다는 실용적인 목적에 의해 분리되고 변형된 대상의 환영에 불과하기 때문이다. 예를 들어, 우리는 평소의 생활을 떠나 등산을 한다. 그때 우리는 고요한 산속에서 문득 푸른 하늘을 배경으로 높이 솟은 산봉우리를 보고 아마도 감동에 사로잡힐 것이다. 우리가 평소 느끼지 못했던 것을 느끼고, 그때까지 보지 못했던 것을 보았기 때문이리라. 이렇듯 우리의 눈동자는 비록 매우 맑은 것처럼 보여도 사실은 무엇인가에 의해 가려져 있는 것이다.

그 무엇인가를 '판단'이라고 부르기로 하자. 이 판단에 의해 오염되지 않은 직접적 경험을 '감각'이라고 한다. 이 감각은 우리의 경험을 구성하는 가장 기본적인 요소이고 원자(atom)이다. 이런 '원자 감각'은 서로 유사한 것, 또는 시간적·공간적으로 접근된 것이 모이고 그 위에 과거의 경험에 의거한 감정이나 판단이나 추리가 덧붙여짐으로써 '아름다운 돛배'라든가 '무엇인가 호소하는 듯한 애인의 눈빛'이라고 표현되는 것이다. 즉 우리가 평소 갖고 있는 지각은 직접적으로 주어지는 것이 아니라 감각을 바탕으로 하여 구성된 2차적 산물인 것이다.

지각은 감각의 순간성을 뛰어넘는다. 지각의 대상은 시점과 그 장소를 뛰어넘어 지속되는 것으로 구성되어 있다. 그러나 지각은 개인의 주관적인 감정이나 판단과 깊이 결부되어 있으므로 그 대상의 구성은 충분히 객관성을 갖고 있다고는 할 수 없다. 객관적 대상을 구성하기 위해서는 지각에서 주관적 요소를 제거하고, 누구나 공통으로 지각할 수 있는 요소를 끄집어내야 한다. 이리하여 간주관적(間主觀的)으로 추상되고 객관화한 대상은 지각에 의거하여 구성된 것이지만, 직접 지각된 것은 아닌 이론적 부분을 포함한다. 예를 들어, 시인이 포착하는 물은 주관적으로 지각된 물이지만, 철학자가 포착하는 물은 간주관적이고 이론적으로 포착된 '논리적 구성물'로서의 물이다. 이렇듯 요소(要素)로서의 감각으로부터 출발하여 그 모자이크에 의해 객관적 세계를 구성하려고 하는 사고방식을 '요소주의' 또는 '원자주의'라고 한다.

(2) 지각하는 것과 지각되는 것

안경을 쓰고 있으면서도 안경을 잃어버렸다고 허둥댄 경험이 있을 것이다. 이는 안경을 지각하지 않았기 때문이다. 그에게 지각되지 않는 것은 존재하지 않는 것이다. 바꾸어 말하면 '존재한다'는 것은 '지각되고 있다'는 것이다.

그렇다면 지가되기까지 안경은 어디에 있었는가? 존재가 곧 지각이라면, 이 질문은 무의미하다. 지각되지 않는 이상 안경은 없었을 테니까. 그런데 지각하자마자 존재하지 않았던 안경이 나타났다. 이 사고방식은 좀 이상하게 생각될지도 모르지만, 논리적으로는 아무 잘못이 없다. 어떤 사물이 그 순간에는 존재하다가 갑자기 존재하지 않게 되었다고 해서 모순이라고 할 이유는 없기 때문이다. 현재로서는 존재한다 하더라도 그것이 언제까지나 존재하는 것은 아니라는 사실을 우리는 알고 있는 것이다.

논리적으로는 잘못이 없지만, 실제적으로는 곤란한 일도 있다. 만일 어떤 사물이 지각되지 않는 동안에는 존재하지 않는다면, 방금 전까지 있었던 계단도 앞을 보고 발을 내딛는 순간 존재하지 않게 될지도 모르는 일 아닌가. 그리하여 발을 내려놓음과 동시에 계단이 존재할지 어떨지, 즉 지각될지 어떨지 우리는 확신을 갖지 못한다. 그러면 우리는 한 걸음 옮겨놓을 때마다 목숨을 걸어야만 하리라.

그러나 우리의 경험으로는 '존재하느냐 존재하지 않느냐'를 일일이 생각할 만큼 세계가 스릴과 서스펜스로 가득 차 있지는 않다. 아까 본 계단은 지금 발을 내딛는 순간에도 있고, 잠자기 전 머리맡에 놓아둔 자명종 시계는 잠자고 있는 동안에도 계속 존재하여 벨을 울린다. 내가 지각하지 않는 동안에도 계단이나 시계가 존재한다는 추론은 지각되고 있는 동안의 현상과 모순되지 않는다. 더구나 우리가 살아가는 데 필요한 실천적 확신을 이 가정(假定)이 준다면, 우리는 이 가정을 받아들여야 할 보다 적극적인 이유를 찾고 있는 셈이다.

이런 의미에서의 '존재'는 절대로 확실하다고 할 수는 없다. 그것은 직접적인 경험(지각)에 의거하여 개연적으로 추론된 논리적 구성물의 일종이고, 실제로 지각된 것은 아니지만 지각되는 것이 충분히 가능하다. 이리하여 우리의 세계는 직접적으로 지각된 '여건(data)'과, 여건에 의해 추론되는 '지각이 가능한 것'으로 구성되어 있는 셈이다.

그리고 지각하는 것은 바로 나 자신이므로, 지각되는 것의 총체는 결국 지각할 수 있는 한 나의 존재에 의존한다. 타인도 또한 나에 의해 지각되고, 나의 세계를 구성하는 하나의 여건에 불과할 뿐이다. 이것은 곧 내가 타인이 되어 지각할 수는 없으므로, 타인은 지각되는 대상으로서의 타인이며 지각하는 주체로서의 타인은 될 수 없다. 그러므로 지각하는 타인이 없는 이상 모든 사람에게 공통된 간주관적 공공의 세계라 하는 것도 아무런 의미가 없다. 이리하여 우리는 독아론(獨我論)에 도달하게 된다.

독아론의 입장을 지속적으로 철저히 고수한 사람은 없지만 독아론이 많은 사람들을 매혹시킨 것만은 사실이다. 독아론의 매력은, 그것이 이론적으로 시종일관하여 반박하기 어렵다는 점에 있다. 그러나 그럼에도 불구하고 독아론을 실천적으로 계속 갖기란 어려운 일이다.

즉 독아론의 결론이 논리적으로는 납득이 되어도 우리의 감정을 충분히 만족시켜 준다고는 할 수 없다. 우리가 사랑할 때, 우리는 논리적 구성물로서의 연인을 사랑하는 것일까? 살인이 논리적 구성물의 구성을 바꾸는 데 지나지 않는다고 하면, 그와 같은 재구성이 어찌하여 중대한 논리적 의미를 가질 수 있는지 이해하기 어렵다. 모든 사물이나 타인은 우리가 지각하든 지각하지 않든 존재하고 있는 것이다. 만일 이런 사고방식이 가능하다면, 그것은 적어도 감정적·윤리적으로는 우리를 만족시킨다는 점에서 앞서의 사고방식에 우선한다고 할 수 있다.

(3) 지각과 세계

지각은 항상 무엇인가에 대한 지각이고, 그 무엇인가를 지각이 아닌 어떤 것이라고 하는 것은, 지각이 늘 밖으로(세계로) 열려 있다는 것을 의미한다. 따라서 지각이 갖는 의미를 고찰하는 경우, 지각 그 자체의 활동이나 구조를 분석하는 것만으로는 부족하다. 우리는 세계와 관련되어 살아가는 구체적인 인간의 영위 속에서 지각이 어떤 위치를 차지하고, 어떤 활동을 하고 있는지를 고찰해 보아야 한다.

우리는 지각 없이 살아나갈 수는 없다. 존재가 지각으로부터 독립하여 존재한다 하더라도, 지각이 없다면 세계는 우리에게 무(無)와 다를 바가 없는 것이다. 지각은 세계를 우리에게 세계로서 나타나게 하는 근본 조건이다. 그러나 세계는 우리가 마음먹은 대로는 결코 나타나지 않는다. 세계의 출현은 언제나 예상 밖의 국면을 내포하고 있다. 우리는 지각함으로써 세계를 나타나게 하지만, 동시에 지각되는 것으로 환원되지 않을 수 없는 불투명한 세계 속에 던져지고 있음을 발견한다. 그러므로 여기서 지각은 세계를 출현시키지만, 그 지각은 세계 속에서 생겨난다고 하는 역설이 성립되는 것이다.

따라서 세계와 지각하는 것의 관계는, 예를 들어 백묵이 상자 속에 있는 것과 같은 외면적인 관계는 아니다. 나는 '세계 속에 있는 존재'로서, 세계와 내면적이며 역설적인 관계로 맺어져 있다. 나의 지각은 세계의 특수한 상황에 제약된 특수한 지각이고, 나의 세계는 특수한 관점에서 포착된 퍼스펙티브(perspective)이다. 그러나 나는 온갖 상황을 살아가기 때문에 끊임없이 특수한 퍼스펙티브를 만들어낸다. 나는 보다 보편적인 세계를 구성하고, 그 속에서 나 자신의 위치를 설정하는 것이다.

더구나 내가 사는 세계는 과거에 살았던 타인이나 현재 살고 있는 타인에 의해 이미 온갖 퍼스펙티브가 주어지고 의미가 부여된 세계이다. 세계 속에서 발견되는 대부분의 존재물은 인공적인 도구나 제도는 말할 것도 없고 자연물에 이르기까지 이미 이름이 붙여지고 용도나 용법이 지정되어 있다. 그것들은 나에게, 내가 준 것이 아닌 관습적인 의미를 강요한다. 이렇듯 나는 반은 내 것이고 반은 내 것이 아닌 퍼스펙티브 속에서 살아가고 있는 것이다. 우리는 또한 타인과 함께 삶을 영위해 나감으로써 적극적으로 그들의 퍼스펙티브를 이해하고 자신의 퍼스펙티브를 그들에게 이해시키려고 한다. 그러므로 나는 결코 나 혼자만의 세계에 살고 있는 것은 아닌 것이다.

우리는 우리의 지각을 제약하고 있는 이런 색안경을 벗어버려야 한다. 그러나 현실에서 도피함으로써가 아니라(사실상 그것은 불가능하다) 상황을 받아들이고, 우리의 지각이 생활 속에서 매몰되고 있는 방식을 자각하는 일에서부터 출발해야 한다. 즉 누구나 자명한 것으로서 인식하고 있는 세계상을 근본적으로 의심하기 시작할 때, 우리는 이미 철학적 사색을 시작하고 있는 셈이 된다.

(4) 최초의 메시아 사상

이집트의 고왕국(古王國) 시대의 번영은 제6왕조를 끝으로 하여 혼란과 분열이 발생하고 이른바 '제1중간기(기원전 2200년경)'라고 부르는 시대가 시작된다. 이 시대에는 세계에서 가장 오랜 페시미즘 문학과 동시에 가장 오랜 사회혁명이 행해졌다는 매우 중요한 기록이 남아 있다. 바로 '이프엘의 예언'이 그것이다.

"귀인(貴人)은 슬픔에 잠겨 있고 천인(賤人)은 기쁨에 넘친다"고 예언은 시작된다. 그리하여 세상의 질서와 가치가 전도되어, 쓰레기통을 뒤지던 자가 곡식 창고의 주인이 되고, 타인의 밭을 경작하던 자가 대지주가 된다. 물에 얼굴을 비추어보던 여자 노예가 훌륭한 거울을 사용하고 많은 하인을 부리게 된다. 많은 의복을 가졌던 사람이 지금은 누더기를 걸치고, 대저택에 살던 귀부인이 길모퉁이에서 한 그릇의 물을 동냥한다. 돌림병이 번져 수많은 사람들이 목숨을 잃고, 여자들은 아이를 낳지 않는다. 천민이 시내에 들끓고야만인이 국내에서 횡행한다. 이프엘은 이렇게 말세의 현상을 기록한 뒤, 정의로운 사자가 찾아오리라고 예언했다.

"그는 인류의 목자로서 이 세상에 찾아와 불길을 끄고 사람들의 들뜬 마음을 가라앉히리라. 만일 양떼가 길을 잃으면 그는 하루가 걸리더라도 반드시 찾아내고야 만다. 그가 손을 들면 모든 악은 타도되리라. 그런데 그는 지금 어디에 있는가?"

약 300년이 지난 뒤 이집트는 다시 통일되어 '중왕국 시대'가 시작된다. 중왕국 시대의 파라오는 이미 살아 있는 신이 아니었고, 벌레만도 못한 취급을 받던 민중이 비로소 인간으로서의 권리를 주장하게 된다.

중왕국이 쇠퇴한 이후 이어서 '제2중간기'라는 시대가 시작된다. 그리하여 이 무렵 서아시아를 휩쓴 민족 대이동의 여파는 이집트에까지 밀려와 힉소스(Hyksos)가 이집트의 왕으로 군림하게 되었다.

하지만 고대 최대의 여왕인 이집트 제18왕조의 하트셉수트가 나타나 힉소스를 축출했으며, 그뿐만 아니라 오늘날까지 남아 있는 다이르알바리의 대신전을 건설하고 분트까지 평화적으로 정복했다. 분트는 현재의 사우디아라비아와 소말릴란드에 걸친 지방이다. 그후 그녀가 죽자 투트모세 3세는 팔레스티나와 메소포타미아까지 정복하여 세계 최강의 대제국을 건설했던 것이다. 그리하여 당시의 세계는 이집트라는 태양을 중심으로 하여 움직였으며, 바빌로니아, 아시리아, 시리아 등이 그 위성국이었다. 이로 인해 상인들의 교역은 일찍이 상상도 못했던 넓은 지역으로 확대되었고, 민족·문화의 새로운 융합이 이루어진 하나의 오리엔트가 형성되었던 것이다.

그러나 이윽고 바빌로니아에서 카시테(Kassite) 왕국이 일어났고, 소아시아에서는 새로이 히타이트(Hittite)가 대두했다. 특히 히타이트는 최초로 철제 무기를 사용함으로써 막강한 이집트도 기원전 1270년 그들과 강화조약을 맺지 않을 수 없었던 것이다. 이리하여 이집트와 바빌로니아 사이의 많은 지방적·신정적(神政的) 질서는 무너졌다. 이것을 상징하는 것이 알파벳의 발명으로서, 그중 가장 널리 보급된 것이 페니키아 문자이다. 그리스 문자는 페니키아 문자를 거의 그대로 채용하여 그리스 문명을 꽃피게 하는 하나의 요소가 되었다.

(5) 바라문과 불교

부계(父系) 사회를 이루었던 유목민족인 인도 게르만 어족이 힌두쿠시 산맥을 넘어 서북 인도에 침입하고, 이어 인더스 강 상류의 펀자브를 점거한 것은 기원전 13세기 말경으로 추정된다. 그들의 침입과 인더스 문명의 소실에는 밀접한 관계가 있는 듯싶다. 인도 게르만 어족은 그들의 성전(聖典) 리그베다(Rigveda)를 가지고 있었나. 이 성전은 나중에 몇 가지로 세분화되고 통틀어 베다(Veda)라고 불리게 된다.

그들의 종교는 다신교였고, 비슈누, 시바, 두르가 등이 최고신이었다. 그중 비슈누는 여러 가지 화신(化身)으로서 나타난다고 생각되었다. 그리고 시바는 파괴신으로서 우주의 창조, 유지, 파괴를 다스린다고 믿었다. 동시에 시바는 가축의 신이었으며, 또는 남성기(男性器)로서의 링가를 상징했다. 두르가는 여성적 원리로서의 사크티(Sakti, 性力)라고 보고, 이것이 우주의 성립과 운행의 원동력이라고 믿었다.

또 그들은 인간의 윤회사상(輪廻思想)을 믿었으며, 영혼으로서의 아트만

(Ātman)이 있다고 믿었다. 가령 그 육체가 죽게 되면 아트만은 거기에서 빠져나와 다른 생명의 육체를 찾아 깃들이게 된다. 그리하여 육체는 죽더라도 아트만에 의해 다시 윤회하여 환생한다는 것이 그들의 생각이었다.

　인도 게르만 어족에게는 수많은 금기(禁忌)가 있었다. 특히 그 시대에는 신분적 차별이 심해, 천막 하나를 치더라도 터를 닦는 사람, 말뚝을 박는 사람이 각각 엄밀히 구분되어 있었다. 이것이 나중에 엄격한 카스트제의 바탕이 되었던 것이다.

　그들은 불을 매우 중시했는데 이는 '조로아스터교'와는 다르다. 불의 신 아구니는 인간과 신의 중간적 존재로서, 이 아구니 신을 통해 부정이 제거되지 않으면 안 된다고 믿었다.

　이 불을 받드는 제사에는 두 가지가 있다. 하나는 많은 신관과 세 개의 불로 베풀어지는 대규모의 제사로, '스라우타'라고 불렸다. 또 하나는 집안의 우두머리가 하나의 뿔을 가지고 집에서 올리는 제사로 '구리히야'였다. 이와 같이 뿔을 모시는 신관이 바라문으로, 4성의 으뜸이었다. 두 번째는 '크샤트리아'로서 국왕이나 무사 계급이었다. 세 번째는 서민 계급인 '바이샤', 그리고 맨 밑에는 노예 계급인 '수드라'가 있었다. 바라문이나 크샤트리아는 불의 의식을 올릴 수 있었을 뿐만 아니라 고행이나 좌선을 통해 보다 나은 인생, 즉 하늘에 태어나게 된다고 믿었다. 바이샤도 환생할 수는 있지만, 그들은 자손 대대로 전생에서 가졌던 직업 그대로 태어나게 된다고 생각했다. 그러나 수드라는 그런 아트만조차도 없고 기껏 환생해야 수드라나 동물로 태어날 수밖에 없다고 생각했다.

　이에 비해 석가모니가 창시한 불교는 이런 4성의 차별이 없는 평등법과, 윤회가 없는 불생불사(不生不死)의 가르침이었다.

(6) 질서로서의 유교

중국에서는 삼황오제(三皇五帝)라고 하여 아득한 옛날부터 역사가 있었다고 한다. 그러나 그것은 신화적인 존재로서, 실제의 역사는 은(殷)나라로부터 시작된다. 은나라도 처음에는 그 존재가 의심되었으나 은허(殷墟)에서 다수의 청동기와 동물의 뼈 등에 새겨진 '갑골문자(甲骨文字)'가 출토됨으로써 그 존재가 확인되었다. 은나라는 기원전 1700년경에 세워진 나라로서 그후 수백 년 동안 맥을 이어오다가 주(周)나라에 의해 멸망했다.

당시 중국에는 여러 부족이 있었고, 은나라는 동이(東夷) 계통의 종족이었다고 한다. 은나라를 멸망시킨 주나라 또한 순수한 한족(漢族)은 아니고 서쪽에서 이주해 온 종족이었다. 그리하여 은나라는 교역이나 사냥을 주업으로 삼은 데 반해 주나라는 농경문화가 발달했었던 것이다.

중국에는 옛날부터 천명(天命)사상이라는 것이 있었다. 즉 지도자가 하늘을 대신하여 백성을 다스린다는 사상으로서, 그로 인해 그 지도자를 천자(天子)라고 했던 것이다. 따라서 주나라가 은나라를 쳤을 때에도 하늘의 명을 받고 친다는 대의명분을 내세웠다.

주나라는 그 제국을 유지하기 위해 왕족과 공신에게 영토를 주어 다스리게 하는 봉작(封爵)제도를 실시했다. 이것이 이른바 번병(藩屛)으로서, 황실에 어려운 일이 생기면 제후들이 달려와 도와주고 평상시에는 울타리처럼 황실을 보호해 주는 제도였다. 또 특기할 만한 것은, 중국인은 우상을 믿지 않았다는 사실이다. 물론 그들에게도 오악(五嶽)이나 귀신을 믿는 토속신앙은 있었다. 하지만 하늘은 어디까지나 추상적인 존재였고, 그 대신 조상신으로서의 종묘와, 농업 및 토지신으로서의 사직을 받들었다. 종묘나 사직을 받드는 데 있어 그들은 예의를 매우 중요시했다.

　기원전 800년경 막강한 주나라의 세력이 약해지고 이에 반해 제후들의 힘이 강해짐으로써 바야흐로 춘추시대가 시작되었다. 춘추시대의 특징은 하극상이 심해지며 기존의 질서가 무너지고, 제후들 가운데 '패자(覇者)'라는 것이 나타나 천하의 질서를 유지하려고 한 점에 있다.

　공자(孔子)는 춘추 말기인 기원전 552년에 태어났으며, 석가모니도 그와 같은 시대의 인물이다. 공자의 가르침은 인(仁)으로서 대표되는데, 이것도 한마디로 표현하면 '질서'이다. 공자는 그 질서를 가정에서 찾으려 했으며, 부모에 대한 효(孝)와 조상에 대한 예(禮)를 강조했다. 그러므로 공자에게 있어 질서는 부모·형제·친척·사회·나라의 순으로 전개되었으며, 오늘날 중시되고 있는 충(忠)은 별로 강조하지 않았다. 공자의 가르침이 맹자(孟子), 순자(荀子)에게로 전수됨에 따라 유교의 논리도 더욱 발전하게 되었다.

　또 공자의 후대 인물로 생각되는 노자(老子)가 있다. 노자의 사상은 인공적인 모든 것을 배제하고 자연 그대로 살라는 '무위자연(無爲自然)'이다. 그가 말하는 인공적인 것은 지식, 학문, 욕망, 기술, 도덕, 법률 등 이른바 문명이나 문화라고 불리는 모든 것이다. 그리하여 노자의 뒤를 이어 나타난 열자(列子), 장자(莊子) 등은 무위자연을 더욱 발전시켜 만물제동(萬物齊同)을 주장했다.

(7) 솔로몬의 영화

　한편 헤브라이인은 셈(Sem) 계통의 유목민으로, 사막에서는 오랫동안 유랑생활을 계속하다가 기원전 13세기경 남과 북 양쪽에서 '약속의 땅' 가나안에 침입했다. 북쪽으로부터 들어온 민족의 지도자는 여호수아이고, 남쪽으로부터 들어온 민족의 지도자는 모세라고 생각되고 있다.

거기에는 이미 오래 전에 정착한 가나안인과, 에게 해 방면에서 건너온 페리시테인의 도시국가가 있었다. 이스라엘 백성들은 산악지대로부터 서서히 평야로 내려왔으나, 도시국가의 군사들에게 자주 패하여 소중한 여호와의 '계약의 상자'를 빼앗긴 일조차 있었다.

그들은 유일신 여호와의 신앙으로 맺어진 열두 부족으로 나누어져 있었는데, 민족적 위기가 닥치면 군사 지도자로서 사사(士師)를 선출하여 그의 명령에 절대 복종했지만, 위기가 지나가면 또다시 부족 연합으로 돌아갔다. 그런데 페리시테인과의 전쟁이 빈번해지자 반영구적 군사 지도자가 필요해졌으므로 사울을 세워 최초의 왕으로 삼았다. 그의 뒤를 이은 인물이 다윗이며, 그 아들이 바로 솔로몬이다.

솔로몬은 북쪽의 페니키아와 결탁하여 예루살렘에 여호와의 대신전을 건립하는 등 영화를 누렸으나, 그의 정치에 불만을 품은 사람들도 있었다. 그리하여 솔로몬이 죽자 그의 왕국은 둘로 분열되어 북쪽의 이스라엘과 남쪽의 유다로 나누어졌다. 분열 후 그들은 차츰 여호와의 가르침을 경시하게 되었으며, 또한 도시문명의 발달과 함께 빈부의 차가 심해져 많은 사회문제가 발생했다. 기원전 8세기 중반, 소박한 목자 아모스는 신의 계시를 받고 남쪽 유다에서 북쪽 이스라엘에 이르러 "신의 가르침으로 돌아가라"고 외쳤다. 아모스는 바른 종교로 돌아갈 것과 신의 뜻에 어긋나지 않는 바른 사회를 만들 것을 주장했다. 이와 같은 종교적·사회적 개혁자를 '예언자'라고 부른다.

당시의 이스라엘과 유다의 권력자들은 형세에 따라 아시리아, 혹은 이집트에 맹종하며 오로지 지상에서의 자기의 안온만을 소원할 뿐이었다. 그러자 예언자 이사야는 "아시리아도 두려워할 필요가 없다. 이집트도 또한 믿지 못한다. 의지할 것은 유일신 여호와뿐이고, 신을 두려워하지 않는 민족은 결국 멸망하게 된다"고 위정자들을 맹렬히 비난했다. 과연 그 예언처럼 이스라엘 왕국은 기원전 722년 아시리아에 의해 멸망하고, 그 백성은 다른 곳으로 쫓겨나고 말았다. 그리하여 남은 민족과 이곳에 새로이 정착하게 된 민족 사이에서 태어난 혼혈아는 '사마리아인'이라 불렸고, 그들은 귀국한 유대인에게 백안시되었다.

한편 이와 같은 민족적 대수난을 겪었는데도 유대인 지도자들은 각성하지 못했다. 이집트와 결탁한 유다를 치기 위해 사르곤 대왕의 군대가 쳐들어왔다. 그러나 아시리아군은 역병(疫病)과 본국의 내란으로 그냥 후퇴하고 말았다. 하늘의 도움으로 가까스로 위기를 모면한 이스라엘에는 또다시 불의와 타락이 횡행했다. 이사야는 더욱 강렬하게 망국(亡國)을 예언했다. 기원전 597년, 신바빌로니아의 네부카드네자르(Nebuchadnezzar)에 의해 첫번째 '포수(捕囚)'가 있었고, 기원전 586년 이스라엘이 함락되자 두 번째 '포수'가 시작되었다.

메시아(Messiah)는 헤브라이어로 '기름 부음을 받은 자'란 뜻이며, 그리스어로는 크리스토스, 영어로는 그리스도이다. 이스라엘 백성들은 메시아의 출현을 간절히 바랐다. 예언자 예레미야와 에스겔은 이런 민중의 기대를 대변해 주었다. 종래의 예언자들은 이스라엘 백성들이 여호와를 배반한 죄만을 나무라고 신의 무서운 저주를 설명하는 데 급급했지만, 이들은 민중을 그 고난에서 구해 내는 구세주에 대해 설교하기 시작했던 것이다.

3. 상상력과 기억

(1) 정동(情動)의 생리학

　우리는 무서울 때 얼굴이 창백해지고 식은땀을 흘리며 몸을 덜덜 떤다. 화가 치밀 때에는 반대로 얼굴이 붉어지고 동공이 크게 열리고 빛을 뿜으며 주먹을 불끈 쥐고 몸을 앞으로 내민다. 또한 슬플 때에는 몸이 앞으로 숙여지고 눈물이 쉴새없이 나온다. 그리고 기쁠 때에는 얼굴이 환해지고 근육의 긴장이 풀려 미소가 떠오른다. 그런데 한편 이런 경험을 할 때도 있다. 화를 내거나 울고 있을 때 손님이 오면, 우리는 애써 감정을 숨기고 기쁜 듯이 대화를 나눈다. 말하자면 연기를 하고 있는 셈인데, 이상하게도 그러는 동안 노여움도 슬픔도 사라지고 마는 것이다.
　그렇다면 우리가 흔히 생각하듯이 슬프니까 울고 무서우니까 가슴이 두근거리는 것이 아니라, 실은 울기 때문에 슬퍼지고 가슴이 뛰고, 얼굴이 창백해지기 때문에 두려움을 느끼는 것은 아닐까? 좀더 일반적으로 말하면, 자극에 의해 신체에 생긴 생리적 변화가 바로 정동(情動)은 아닐까? 이 역설적인 표현법(말초설)은 매우 매력적이지만 난점도 있다.
　화를 내고 있을 때에는 호흡이 빨라지고 근육이 긴장되며 혈압이 오르고 혈당이 늘어나며 진땀이 난다. 기쁠 때에도 노여움의 경우보다 약하긴 하지만 비슷한 생리적 변화가 생긴다. 따라서 연속된 양적인 신체적 변화가 어째서 노여움이나 기쁨과 같은 질적으로 정반대인 정동을 불러일으키는지 알 수가 없다. 하물며 동일한 정동 사이의 미묘한 차이를 생리적 변화에 의해 설명하는 것은 불가능하다고 할 수밖에 없다.

오히려 이와 같은 말초의 생리적 변화가 아니고, 정동과 말초의 변화를 동시에 일으키는 중추의 변화야말로 문제삼아야 할 의문이 아닐까? 자율신경계의 중추인 시상하부(視床下部)를 자극하면 동물은 분노를 표시한다. 이 노여움의 표출은 자극을 중단하면 곧 사라지므로 동물이 정동을 느끼고 있는지 어떤지는 알 수 없다. 이에 비해 시상하부와 밀접한 관계에 있는 대뇌변연계(大腦邊緣系)를 자극하면 환자는 장소에 따라 쾌감을 느끼든가 노여움이나 두려움을 느끼든가 한다. 이것으로 미루어 정동은 중추의 생리적 변화와 수반되어 나타난다고 말할 수 있을 것 같다.

그러나 그렇다고 해서 '말초설'을 전혀 잘못된 이론이라고 단언할 수는 없다. 애당초 중추와 말초를 분류한 것은 일종의 추상으로서, 실제로는 양자가 밀접히 결부되어 있고 일련의 것으로서 활동한다. 오히려 문제는 다음과 같은 점에 있다. 즉 대뇌변연계나 시상하부에 가해진 전기자극은 중성적(中性的)인 것인데, 그것이 어떤 장소에서는 쾌감을 일으키고 또 어떤 장소에서는 노여움이나 두려움을 일으키는 이유는 무엇인가 하는 문제이다.

게다가 우리가 실제로 경험하는 자극은 결코 중성적인 것이 아니라 유의적(有意的)인 자극이라는 점에 주목하지 않으면 안 된다. 산길에서 만난 곰은 공포심을 불러일으키지만, 우리에 갇힌 곰은 그렇지가 않다. 우리가 구체적으로 느끼는 정동이 비록 생리적 레벨과 깊이 연관되어 있다고 하더라도, 우선 제일의적(第一義的)으로는 심리적 레벨의 의미적 현상이다.

(2) 정동의 마술

그렇다면 정동은 어떤 의미적 현상일까? 나뭇조각으로 집짓기 놀이를 하며 즐기던 어린아이는 2층 부분이 뜻대로 되지 않자 마침내 화를 내고 만들려던 집을 부수어 버린다. 2층집을 쌓아올리기 위해서는 그 집의 이미지를 떠올리는 것만으로는 충분하지 않다. 자기의 밖에 있는 재료에 작용하고 재료의 성질을 받아들이면서 목적과 수단이 일치하는 행동 체계 속에 그 재료를 알맞게 끼워넣지 않으면 안 된다. 어린아이가 화를 낸 것은 한 걸음이라는 착실한 도구적 행동을 거부한 것이다. 여기에서는 노여움이 일종의 도피로서 나타난다. 어린아이는 외부세계로 작용을 미치는 대신 자기의 태도를 바꿈으로써 문제를 단숨에 제거하려고 한다. 즉 정동은 외계에 현실적으로 작용하는 지성적·도구적 행동에 의해 문제를 해결하는 것이 아니고 스스로의 의식 자세를 바꿈으로써 세계를 '마술적'으로 변용시키려는 시도이다.

곰을 만나 공포에 질린 나머지 까무러치는 사람은, 이를테면 절대적인 도망을 한 셈이다. 그는 '현실적'으로 곰을 없앨 수 없으므로 스스로의 의식을 바꿈으로써 '마술적'으로 곰을 없는 것으로 만들려고 한다. 그 "머리는 숨기면서도 꽁무니가 드러나는 줄은 모른다"는 속담은 이런 심리를 아주 잘 표현하는 말이다.

아폴리네르(Apollinaire)의 《오놀레 쉬블랙의 소실》은 정동이 갖는 이 자기변용성(自己變用性)을 가장 순수한 형태로 묘사하고 있다. 오놀레 쉬블랙은 어떤 부인과 친해진다. 그런데 어느 날 밤 그가 아담의 모습으로 부인의 침실에 있을 때, 돌연 권총을 손에 든 그녀의 남편이 방에 뛰어든다. 놀란 쉬블랙은 벽에 몸을 붙이지만, 그 너무나도 순수한 공포 때문에 그의 온몸은 순식간에 변용되어 벽에 녹아들고 말았던 것이다.

또 슬픔에 잠겨 있는 사람은 스스로를 세계에 작용하는 힘을 잃은 무력한 존재로 만듦으로써 세계의 가치를 저하시키고, 잃은 것의 가치를 제도로 만들려고 한다. 슬픔에 잠긴 사람이 머리를 숙여 몸을 위축시키고 사람들과의 교류를 피해 고독 속에 파묻히려는 것은 이 때문이다. 슬픈 나머지 수녀원에 들어가는 사람은, 세계를 자기의 손이 닿지 않는 곳에 둠으로써 같은 목적을 달성한다. 정동에 의한 행동은 단순한 무분별의 행위는 아니다. 그것은 그것대로의 논리적인 행위인 것이다. 따라서 감정에 의해 행동하는 사람은 논리적으로 설득되어도 동요하지 않는다. 분명히 설명할 수는 없지만, 자기 쪽에 보다 강력한 논리적 이유가 있음을 그는 은밀히 느끼고 있기 때문이다.

두려움이나 슬픔과는 반대로, 기쁨은 기쁨의 대상을 — 그리하여 세계를 — 지금 당장, 그것도 전적으로 소유하려는 마술적·상징적 행위이다. 수년 동안 고대하며 바라던 것을 얻은 사람은 너무나 기쁜 나머지 팔을 벌리고 자기의 가슴에 무엇인가를 끌어안으려는 듯한 몸짓을 한다. 지적으로 생각하면 그와 같은 대상은 전혀 소유할 수 없거나 서서히 소유할 수밖에 없을 것이다. 그러나 기쁨은 그 소유를 상징적으로 단숨에 실현시켜 준다.

이와 같은 사실로 미루어 정동이 자율신경계의 활동과 밀접히 결부되어 있는 이유도 이해할 수 있을 것이다. 왜냐하면 정동은 외부의 세계를 변용하는 것이 아니고 자기를 변용함으로써 자기와 세계와의 관계를, 따라서 또한 세계의 형태를 바꾸려고 하는 시도이기 때문이다. 이와 마찬가지로 자율신경의 활동 또한 감각, 즉 운동신경처럼 외부의 세계를 파악하고 거기에 작용하려는 것을 목적으로 하는 것이 아니라, 자기의 내부 환경을 바꿈으로써 외부 세계와의 관계를, 따라서 또한 외부 세계가 갖는 의미를 바꾸려고 하는 시도이다.

(3) 지각과 상상력

나는 뜰의 장미를 떠올린다. 거의 검은빛으로 보이기까지 하는 진홍색 꽃잎의 겹침이나, 무거운 듯 고개를 숙이고 바람에 흔들리는 모습을 나는 또렷하게 상상한다. 그 장미는 뜰에서 바람에 흔들리고 있는 현실의 장미와 거의 다른 점이 없다. 우리에게 직접 주어지는 것이 장미의 나타남, 즉 장미의 이미지라고 한다면, 지각되는 것과 상상되는 것 사이에는 본질적인 차이가 없을 것이다.

양자는 모두 직관되는 것이다. 하긴 상상의 장미는 아무리 생생하게 나타난다 하더라도 지각되는 현실의 장미에 비한다면 우리에게 주는 감동이 적을 수밖에 없다. 그러나 지각만 하더라도, 생생한 지각이 있는가 하면 기억에조차 남시 않는 불분명한 지각도 있다. 그렇다면 지각과 상상의 차이는 강도와 선명도의 차이에 지나지 않으리라. 우리의 상상은 시각상(視覺像)이나 청각상(聽覺像)이나 촉각상(觸覺像) 등 지각상(知覺像)의 어느 것인가와 결부되어 있으며, 이것은 지각과 상상이 본질적으로 같은 성질임을 나타내고 있다.

분명히 상상의 경우에는 그 대상이 현존한다고 하는 실감을 동반하지 않는다는 차이가 있다. 그러나 그것은 지각과 상상의 차이는 아니고, 인상이 강하고 선명할 경우 우리는 직접 주어진 여건의 범위를 넘어 우리가 지각하는지 여부에 관계없이 그것 자체로서 존재하는 '사물'을 논리적으로 구성하는 경향이 있다고 하는 데 지나지 않는다. 이에 반해 인상이 약할 경우 여건은 단지 그 당시에 대한 것으로서 포착될 뿐이다. 이와 같은 강도의 차이는 지각이 상상에 앞서 경험되는 것으로부터 발생한다. 우리는 뜰의 장미를 지각한 뒤 그것을 상상할 수는 있지만, 그 반대로 상상한 뒤에 지각할 수는 없다. 감각상(感覺像)이 선명하고 강렬한 것은, 그것이 보다 원초적인 인상이기 때문이다.

(4) 상상에 의한 인식

상상적 의식의 자발성은 어떤 경우에는 착각의 근원이 되고, 또한 사람을 심각한 공상의 세계로 이끌든가 현실감각을 잊게 하든가 한다. 그러나 다른 경우에는 '그림찾기'에서 볼 수 있듯이 이제까지의 보이는 방법 구조를 변환시키고 아무도 깨닫지 못했던 새로운 현실의 보다 깊은 층(層)을 발견시키는 열쇠로서 활동한다. 우리는 언제나 있는 그대로의 현실을 지각하는 것처럼 생각하지만, 실은 단지 우리의 '그물'에 걸린 것만을 지각하고 있을 뿐이다. 더구나 그 그물은 조상 때부터 전해 내려온 그물이거나, 외래(外來)의 그물이거나, 곳곳에 구멍이 뚫린 낡아빠진 그물인 것이다. 예민한 사람이라면 그물코의 여기저기로 현실이 빠져나가는 것을 느낄 수 있을 것이다. 그물에 걸린 현실은, 이를테면 암호와 같은 것이다. 지각으로 나타나 있지 않은 것을 보충하고, 혹은 현실을 포착하는 새로운 그물을 엮으려면 지각으로 나타나 있지 않은 현실을 현전(現前)시키는 상상력이 필요하다.

이것은 예술가가 비현실적인 상상의 세계를 매개로 하여 현실의 보다 깊은 인식에 도달한다고 하는 역설의 비밀이다. 현실주의자는 자기의 과거 경험에서 얻어낸 단 하나의 의미만을 현실에 부여할 뿐이다. 그 견해는 흔히 도저히 어쩔 도리가 없게 경화(硬化)되고 있다. 그는 예상 밖의 결과는 인정하려 하지 않는 것이다. 소설가는 예상 밖의 것을 포함해서 다양한 가능성을 상상하며, 보다 넓게, 그리고 보다 깊게 현실이라는 암호로 해독하려고 한다.

그런데 지각과 상상을 엄격히 구별하는 사고방식은 극히 명쾌하다. 상상이 이와 같이 분명히 지각과 구별되는 것은, 지각의식이 정상으로 활동하고 있는 경우만이라는 것을 인정하지 않으면 안 된다. 우리가 상상할 때, 우리는 동시에 온갖 사항을 지각하고 있다. 지각을 '바탕'으로 할 경우 비로소 허구의 상상이 현실의 지각과는 구별된 '그림'으로 떠오르게 되는 것이다. 이렇듯 지각을 '바탕'으로 하지 않으면 안 되는 경우에 있어, 우리는 상상할 때 눈을 감고 지각을 최소한으로 하며 지각을 미분화(未分化)의 상태에 머무르도록 배려하는 것이 바람직하다.

이에 반해 상상이 '그림'인 이상, 눈을 감았을 때의 신체감각처럼 중성화된 미분화의 형태에서는 '바탕'으로서의 지각을 필요로 한다. '바탕'으로서의 지각이 상실되었거나 극도로 약해졌거나 마비되었을 경우에는 꿈이나 환각에서 볼 수 있듯이 우리는 이미 지각과 상상을 구별할 수 없는 것이다.

반대로 상상력이 위세를 떨칠 경우에는, 상상의 대상은 거의 현실의 대상과 비슷한 효과를 나타낸다. 질투심에 불타는 사나이에게는 애인의 배신이라는 지각보다는, 배신에 대해 상상하는 쪽이 보다 압도적인 현실로서 받아들여질 것이다.

이렇듯 정동과 상상력이 밀접하게 결부되어 있다는 사실은 양자의 본질을 깊이 생각해 보면 조금도 이상할 것이 없다. 정동이 스스로를 변용하는 것을 지향하고 있다면, 상상은 현실세계를 무차별로 '바탕' 삼음으로써 비현실의 마술적 세계를 떠오르게 한다고 할 수 있다. 정동의 경우에는 자극이, 발생적으로 보아 외부에서 오거나 스스로의 내부에서 오거나 상관이 없다. 배신의 지각뿐만 아니라 상상도 그것이 역력하게 나타나는 한 우리의 분노나 질투심을 불러일으키기에 충분하다.

우리는 흔히 "눈에 보이는 것처럼 상상한다"고 말하는데, 눈으로 보는 것과 시각적 이미지를 떠올리는 것 사이에는 생리적으로도 어떤 공통된 과정(그것이 어느 정도 동일한가는 차치하고라도)이 포함되어 있는 듯싶다. 왜냐하면 단지 시각적인 이미지를 떠올리는 것만으로도 대뇌피질(大腦皮質)의 시각령(視覺領)에 뇌파(腦波)의 변화가 생기기 때문이다. 즉 앞에서도 이미 말했듯이 자기자극이고 자기작용이지만, 정동 또한 자기작용적 성격을 갖고 있는 것이다.

(5) 기억의 생리학

유난히 길눈이 어두운 사람이 있다. 몇 번이나 찾아간 적이 있는 곳인데도 다시 찾을 때마다 길을 잃는다. 그런데 그런 사람이라 하더라도 자기 집을 찾아갈 때 곰곰이 생각하거나 하지는 않는다. 멍청히 공상에 잠겨 있어도 어느 틈엔가 발길은 집으로 향하는 모퉁이를 정확히 돌고 있다. 술에 취한 사람은 언제 버스에서 내리고 어떻게 집에까지 돌아왔는지 전혀 기억하지 못한다. 이런 사실로 미루어 매일 반복해서 행해지는 동작은 습관화되고 자동화된다고 할 수 있다. 이런 기억을 습관성의 기억, 혹은 운동성의 기억이라고 한다. 주정뱅이의 경우에 볼 수 있듯이 습관은 이른바 두뇌의 기억보다도 훨씬 뿌리가 깊다.

이와 같은 매우 원시적인 기억현상 중에도 기억의 본질이 잘 나타나 있다. 즉 기억이란 이미 지나간 사건이 그 존재자의 현재 활동에 지속적인 영향을 미치는 현상이다.

그런데 이런 정의는 너무 광범위하지 않은가. 이 정의에 의하면, 예컨대 코일 속에 쇳조각을 넣고 전류를 통하게 하면 그 쇳조각은 자성(磁性)을 띠고 계속해서 그 성질을 유지하는데, 이것이 기억현상이라는 말이 된다. 그런데 우리는 보통 이와 같은 현상을 기억이라 부르지도 않거니와, 만약 그렇게 말한다면 매우 기묘한 사고방식이라고 생각할 것이다. 그러나 상식 밖이라든가 기묘하다는 것은 진리의 척도는 되지 않는다. 만일 앞서의 정의를 진리라고 인정한다면, 거기에서 유추되는 결론이 비록 우리의 감정이나 취미에 어긋나고 비상식적이며 기묘하게 생각된다 하더라도 끝까지 결론을 관철시켜 나아가는 것이야말로 중요하다. 우리가 대자현상(帶磁現象)을 기억이라고 부르는 데 저항을 느끼는 이유는 사실상 우리가 무의식중에 인간 중심주의나 사물 중심주의의 편견에 빠져 있기 때문은 아닐까?

어떤 사건에 대한 기억이 신경계 중에서 무리 없이 유지되는 데에는 동적 유지와 정적 유지라는 두 가지 사고방식이 있다.

중추신경의 어떤 부분에 자극을 주면 그 뒤 되풀이하여 율동적으로 방전(放電)이 생긴다. 이 현상(후방전)은 닫혀진 뉴런(neuron, 신경단위) 회로를 흥분이 순회하기 때문에 생긴다고 여겨지고 있다. 후방전의 현상은 오래 계속되지 않지만, 폐회로(閉回路)라고 하면 이론적으로는 흥분이 무한히 순환할 것이다. 즉 이 경우에 기억은 동적으로, 기능적으로 유지된다. 그리하여 모든 기억은 저마다 각기 다른 패턴의 폐회로를 형성하는 것이다. 물론 이 사고

방식에는 단점이 있다. 마취 등에 의해 흥분의 순환을 일단 정지시키면 그 어떤 기억도 잊혀지고 말지만, 실제로는 마취상태에서 깨어나면 기억이 되살아나기 때문이다. 그러므로 기억은 어떤 패턴의 폐회로를 흥분이 '현실적으로' 순환하고 있는 것이 아니라 언제라도 흥분이 순환할 수 있도록 폐회로가 구성되어 대기하고 있다고 생각할 수도 있다. 이 경우 기억은 정적으로, 구조적으로 유지되어 있는 것이 된다. 그런데 폐회로가 구성되기 위해서는 그 회로의 시냅스(Synapse, 신경자극 전도부)가 다른 시냅스보다 더욱 흥분이 통과하기 쉬운 상태로 되어 있지 않으면 안 된다.

이 동적인 기억유지의 사고방식과 정적인 기억유지의 사고방식은 반드시 상반되는 것은 아니다. 먼저 최초로 신경 흥분이 회로 속을 계속 순환하는 동적 과정이 있고, 2차적으로 보다 지속적인 구조적 변화가 생겨 안정된 폐회로가 형성된다고 생각할 수도 있다. 또는 그 과정 가운데 세포질 속에서 전기적 패턴이 화학적 패턴으로 변환되는 것인지도 모른다.

아무튼 우리는 기계적 모델로서 기억을 생각하든가 생물공학 발상으로 기억장치를 조립할 수 있다는 것, 그리고 기억이 인간 특유의 현상이 아니고 유기체와 무기체를 꿰뚫는 보편적 현상임을 알 수 있다.

(6) 운동성의 기억과 심상성의 기억

우리가 '기억'이라는 말을 하등동물이나 식물이나 그 밖의 무기물에 적용하기를 주저하는 데는 나름대로 충분한 이유가 있다.

우리가 제시했던 기억에 대한 최초의 예는 습관화된 운동성의 기억이었다.

이런 습관성의 기억에 공통되는 것은 그것들이 많든 적든 신체적·운동적인 자동작용이라는 것이다. 물론 단숨에 자동작용의 단계에 도달하는 것은 아니다. 이사를 간 지 얼마 되지 않았을 무렵에는 자기 집이라도 길의 순서를 생각하면서 길을 걷는다. 타이프를 갓 배우기 시작했을 무렵에는 오타를 예방하기 위해 키의 위치를 머릿속에 떠올리면서 쳐나가게 된다. 그러나 자동작용이 완성되었을 때에는, 우리는 이미 이미지를 떠올리거나 하지는 않는다. 따라서 학습단계에서의 과거의 행동을 상기하는 일도 없다.

우리는 이미지를 떠올릴 겨를도 없이 행동에 옮기는 것이다. 운동성의 기억은 제1의적으로는 어떤 행동을 유지하는 경향이 있으므로, 이미지는 신체적인 자동작용에 이르는 과정으로서의 소극적인 의미밖에 갖지 못한다. 따라서 그것은 오히려 없는 것이 바람직한 것이다.

기억이 이렇듯 습관성의 기억인 한 그것은 자력의 유지나, 신경계의 소통작용이나, 조건반사적 행동과 공통의 것을 가지고 있다. 이런 넓은 의미에서의 기억현상에 있어서는 이미지의 환기나 과거로서의 과거 인식은 전혀 문제시되지 않았기 때문이다.

이에 비해 우리가 보통 기억이라고 할 경우에는, 과거의 이미지를 계속 유지하는 경향, 즉 심상성(心象性)의 기억을 의미한다. 이 심상성의 기억은 우선 첫째로 이미지의 환기다. 더구나 그 환기는 상상력의 경우와 마찬가지로 지금 이곳에 없는 것을 출현시키는 작용인 것이다. 상상력의 경우에는 환기되는 것이 아직 나타나지 않은 미래의 이미지거나, 여기에는 없지만 지금 다른 곳에 있는 이미지거나, 이미 있었던(단, 나는 직접 경험하지 않은) 과거의 이미지다.

이에 비해 기억인 경우의 이미지는 과거의, 그것도 내가 직접 경험한 과거의 이미지다. 그런데 이때 매우 중요한 것은 그 이미지가 객관적으로 볼 때, 즉 제3자가 볼 때 내가 경험한 과거의 이미지는 아니라고 하는 점이다. 다시 말해서, 내가 그 이미지를 '내가 경험한 이미지'로서 포착한다는 말이다. 즉 심상성 기억의 제2의 특징은 '과거로서의 과거'의 인식이라는 점에 있다.

이 심상성 기억의 문제에 대해 기억의 생리학은 어떻게 대답할 수 있는가? 심상의 유지 그 자체에 대해서는 별로 문제가 없는 것처럼 생각된다. 사진이나 비디오도 영상을 어떤 방식으로든 유지한다. 그런데 그 유지가 신경계에서 행해진다고 한다면, 그것이 신경계의 어느 부분에서 행해지느냐 하는 문제가 생긴다.

그러나 여기서는 오히려 기억을 둘러싼 최대의 난점은 과거의 재인(再認) 문제이다. 우리는 어제 만난 것을 떠올리자마자 그것이 과거의 어떤 시기(시간적 위치 설정은 부정확할지 모르지만)의 정경이었음을 직관한다. 이렇듯 과거의 이미지를 과거의 이미지로서 인식하는 일이 어떻게 가능한가? 기억이 생리적 흔적에 지나지 않는다고 생각하는 한 이에 대해서는 아무런 설명도 할 수 없을 것이다. 왜냐하면 현재 남아 있는 흔적은 어디까지나 '현재의' 사실로서 과거에 관한 어떤 권리도 부여되어 있지 않으며, 따라서 과거에 대한 직관을 가져올 어떤 이유도 없기 때문이다. 또한 그것을 과거의 경험의 흔적으로서 포착하는 것은 우리가 '밖으로부터의' 과거의 경험과 현재의 흔적을 그 어떤 방법으로 결부시키고 있기 때문이다. 더구나 이 관계가 성립되기 위해서는 밖에 있어 비교하는 인간이 우선 '과거를 과거로서' 파악하고 있지 않으면 안 된다. 즉 우리는 기억을 설명하기 위해 또다시 설명되어야 할 애초의 기억으로 되돌아간 셈이 되는 것이다.

여기서 과거의 재인으로서의 기억이 성립되기 위한 조건이 명백해진다. 우선 첫째로 상기가 '현재의 상실'인 한 그것은 '현재의 의식'이어야만 한다. 둘째로 상기가 '과거로서의 과거'의 직관인 한 그것은 어떤 의미로 '과거의 의식'이어야만 한다. 셋째로 상기가 과거에 '관한' 의식인 한 그것은 '과거의 의식이 아닌' 것이어야만 한다. 즉 상기하는 의식은 과거인 동시에 과거가 아니라는 형태로서의 현재인 의식이 아니면 안 되는 것이다. 이것은 역설적인 말장난에 지나지 않는 것처럼 보일지 모르지만, 일반적으로 시간의식은 이와 같은 역설적인 성격을 띠고 있다. 또한 그와 같은 역설적 시간의식을 갖지 않는 한 우리는 온갖 시간에 관해 아무런 말도 할 수 없으리라.

이를테면 집을 나서서 회사에 닿기까지 시간이 경과했을 경우, 집을 나선다고 하는 사건과 회사에 닿는다고 하는 사건 사이에 우리는 '앞-뒤'의 관계를 적용하게 된다. 그리하여 그와 같은 '앞-뒤'의 관계를 적용할 수 있기 때문에 의식은 동시에 이 두 가지 사건의 의식이며, 또한 '집을 나선다'는 사건의 의식인 동시에 그 의식으로서는 이미 '없다'고 하는 형태로 '회사에 닿았다'고 하는 사건에 대한 의식이 아니면 안 된다. 따라서 과거의 재생으로서의 기억의 문제는 보다 일반적인 '살았던 시간'과, 그것을 기초삼고 있는 체험의 구조 문제에 관련되어 있음을 알 수 있다.

(7) 기억과 정신생활

앞에서 설명한 바와 같이 습관성의 기억인 경우에는 그것이 완전한 상태에 가까워질수록 의식이 차지하는 비중이 작아지게 된다. 일찍이 의식적으로 행해졌던 행동을 자동화함으로써 의식의 부담을 줄이고, 행동을 용이하게, 그리고 매끄럽게 하는 것이 습관화의 목적인 이상, 이 말은 지당하다고 하겠다.

이것은 행동이라는 면에서 보면 효율성을 높이는 것이지만, 정신생활의 면에서 보면 곧잘 타성화되어 버리는 경향이 있다. 연애기간 동안에는 애정의 표현이 되었던 행위라도 결혼 후 매일 반복하다 보면 세월이 경과함에 따라 습관화하여 타성이 된다. 우리는 특별히 보람 있는 순간에만 살고 있는 것이 아니라 별다를 것이 없는 일상생활을 매일 반복하고 쉴새없이 행동하지 않으면 안 되므로 정신생활의 타성화를 피할 수는 없다.

그러나 습관화가 곧 정신생활의 타성화이자 타락이라고 생각하는 것은 지극히 감상적인 발상이다. 순간이며 동시에 순수의 지속인 연애감정이 비연속적인 일상생활의 '반복' 속에서 애정이 되게 하려면 반드시 습관화의 시련을 견뎌야만 하는 것이다.

습관화되고 타성화된 정신생활에 다시 충격을 주어 습관 그 자체를 새롭게 조명하는 것은 바로 심상성의 기억이다. 과거의 어떤 애정에 넘친 순간의 추억은 그 당시의 순간부터 타성화된 현재에 이르기까지 계속 이어져 온 우리의 정신생활의 최초 상태, 즉 그 원초적인 애정을 재생하고 우리의 삶을 재충전시킨다. 그것은 결코 과거의 추억에 잠기는 감상주의는 아니다.

키에르케고르(Kierkegaard)가 사랑은 '반복'이고, 추억이 뒤를 향해 반복되는 데 비해 참다운 반복은 앞을 향해 반복된다고 말했을 때, 그는 일상성과 비일상성 사이의 이런 차이를 깊이 성찰하고 있었던 것이다.

더구나 상기는 단순한 과거의 재생만은 아니다. 프루스트(Proust)가 깨달았던 것처럼 과거로 향하는 정신은, 스스로가 자기 자신에 의해 추월되고 있음을 자각하고 자기 자신을 넘치게 하고 있는 것을 추구하여, 다시 그것을 '창조' 한다. '잃어버린 시간'의 탐구는 '잃어버린 시간'이 마침내 발견되고 '재생' 되었을 때, 그것이 바로 '잃어버린 시간'의 '창조' 그 자체였던 것이다. 이런 의미에서 기억은 양면성을 띠고 있다. 기억을 고정시키는 한편 기억을 정착시키는 것이다. 고정되고 정착되어 있는 것은 우리에게 있어서 현실은 아니다. 이에 반하는 의미에서의 기억은 변용되고 창조된다. 이때의 상기는 상상에 보다 근접해 있다고 할 수 있다. 돌처럼 영원히 굳어져 버린 것은 이미 현실은 아닐 것이다. 현실은 현재로부터 과거에, 그리하여 미래로 향하는 끊임없는 생성 속에 있다.

(8) 그리스의 정신

그리스의 가장 오랜 문헌은 호메로스의 서사시 《일리아스》와 《오디세이아》로 알려져 있다. 이는 대체로 기원전 9세기에서 8세기경에 걸쳐 쓰여진 것으로 추정된다.

그리스의 각 부족은 인도 게르만 어족의 한 갈래로 기원전 2000년경부터 파생적으로 발칸 반도를 남하하여 그 남단에 이르렀고, 다시 에게 해로부터 지중해의 동쪽에 있는 키프로스 섬에 이르렀다. 이어 기원전 1200년경에는 제2의 그리스인들이 남하하게 된다. 이들의 남하로 인해 제1의 그리스인들은 동쪽으로 밀려나 바다를 건너 소아시아 연안에 정착했고, 그곳에 많은 식민지를 건설했다. 그리스인들이 남하하기 전부터 '에게 문명'이 발생되어 있었지만, 오늘날에는 역사의 베일에 가려져 흔적조차 남아 있지 않다.

호메로스의 서사시에 나타난 그리스인은 철제 도구를 사용하지 않았고 문자도 없었으며, 또한 도시생활을 몰랐던 미개인이었다. 그들은 처음에 그들이 파괴했던 에게인 도시의 폐허에다 오두막을 짓고 살았다. 그런 뒤에 비로소 그들은 도시에 성벽을 쌓고, 또 그들이 침략한 민족으로부터 신전의 관념을 수용하게 되었다.

원시 문명국의 도시는 종족신의 제단 주변에 건설되었으며, 성벽은 뒤에 쌓아올린 것이라고 한다. 그러나 그리스인의 도시에서는 성벽이 먼저 만들어졌던 것이다.

그들은 무역을 시작하고 이민을 장려했다. 기원전 7세기경에는 이미 그리스의 계곡이나 섬들에 몇 개의 새로운 도시가 건설되었으며, 지난날의 에게인의 도시나 문명은 잊혀졌다. 당시의 주요한 도시는 아테네, 스파르타, 코린토스, 테베, 사모스, 밀레투스였다. 흑해 연안에도, 이탈리아나 시칠리아 섬에도 이미 그리스의 식민지가 있었다.

그런데 그리스의 부족은 몇 개의 섬들과 계곡을 사이에 두고 분할되어 있었다. 그리스는 산이 많고 토지도 척박하여, 역사에 나타났을 때 그들은 합동의 징후를 조금도 엿볼 수 없는 몇 개의 소국가로 분할되어 있었던 것이다. 그와 같은 소국가는 인종적으로도 바람직하지 못한 것이었다. 몇 개의 나라는 그리스 부족 중의 이오니아족이나 에올리아족, 도리아족으로 구성되어 있었고, 몇 개의 나라는 그리스인과 원주민 '지중해족'과의 혼혈족이었다. 몇 개의 나라는 순수한 그리스인의 자유민이었고, 그들은 스파르타의 정복자처럼 노예들 위에 군림하고 있었다.

이윽고 그리스의 각 도시간의 교역이 활발해졌고 그 중요성도 증대되었다. 그리하여 그들의 문명의 질은 기원전 7세기 및 6세기에 이르러 착실하게 향상되었다.

그러나 그들은 장대한 신전을 세워놓기는 했으나 오리엔트의 대도시에서처럼 성직자 계급이 지식과 사상을 독점하지는 않았고 그런 전통을 가진 단체도 없었다. 또 그리스인은 지도자나 귀족을 갖고 있었으나, 복잡한 궁정조직에 의해 보호되는 신 그 자체인 제왕은 없었다. 오히려 그들의 정치조직은 상호간에 서로 견제하는 지도자의 가족에 의해 행해지는 '귀족정치'였다.

그들의 이른바 '민주정치' 조차도 귀족정치적인 것이었다. 시민은 모두 공공 문제에 참여했고 민주주의적인 집회를 가졌지만, 모든 사람이 시민은 아니었다. 즉 그리스의 민주정치는 저마다 모두 투표권을 갖는 현대의 '민주정치' 같은 것은 아니었던 것이다. 그리스의 민주정치는 대체로 불과 수백 명 내지는 수천 명의 시민 외에, 공공 문제에 관여하지 못하는 수만 명의 노예나 해방민을 갖고 있었던 것이다.

보통 그리스에서 정치는 유력한 몇몇 단체의 수중에 있었다. 그들의 왕이나 참주(僭主)들은 모두 한결같이 다른 사람들의 우두머리로 추대된 인물이거나 아니면 지도권을 찬탈한 인물로서, 이집트 왕이나 크레타 왕처럼 신 그 자체인 초인(超人)은 아니었나. 그러므로 사상도 정치도 자유롭게 행해졌다. 그리스인은 역사상 최초의 '공화주의자'였던 것이다.

또한 그들이 미개인적 전란상태로부터 벗어남에 따라, 그 지적 생활에 있어 하나의 새로운 전기가 마련되었다. 즉 성직자가 아닌 사람들이, 이전에는 성직자 계급만의 숭고한 특권이거나 왕들의 변덕스런 오락과 같은 방식으로 지식을 탐구, 기록하든가, 생명이나 생물의 신비를 연구할 수 있게 되었던 것이다.

그러나 기원전 5세기경에는 밀레투스의 탈레스(Thales)나 아낙시만드로스(Anaximandros), 그리고 헤라클레이토스(Herakleitos)와 같은 인물이 등장하게 된다. 그들은 우리가 사는 세계에 관한 미묘한 문제에 마음을 기울이고, '세계의 참된 본성은 무엇인가, 그것은 어디로부터 왔는가, 그 운명은 어떤 것인가' 하는 문제를 탐구했으며, 일체의 애매한 대답이나 일시적 변명에 지나지 않는 답변을 거부했다.

탈레스는 하늘의 별만 보고 걷다가 물웅덩이에 빠져 여자 노예의 비웃음을 샀다. 그는 기원전 640년 소아시아의 밀레투스에서 태어났다. 그는 젊은 시절 이집트와 바빌로니아에 가서 천문학을 배웠다. 이때만 해도 철학은 '학문'이란 뜻으로서, 천문학도 거기에 포함되었다. 탈레스의 철학은 '자연철학'이라 불리는데, 그는 자연의 근본적 원리를 규명하는 데 힘썼다. 그 결과 그는 만물의 근원을 '물(水)'이라고 주장하게 되었다. 그가 말하는 물이란 인격화되지 않은 보통명사적인 존재이다. 철학의 아버지라 불리는 탈레스는, 저서가 전해지지는 않지만, 아리스토텔레스(Aristoteles)의 《형이상학》에 그 기록이 남아 있다.

아낙시만드로스 역시 밀레투스 태생이다. 만물의 근원을 '한계가 없는 것', '무규정인 것'이라고 했으며, 저서로는 《자연에 대하여》가 있다. 그의 제자인 아낙시메네스(Anaximenes)는 '만물의 근본은 공기(空氣)'라고 주장했다.

헤라클레이토스는 소아시아의 에페수스 태생이다. 그는 그 사상의 특색 및 난해함으로 인해 '어두운 사람' 또는 '눈물의 철학자'라고 불린다. 그는 "만물은 유전(流轉)한다"고 하는 너무나도 유명한 말을 남겼는데, 이는 어떤 것도 고정된 것이 없고 변화한다는 뜻이다. 요컨대 불교에서 말하는 무상(無常)과 같은 의미라 하겠다. 이 말을 좀더 상세히 소개하면 다음과 같다. "모든 것은 유전하며 어떤 것도 멈추지 않는다. 정지와 불변이야말로 미망(迷妄)이다. 따라서 모순과 대립은 중요한 계기이고 '투쟁은 만물의 아버지'다." 그는 또 불을 만물의 본질이라고 주장했으며, 만물을 화기(火氣)로부터 멀어지는 내리막길과 화기로 환원하는 오르막길의 두 과정으로서 고찰했다. 즉 "음주는 영혼을 적신다. 메마른 영혼일수록 더욱 그러하다. 대중은 참된 행복을 선택할 만한 지혜가 없다"는 것이 그의 주장이었다.

아무튼 나는 여기서 이 기원전 6세기가 인류 역사상 얼마나 중요한 시점이었는가를 주의해 두고자 한다. 왜냐하면 바로 그 시기에 이 그리스의 철학자들이 우주 및 우주에서의 인간 위치에 관한 명확한 관념을 탐구하기 시작했기 때문이다. 게다가 당시 이사야는 유대인적 예언을 최고의 수준으로까지 끌어올렸으며, 인도와 중국에서는 각각 석가모니와 공자, 노자가 탄생했기 때문이다.

4. 사고에 대하여

(1) 사고와 행동

앞에서 말했듯이 정동(情動)은 지각을 비변별적(非辨別的)으로 한다. 화를 내면 앞이 보이지 않는다. 그러나 우리는 격분하고 있을 때 지금까지 깨닫지 못했던 상대의 특징을 깨닫거나, 기쁠 때 외부 세계의 미지의 상모(相貌)를 발견하거나 한다. 이것은 정동이 외부 세계를 마술적으로 변용함으로써 이제까지는 보이지 않았던 '그림'을 나타나게 하기 때문일 것이다.

상상력은 '그림찾기'의 경우처럼 비현실적 세계의 이미지를 현실세계에 포갬으로써 지각야(知覺野)의 구조를 변환시키고, 이제까지 알려지지 않았던 현실의 구조를 포착하게 한다. 이것은 이미 앞에서 말했던 것 이외에 다음과 같은 경우에도 적용된다. 우리는 빌딩을 볼 때, 그 한쪽 면을 지각할 뿐만 아니라 다른쪽 면이나 빌딩의 내부도 존재하는 것으로서 어떤 방식으로 포착한다. 내용의 이 불명확하고 공허한 지향은 항상 지각에 동반된다는 의미에서는 지각을 구성하는 하나의 계기이고, 대상이 지각에 현실로 주어지지 않는다는 의미에서는 상상에 가까우며, 구체적인 이미지를 언제나 동반하는 것이 아닌 공허한 지향이라는 의미에서는 사고에 가깝다.

또한 기억에 대해서도 지각과의 밀접한 관계는 명백하다. 그렇다면 경험의 시작인 지각 그 자체는 우리의 삶에서 어떤 의미를 갖고 있는 것일까? 이 문제를 생각하기 위해서는, 베르그송(Bergson)이 시사했듯이 우리의 신경계 구조를 점검해 보는 편이 좋을 것이다.

우리의 신경계는 구심성(求心性)의 감각신경과 원심성(遠心性)의 운동신경 및 자동전화 교환장치와 비슷한 척수(脊髓)로서 구성되어 있다. 감각수용기로부터의 자극이 구심성 신경을 거쳐 뇌에 도달할 때 우리는 지각하게 된다. 그러나 구심성 신경은 운동성의 원심성 신경과 결부되고 이 둘이 일체가 되어 활동하는 것으로 미루어 짐작할 수 있듯이, 지각은 본래 행동을 위해 있고 행동으로 실현되어야 비로소 그 활동이 완결된다고 하는 것이 옳을 것이다. 바로 이 점에 지각의 뿌리 깊은 실용적 성격이 있다. 이미 말했듯이 우리에게 최초로 주어지는 것은 순수감각이 아니라 기억이나 상상을 내포한 지각이라는 것은, 이런 신경작용의 행동적·실용적 성격을 생각하면 오히려 당연한 일이리라.

시각을 전제로 하여 비로소 사고가 가능해진다. 모든 것이 반사적인 행동이라면 사고할 필요는 없으며, 그 여지도 없다. 사고는 지각에 의거하여 자극이 갖는 의미를 비교·고찰하고 온갖 반응의 가능성을 이미지 또는 관념의 형태로 데생함으로써 가장 적절한 행동을 택한다. 그때의 사고는 지각처럼 현재 주어져 있는 자극에 밀착하는 것이 아니고, 의식적으로 과거의 경험을 이용하고 미래의 조건을 상상함으로써 앞을 내다볼 수가 있다. 즉 사고는 아직 실현되어 있지 않은 온갖 행동을 시행한다. 그리하여 과거 경험의 일반화에 의해 획득한 보조적 지식을 매개로 하여 발생하는 모든 조건의 변화를 선취(先取)하고, 그것이 목적을 달성하기 위해 가장 적절한 행동인지 그렇지 않은지를 고찰한다.

　이와 같은 의미에서 사고는 역시 행동의 연기이며 유보이다. 다시 말해서, 목적을 향한 행동이 어떤 방식으로 차단될 때 우리는 사고한다. 행동이 순조롭게 행해지고 있다면 우리는 생각하지 않아도 되는 것이다.

(2) 사고와 언어

　사고에는 신체적 사고와 이미지적 사고와 관념적 사고가 있다. 고양이는 도랑을 뛰어넘기 전에 자세를 갖춘다. 그런데 도랑이 지나치게 넓다면 그냥 포기하고 좀더 폭이 좁은 곳을 찾을 것이다. 이런 것이 사고 과정의 신체적 표출이며 동시에 확인의 과정이다.

　우리는 생각할 때 흔히 이미지의 도움을 빌리게 된다. 초보자는 바둑의 정석을 배우기 위해 바둑판을 머릿속에 떠올리고 그 위에 이미지로서의 돌을 늘어놓는다. 가구를 살 때는 상상 속에서 몇몇 가구를 방에 배치하고 방의 형태나 크기 등의 균형을 생각한다. 그러나 방의 크기를 알고 있을 경우 우리는 가구를 자로 재보고 나서 나머지 공간을 수량적으로 계산할 것이다. 이 과정은 거의 이미지 없이 행해진다. 사고는 보편적인 관계나 구조가 문제되면 될수록 구체적인 사물의 이미지를 떠나 추상적인 관념의 조작에 가까워진다. 구체적인 사물의 이미지를 사용하여 수학을 생각하는 일은, 산술의 수준에서조차 이미 불가능하다고 할 수 있다.

　이리하여 추상적인 사고는 보통 언어나 기호와 밀접하게 결부되어 있으므로 말이 없는 사고는 생각할 수 없을 정도이다. 하지만 신체적 사고를 제외한 보편적 의미로서의 사고에 국한하더라도 구체적 이미지에 의한 사고도 있게 마련이므로 사고와 언어의 결부는 필연적인 것이라고는 할 수 없다. 그러나 그것이 마치 필연적인 것처럼 결부되어 있다고 하면, 아마도 사고의 활동과 언어의 활동 사이에는 상당한 유사성이 있을 것이다.

첫째로 사고나 언어 행위에 있어 우리는 거기서 생각되고 또한 진술되고 있는 활동을 잠시 접어두고 관념적 표상(表象)이나 혹은 기호적 표현에 의해 그것을 대생한다. 즉 그것들은 행동과 비교했을 때 일종의 대리행위이며 상징적 행위인 것이다.

둘째로 사고는 관념적 표상의 조작이지만, 언어는 외면적 음성 내지는 외면적 문자의 계기와 동시에 관념적 표상, 즉 개념의 계기를 내포한다.

셋째로 사고는 구체적 상황 속에서 문제를 형성하고 있는 보편적인 계기나 구조를 추상하고 그것들을 변형함으로써 문제를 해결한다. 이에 비해서 언어는 개별적 사상이 아니고 사상의 부류를 표현하는 보편적 심벌을 매개로 하여 구체적 현실을 추상하고 그것을 보편적 표현의 차원으로 옮기는 조작이다. 즉 양사는 어느 것이나 추상되고 보편화된다.

이와 같은 공통성이 있기 때문에 우리는 문제의 상황 속에 포함되어 있는 보편적인 모든 계기를 언어 혹은 기호에 의해 정하고 더욱 용이하게, 또한 확실하게 그런 계기를 관념적으로 조작할 수 있는 것이다.

사고는 자기와의 대화라고 표현되기도 한다. 우리는 깊은 생각에 잠겨 있을 때 흔히 혼잣말을 중얼거리게 된다. 그렇다면 혼잣말은 언어가 사고로 내면화하는 과정에서 중요한 역할을 담당하고 있는 것이 분명하다.

아무튼 언어적 사고의 발달과 함께 사고는 구체적인 이미지로는 떠올릴 수 없다고 생각되는 추상적·개념적인 사상마저도 자유롭게 조작하고 질서 있는 추론을 행할 수 있다. 그것이 사고의 유효성과 보편성을 눈에 띄게 증대시 킨다는 사실은 새삼 말할 필요도 없을 것이다.

(3) 사고의 방법

우리가 사물을 인식하는 데는 직접적으로, 즉 지각이든 통찰이든 직관에 의해 포착하는 것과, 간접적으로, 즉 추론을 매개로 하여 사물을 인식하는 두 가지 방법이 있다. 그리하여 간접적 인식은 무엇인가로부터의 추론인 이상, 이 무엇인가는 먼저 직접적 인식에 의해 포착되어야 한다.

직접적 인식은, 그것이 직접적이라고 해서 간접적 인식보다 확실한 것은 아니다. 아리스토텔레스에 의하면 지상의 모든 원소는 직선적으로 운동한다고 한다. 따라서 수평으로 던져진 물체는 잠시 직선운동을 한 뒤 돌연 방향을 바꾸어 수직으로 낙하한다고 생각되었다. 매우 기묘한 이 사고방식은 갈릴레이의 시대까지만 해도 진지하게 믿어졌던 당시의 가장 확고한 지식이었다. 그 무렵의 학자라도 돌이 수평으로 던져지는 것을 한번도 본 일이 없었으리라고는 생각되지 않으므로, 아리스토텔레스의 견해라는 '색안경'을 통해 보고 있었던 그들로서는 사실상 그렇게밖에 볼 수 없었을 것이다. 방사체(放射體)가 포물선을 그리며 운동한다는 갈릴레이의 새로운 발견은 당시의 지식인들에게 충격을 준 과학상의 놀라운 주장이었을 뿐만 아니라 그들의 세계관 전체를 뿌리째 뒤흔드는 대사건이었던 것이다.

우리는 이 에피소드를 웃어넘기지만, 우리 자신도 그들과 같은 우스꽝스러운 색안경을 쓰고 있는 것은 아닐까? 그러므로 직접적 인식의 경우에는 먼저 우리가 무의식중에 쓰고 있는 색안경을 벗지 않으면 안 된다. 이 조작을 '환원'이라고 부른다. 첫째로 주관적인 선입관을 괄호 속에 넣어 배제해야 한다. 둘째로는 갖가지 가설이나 이론이나 지식을 통해 대상을 보는 것을 삼가야 한다. 셋째는 우리가 무의식중에 갖고 있는 사회적·관습적인 사물의 견해가 작용하지 않도록 해야 한다. 넷째로 인류 전체가 사물에 대해 갖고 있는 인간 중심적인 견해를 반성해야 한다.

우리는 이렇게 해서 환원된 대상의 본질을 직관해야 하는 것이다. 이 경우 '본질'은, 대상에 숨겨져 있어서 보통의 방식으로는 우리에게 인식되지 않는 신비적인 '무엇인가'를 의미하는 것이 아니다. 소리의 본질을 잡으려고 할 때 우리는 먼저 온갖 소리를 현실로 듣거나 떠올리거나 한다. 이때 우리는 이미 막연하나마 소리의 본질을 예감하고 암묵리에 그것을 파악하고 있는 것이다. 왜냐하면 소리를 문제로 할 때, 우리는 졸졸 흐르는 냇물 소리나 미사곡의 한 구절은 떠올리지만, 결코 구름이나 나무 그루터기나 소파를 떠올리지는 않기 때문이다. 이렇듯 우리가 무의식중에 소리를 소리가 아닌 것과 구별하고 있는 이상, 비록 개념적인 방식은 아니라 하더라도 소리를 소리답게 하는 것, 즉 소리의 본질을 어떤 방식으로든 포착하고 있는 것이다. 이 암묵의 양해를 배제하고 대상의 본질을 정착시키는 조작이 곧 '본질 직관'이다.

그때 우리는 여러 가지 소리를 현실적으로 비교하든가 단지 상상하든가 한다. A라고 하는 소리에는 포함되어 있지만 B나 C의 소리에는 없는 듯한 성질은 소리의 본질이라고 할 수 없을 것이다. 소리의 본질이란 온갖 소리를 듣거나 상상할 때 그 모든 소리에 공통된 특질로서 서로 합치되고 포개지며 저절로 연상되는 것이 아니면 안 된다. 달리 표현하면, 저마다의 소리와 '필연적으로 결부되고' 그것을 제거하면 대상은 이미 소리가 아닌 것이 되고 마는 그런 '분리 불가능한' 것이 바로 소리의 본질이다. 이 조작은 현실의 온갖 소리를 듣는 것으로도 행해지지만, 그것에는 큰 제약이 있으므로 보다 자유로운 상상에 의해 행해지는 경우가 많다. 그런 이유로 이 본질직관의 조작은 '자유변경' 또는 '상상변경'이라고 불린다.

그러나 본질직관에 의해 포착된 본질은 반드시 절대 확실하다고 할 수는 없다. 왜냐하면 앞서 말한 환원을 완전히 행하기는 어렵고, 완전히 자유롭게 상상하는 일은 현실적으로 거의 불가능하기 때문이다.

그러므로 선입관을 버리고 상상을 풍부하게 하기 위해 우리는 쉴새없이 시간적·공간적, 혹은 질적으로 '다른 것'의 관점을 가르치는 여러 학문의 성과를 참조해야 한다. 이를테면 역사학이나 발달심리학은 시간적으로, 인문지리학이나 문화인류학은 공간적으로, 정신병리학이나 생태학은 그 어떤 정도에 있어 질적으로 자기의 밖에 서보는 것을 가능하게 한다. 이리하여 전통이나 이론이나 취미 등 온갖 선입관에 사로잡힌 자기중심적인 견해를 떠나 대상을 재조명할 때, 마치 그림찾기의 경우처럼 대상을 보는 견해의 구조가 달라지게 된다. 이것이 '구조변환' 혹은 '재중심화'이다. 이 조작에 의해 사물에 대한 우리의 견해는 개인이나 문화가 갖는 특정의 관점에 제약되는 일이 보다 적어지고, 본질직관에 의해 파악되는 본질은 보다 고도의 보편성을 얻게 된다.

직접적으로 인식된 사항은 명제에 의해 나타낸다. 이런 명제의 짝짓기로부터 다른 명제가 추론될 때, 이런 형태의 인식을 간접적 인식이라고 한다. 왜냐하면 추론에 의해 얻어진 결론은 직접적으로 인식된 것은 아니기 때문이다. 추론은 크게 연역적 추론과 환원적 추론으로 분류할 수 있다.

연역적 추론은 'P라면 Q, 그러나 P, 때문에 Q'라는 형식을 취하며 절대로 확실한 추론이다. '그것이 중수(重水)라면 비등점은 섭씨 101도 4분이다'라는 명제가 '참'일 때, '그것이 중수'임이 증명되어 있다면 우리는 '그것의 비등점은 섭씨 101도 4분이다'라고 확실히 추론할 수 있다. 이와 같은 연역적 추론의 기초에 있는 논리법칙을 연구하는 것이 형식논리학이다.

환원적 추론은 'P라면 Q, 그러나 Q, 때문에 P'라는 기본 형식을 취하는데, 형식논리학의 규칙으로 말한다면 잘못된 추론이며 절대로 확실하다고는 할 수 없다. '신장병 환자에게서는 단백뇨가 나온다'라는 명제가 '참'일 때, '환자는 단백뇨가 나온다'는 것이 '참'으로서 확인되었다 하더라도 '신장병에 걸렸다'는 결론이 '참'이라고 단언할 수는 없다. 신장병 때문이 아닌 기립성(起立性)의 단백뇨 등도 있기 때문이다. 이런 식의 추론은 이론적으로는 충분히 기반이 확립되어 있지 않지만, 일상생활은 물론 과학에서도 흔히 사용되고 있는 것이다.

(4) 그리스의 영광

기원전 492년, 그리스는 제1차 페르시아 전쟁이라는 국난을 맞게 되는데, 그후 기원전 480년 제3차 페르시아 전쟁에서 마침내 승리를 거둔다. 그 이후 1세기 반 동안은 그리스 문명의 영광시대였다. 물론 그 사이 아테네와 스파르타의 패권 다툼, 그리고 기원전 338년에는 사실상 마케도니아의 지배를 받는 수모를 겪기도 했지만, 이 기간에 걸쳐 그리스인의 사상이나 창조적·예술적인 열망은 극도로 높아졌고, 그들의 수많은 업적은 그 뒤의 역사를 통해 인류를 지도하는 광명이 되었던 것이다.

이 정신활동의 지도적 중심은 아테네였다. 왜냐하면 아테네를 30년 남짓 지배한 인물이 저돌적이며 자유롭고 활달한 페리클레스(Perikles)였기 때문이다. 그는 페르시아인에 의해 잿더미가 된 아테네 시를 재건하고자 노력한 인물로서, 오늘날 아테네가 자랑하는 웅장한 건축물은 거의 그의 노력의 유산이다. 더구나 그는 아테네를 물질적으로도 재건했다. 그는 건축가나 조각가뿐만 아니라 시인, 극작가, 철학자 등 많은 인재를 불러모았다. 헤로도토스는 그의 저서인 《역사》를 낭독하기 위해 아테네를 찾았다. 아낙사고라스(Anaxagoras)는 태양이나 별에 대한 최초의 과학적 기술(記述)을 가지고 나타난다. 소아시아의 클라조메네에서 태어난 아낙사고라스는 철학에 처음으로 예지적인 원리와 이성을 도입했고, 이성이 세계(그것은 각기 다른 성질을 가진 무수한 원소의 이합집산으로 생각된다)를 지배한다고 생각했다. 아낙사고라스의 철학은 소크라테스에게도 많은 영향을 주었다.

페리클레스 시대 훨씬 이전부터 그리스 제도 특유의 자유로 인해 웅변술이 매우 중요시되었다. 사물의 결정은 국왕도 성직자도 아닌 민중의 집회 또는 지도자에 의해 이루어졌다. 그리하여 웅변 및 역설이 특히 바람직한 교양이 되었고, 그로 인해 소피스트(궤변가)라는 일종의 교사들이 나타나 젊은이들의 웅변술을 장려하기에 이르렀다. 그러나 내용 없이는 추론할 수 없었으므로 변설에 이어 지식을 추구하게 되었다.

또한 소피스트의 활동이나 경쟁 결과 지극히 당연하게도 사고방식이나 논의의 견실성이 엄밀히 음미되기에 이르렀다. 페리클레스가 세상을 떠나자 소크라테스(Socrates)라는 인물이 잘못된 논의―확실히 궤변가들이 가르친 많은 논의가 잘못된 것이었다―의 유능한 파괴적 비판자로서 유명해지게 되었다. 많은 재능 있는 젊은이들이 소크라테스의 주위에 모여들었지만, 결국 소크라테스는 민심을 어지럽혔다는 이유로 처형되었다(기원전 399년). 소크라테스는 저작을 남기지 않았다. 그는 학원도 열지 않았으며, 교수에 의한 보수도 바라지 않았다. 그는 아테네의 거리에서 누구라도 가리지 않고 함께 인생 궁극의 문제를 논의했으며, 덕과 복이 결합된 선인의 생전, 사후에 있어서의 정복(淨福)이 되는 까닭(세계의 도덕적 질서)을 사람들에게 설파하고, 그들로 하여금 삶의 영원한 지성에 대해 고찰하도록 했던 것이다. 소크라테스가 죽자 그의 가르침은 제자들에 의해 계승되었다.

플라톤(Platon)은 소크라테스의 제자 중 한 사람으로서, 이윽고 아카데미 학원에서 철학을 강의했다. 그의 가르침은 인간의 사고의 기초 및 방법에 대한 음미와 정치조직에 대한 음미로 나누어진다. 그는 유토피아, 즉 어떤 현존사회와도 다른 가장 뛰어난 사회에 대해 기술한 최초의 사람이다. 이는 종래의 사회적인 전통이나 관습을 거의 의문 없이 받아들인 인간정신에 있어서의 전대미문의 대담성을 제시하는 것이었다. 플라톤은 말했다. "여러분이 괴로워하고 있는 사회적 및 정치적 사악의 대부분은, 그것을 개조하려는 의지와 용기만 있다면 여러분의 뜻대로 변화하게 된다. 여러분이 만일 나아가 생각하고 창조한다면 지금과는 다른 좀더 현명한 방식으로 생활할 수 있다. 여러분은 자신의 힘을 깨닫지 못하는 것이다."

사유 방법 및 통치 방식의 비판은 플라톤이 죽은 후에도 그 제자로서 루케이언 학원에서 강의한 아리스토텔레스에 의해 계속되었다. 사유 방법에 관한 아리스토텔레스의 노력은 논리학을 고도의 수준, 즉 중세의 철학파가 그 낡은 문제를 다시 규명하기에 이르기까지 1500년 이상이나 더 이상의 진전 없이 머물렀을 정도의 수준으로까지 끌어올렸다. 그는 유토피아 이야기를 쓰지 않았다.

아리스토텔레스의 말에 의하면, 플라톤이 일깨워주었듯이 인간이 참으로 자기의 운명을 좌우하기 위해서는 자신이 이미 갖고 있는 것보다도 더 많은 지식과 더 정확한 지식이 필요하다고 한다. 그리하여 아리스토텔레스는 지식의 체계적 집성, 즉 우리가 오늘날 과학이라고 부르는 것에 대한 고찰을 시작했다. 그는 탐색자를 파견하여 '사실'을 수집하게 했다. 그는 박물학(博物學)의 아버지이며 또한 정치학의 건설자였던 것이다.

(5) 알렉산드로스 대왕의 유산

알렉산드로스는 페르시아와 이집트를 정복하고, 그의 원정군은 인도의 인더스 강에 이르러 공전의 대제국을 건설했다. 그의 동정(東征)에 의해 그리스 문화의 동점(東漸), 즉 오리엔트 문화와의 융합이 실현되어 이른바 '헬레니즘 문화'가 싹트게 되었다. 그러나 알렉산드로스는 기원전 323년 겨우 33세의 나이로 요절하고 그의 제국은 시리아, 이집트, 마케도니아의 세 왕국으로 분열되었다. 이때부터 로마가 신흥도시로 나타나게 되는데, 그들의 대제국을 건설하기까지의 기간을 헬레니즘 시대라고 부른다.

알렉산드로스가 죽자 세계의 지적 활동에 있어서의 지도권은 이윽고 지중해를 건너 대왕이 건설한 알렉산드리아로 옮겨졌다. 마케도니아의 장군 프톨레마이오스(Ptolemaios)는 그리스어를 사용하는 궁정을 가진 그 고장의 왕으로 추대되었다. 그는 왕이 되기 전부터 알렉산드로스와 친분이 두터웠는데, 그로 인해 자주 접하게 되었던 대왕의 스승 아리스토텔레스의 사상에 깊이 감화되었다.

이에 알렉산드로스도 아리스토텔레스에게 많은 연구비를 주었지만, 프톨레마이오스 1세는 영구적인 과학연구 기금을 내놓은 최초의 인물이었으며, 박물관을 만들었다. 그후 2대와 3대를 거치는 동안 알렉산드리아에서 이루어진 과학적 연구는 매우 훌륭한 것이었다. 그 시대의 과학적 선두자로서 특히 유명한 사람으로는 《기하학 원본》을 쓴 유클리드(Euclid), 그 정확한 지름에서 불과 50마일 정도의 오차밖에 나지 않을 만큼 지극히 정밀하게 지구의 크기를 측정한 에라토스테네스(Eratosthenes), 《원추곡선론(圓錐曲線論)》을 쓴 아폴로니오스(Apollonios), 최초의 별그림 및 별의 목록을 만든 히파르코스(Hipparchos), 최초로 증기기관을 고안한 헤로 등이 있다. 아르키메데스는 시라쿠사로부터 알렉산드리아로 와서 공부했고, 그 뒤에도 자주 박물관과 편지 왕래를 했다.

프톨레마이오스 1세의 업적은 가장 근대적인 사고방식으로 새로운 지식의 발견을 장려했다는 데 그치지 않는다. 그는 또 알렉산드리아 도서관을 백과전시적인 영지의 창고로 만들려고 했다. 이것은 단순한 도서관이 아니고 도서의 복사 및 판매의 기관이기도 했다. 여기에 바로 우리의 현재와 같은 생활을 형성하는 지적 작업의 결정적인 출발점이 있으며, 지식의 조직적 수집 및 분배가 있는 것이다. 이 박물관과 도서관의 설립은 인류 역사에서 일대 기원을 이루는 것이었다. 요컨대 그것은 '근대사'의 참된 시작이었던 것이다.

알렉산드리아는 기원전 3세기 그리스인의 지적 활동의 유일한 중심지는 아니었다. 이를테면 시칠리아 섬의 시라쿠사에서는 사상이나 과학이 2세기에 걸쳐 번성했고, 소아시아의 페르가몬에는 대도서관이 있었다. 다만 이와 같은 연구사업과 전파사업은 유종의 미를 거두지 못했다. 당시 유리공이나 금속공은 사상가들과의 정신적 접촉이 없었다. 그렇기 때문에 그 이상의 학문적 발달도 이루어지지 못했던 것이다.

(6) 로마의 출현

이탈리아는 기원전 1000년경에는 산과 산림의 나라였고, 인구가 적었다. 인도 게르만 어족은 이미 이 반도에 정착하여 작은 고을이나 도시를 구축해 놓았으며, 남단에는 그리스인의 식민지가 산재했다. 그리고 에게 민족으로 생각되는 에트루리아인이 반도의 중앙부를 차지하고 있었다.

로마의 세력 확장은 기원전 5세기부터 시작되었다. 기원전 474년 에트루리아인의 대함대가 시라쿠사의 그리스인에 의해 침몰되고, 북쪽으로부터 갈리아인이 내려옴으로써 로마인은 에트루리아인을 몰아낼 수 있었던 것이다. 로마인의 세력이 강해짐에 따라 페니키아의 해양민족이 건설한 카르타고와 충돌하게 되었다. 그것이 기원전 264년에 발발하여 3차에 걸쳐 계속된 '포에니 전쟁'이다. 제1차 포에니 전쟁으로 로마는 시라쿠사를 제외한 전 시칠리아 섬을 차지했다(기원전 241년).

로마와 카르타고는 22년 동안 평화 상태를 유지하다가 다시 기원전 215년에 충돌했다. 이때 카르타고는 한니발이라는 영웅의 지휘하에 로마군을 격파하고 로마에까지 진격했지만 끝내 함락시키지는 못했다. 결국 최후의 승리는 로마에게로 돌아가고 한니발은 자살하고 말았다.

그 뒤 로마는 카르타고와 56년 간 평화를 유지하는 한편 그리스, 이집트,

소아시아를 침략하여 세계 제패의 기초를 다졌던 것이다. 그리하여 기원전 146년, 카르타고는 마침내 로마에 의해 멸망하고 말았다

로마 제국은 몇 가지 점에서 그 이전에 문명세계를 지배했던 어느 제국과도 달랐다. 즉 로마는 처음에 왕국이 아니었다. 또한 한 사람의 위대한 정복자가 세운 나라도 아니었고, 그렇다고 최초의 공화제 국가도 아니었다. 말하자면 로마 제국은 사전의 계획 없이 자연스럽게 성장한 제국이었던 것이다. 그리고 그 종교와 문화는 그리스로부터 많은 영향을 받기는 했지만, 일정한 체계가 잡히지 않은 조잡한 것이었다.

(7) 세계제국과 세계종교

예루살렘은 유대교의 중심지라기보다는 오히려 그 상징이었지만, 로마군에 의해 기원전 65년 점령되었다. 그리하여 예수 그리스도가 예루살렘에서 태어난 것은 최초의 로마 황제인 옥타비아누스(Octavianus)가 로마를 통치하고 있을 때였다. 예수의 생애와 가르침에 대한 우리 지식의 유일한 직접적인 근원은 '4복음서'이다. 그는 30세경부터 설교를 시작했다. 그 이전의 그의 생활에 대해서는 알려진 바가 없다.

예수의 기록에서 요점을 뽑는다면, 그는 보편적인 사랑을 가진 '아버지인 신'과 '천국'의 도래(到來)를 가르치는 인물로 표현된다. 예수의 주요한 가르침으로서의 '천국'의 교리는 일찍이 인간의 사상을 들끓게 하고 변화시킨 가장 혁명적인 교리의 하나였다. 당시의 사람들이 이 교리의 의의를 충분히 파악하지 못하고 인류의 종래의 습관이나 제도에 대한 그 놀라운 도전을 반쯤

이해했을 뿐으로 몹시 두려워했던 것도 결코 무리는 아니다. 왜냐하면 예수가 설파한 천국의 교리는 악전고투하는 우리 인류 생활의 완전한 변화 및 정화, 그리고 외적 및 내적 생활의 철저한 청정화를 대담하면서도 단호히 요구하는 것이었기 때문이다.

유대인들은 전세계의 유일신은 '정의의 신'이라고 믿고 있었다. 또한 그들은 이 신이 그들의 조상 아브라함과의 거래에 의해 종국에는 세계를 제패하게 해주겠다는, 그들에게 있어서는 참으로 편리한 계약을 맺은 신이라고 생각하고 있었다. 그리하여 그들은 그들에게 주어졌다고 믿는 소중한 보증을 파괴하는 예수의 말에 놀라고 격분했던 것이다. 예수의 말에 의하면, 신은 거래의 계약을 하는 장사꾼은 아니다. 천국은 특별히 뽑힌 민족이 가는 곳도 아니거니와 또한 특별히 신의 총애를 받는 인간은 없다. 신은 살아 있는 인간 모두의 자비로운 아버지고 평등하게 우리를 비추어주는 태양과 같다. 그러므로 모든 인간은 형제이다 — 요컨대 인간은 모두 죄인이고 한편 모두 아버지이신 신의 사랑하는 아들인 것이다.

선량한 사마리아인의 우화(〈누가복음〉 10장 30~35절)에서 예수는 자기의 국민을 찬미하고, 자기와는 다른 신조를 가지고 있거나 인류의 정의·정도를 경시하려고 하는 우리 모두가 빠지기 쉬운 자연스러운 경향을 경멸하고 있다. 또 일꾼의 우화(〈마태복음〉 20장 1~16절)에서 예수는 신에 대한 특수한 진리를 얻으려는 끈질긴 요구를 일축하고 있다. 그의 가르침에 의하면 신은 천국에 오는 모든 자를 동등하게 취급한다. 신에게 있어 차별이란 없다는 말은, 신의 은총에는 한계가 없다는 것이 된다. 그 위에 숨겨진 달란트의 우화(〈마태복음〉 25장 14~30절)가 입증하듯이, 혹은 과부의 연보 이야기(〈마가복음〉 12장 41~44절)가 강조하듯이 예수는 모든 자에 대해 가능한 한 모든 것을 요구한다. 천국에는 아무런 특권도, 아무런 할일도, 아무런 변명도 없는 것이다.

그러나 예수가 꾸짖는 것은 유대인의 강렬한 종족적 애국심만은 아니다. 유대인은 강렬한 가족적 충성심을 가진 민족이었다. 그래서 예수는 모든 비좁고 제한된 가족애를 신의 넘치는 사랑 속에 몰입시키려고 했다. 천국의 가족은 예수의 신도들로 구성되어 있지 않으면 안 되는 것이다. "예수께서 무리에게 말씀하실 때에 그 모친과 동생들이 예수께 말하려고 밖에 섰더니, 한 사람이 예수께 여짜오되 '보소서, 당신의 모친과 동생들이 당신께 말하려고 밖에 섰나이다' 하니 말하던 사람에게 대답하여 가라사대 '누가 내 모친이며 내 동생들이냐' 하시고 손을 내밀어 제자들을 가리켜 가라사대 '나의 모친과 동생들을 보라. 누구든지 하늘에 계신 내 아버지의 뜻대로 하는 자가 내 형제요 자매요 모친이니라' 하시더라〈마태복음〉 12장 46~50절)."

그리하여 예수는 신의 보편인 부성(父性)과 전인류의 동포성(同胞性)의 이름으로 애국심과 가족적 사랑에 의한 단결을 공격했을 뿐만 아니라, 그의 가르침은 분명히 경제제도상의 온갖 등급, 온갖 사적 재물 및 개인적 이익을 비난했던 것이다. 만인은 천국에 속하고 만인이 가진 모든 물질도 천국에 속한다. 만인을 위한 유일한 바른 생활이란, 우리의 전재산과 우리의 전능력을 갖고 신의 뜻을 행하는 일이다. 예수는 되풀이해서 사적 재물과 사적 생활의 권익 유보를 비난했던 것이다.

"예수께서 길에 나가실 때 한 사람이 달려와서 꿇어앉아 묻기를 '선한 선생님이여, 내가 무엇을 하여야 영생을 얻으리이까.' 예수께서 이르시되, '네가 어찌하여 나를 선하다 일컫느냐, 하나님 한 분 외에는 선한 이가 없느니라. 네가 계명을 아나니 살인하지 말라, 간음하지 말라, 도적질하지 말라, 거짓증거하지 말라, 속여 취하지 말라, 네 부모를 공경하라 하였느니라.' 여짜오되 '선생님이여, 이것은 내가 어려서부터 다 지키었나이다.' 예수께서 그를 보시고 사랑하사 가라사대 '네게 오히려 한 가지 부족한 것이 있으니 가서 네 있는 것을 다 팔아 가난한 자들에게 주라. 그리하면 하늘에서 보화가 네게 있으리라. 그리고 와서 나를 좇으라' 하시니 그 사람은 재물이 많은 고로 이 말씀으로 인하여 슬픈 기색을 띠고 근심하며 가니라. 예수께서 둘러보시고 제자들에게 이르시되 '재물이 있는 자는 하나님의 나라에 들어가기 심히 어렵도다' 하시니 제자들이 그 말씀에 놀라는지라. 예수께서 다시 대답하여 가라사대 '애들아, 하나님의 나라에 들어가기는 몹시 어려워서, 약대(낙타)가 바늘귀로 나가는 것이, 부자가 하나님의 나라에 들어가는 것보다 쉬우니라' 하시니라(〈마가복음〉 10장 17~25절)."

그뿐 아니라 예수는 만인을 모두 신에게 있어 하나의 것으로 한다는 저 천국에 관한 놀라운 예언에서 형식 종교의 거래적인 정의관을 사정없이 타파했다. 기록되어 있는 예수의 말씀 가운데 또 하나의 큰 부분을 이루는 것은. 경건한 생애를 보내기 위한 율법을 지키는 데 소심하기 짝이 없는 태도를 비난한 것이었다. "이에 바리새인들과 서기관들이 예수께 묻되 '어찌하여 당신의 제자들은 장로들의 유전을 준행치 아니하고 부정한 손으로 떡을 먹나이까.' 가라사대 '이사야가 너희 외식하는 자에 대하여 잘 예언하였도다. 기록하였으되 이 백성이 입술로는 나를 존경하되 마음은 내게서 멀도다. 사람의 계명으로 교훈을 삼아 가르치니 나를 헛되이 경배하는도다 하였느니라. 너희가 하나님의 계명은 버리고 사람의 유전을 지키느니라.' 또 가라사대 '너희가 너희 유전을 지키려고 하나님의 계명을 잘 저버리는도다' 하시더라(〈마가복음〉 7장 5~9절)."

예수가 말하고 전도한 것은 도덕적 변혁과 사회적 변혁만은 아니었다. 예수는 세계를 개혁하려고 했다. 예수의 말에 의하면, 천국이란 이 세상의 것이 아니고, 그것은 인간의 마음속에 있으며, 제왕 위에 있는 것은 아니다. 그러나 어디서 또 어느 정도로 천국이 인간의 마음속에 건설된다 해도, 그 정도에 따라 외적 세계도 변혁되고 갱신되어야 한다는 것은 자명한 이치다. 예수의 반대자와 박해자들이 심한 충격을 받고 예수를 처형한 것도 이 때문이었다.

'4복음서'를 통해 우리는 예수의 인격과 가르침을 이해할 수 있지만, 그리스도교의 교리는 거의 모른다. 그리스도적 신앙의 큰 줄기가 제시되고 있는 것은 '사도서(使徒書)'이다. 기독교 교리의 작성자 중 중요인물은 성(聖)바울이었다. 그는 예수를 본 적도 없거니와 설교를 들은 일도 없었다. 그는 처음에 그리스도 처형 후의 작은 사도단 박해자로서도 알려진 인물이다. 그런 그가 갑자기 개종하여 기독교의 열렬한 전도자가 되었다. 그는 유대교에 정통했고 또한 당시의 미트라교 및 알렉산드리아의 종교에도 정통했다. 그리하여 이런 종교의 사고방식이나 용어의 많은 부문을 그리스도교에 도입했다. 그는 예수의 근본적인 가르침, 즉 천국에 대한 가르침을 확대하거나 발전시키는 일은 거의 하지 않았지만, 예수야말로 약속된 구세주이고 예수의 죽음은 인류를 구원하기 위한 희생이라고 가르쳤던 것이다.

성바울과 그 제자는 사람들로 하여금 예수를 이집트의 신과 마찬가지로, 재생하여 인간에게 불사불멸을 주기 위해 죽은 신이라는 관념에 젖도록 했다. 그리하여 확대되어 가는 그리스도 교계는 이 '예수인 신'과 '인류의 아버지인 신'과의 관계에 대한 복잡한 신학적 논쟁에 의해 크게 분열되었다. 아리우스파는 예수 또한 신이지만 아버지인 신과는 다르며 그 아래에 위치한다고 가르쳤다. 시베리우스파는 예수는 아버지인 신의 일부분에 지나지 않는다는 것, 그리고 신은 동시에 예수이고 또한 아버지인 신이라고 가르쳤다. 또 '삼위일체파'는 신은 하나의 신임과 동시에 세 가지 — 아버지인 신과 아들인 신 및 성령이라고 하는 참으로 미묘한 교리를 가르쳤다.

한동안은 아리우스 설이 그 경쟁자를 능가하는 듯싶었으나, 이윽고 논쟁이나 폭력이나 전쟁이 있은 뒤 삼위일체파의 신조가 전 그리스도 교도 공인(公認)의 것이 되었다. 그 가장 완전한 표시는 아타나시우스파의 신조에서 볼 수 있다.

아무튼 예수 자신의 가르침은 참으로 인류의 도덕적 및 정신적 생활에 있어 새로운 국면을 열었다. 신은 보편적인 아버지고 모든 인간은 형제라고 하는 주장이나, 신이 깃들인 살아 있는 전당으로서의 각 인격의 신성에 관한 주장은, 인류의 사회적 및 정치적 생활 전체에 깊은 영향을 미치지 않을 수 없었다.

그리스도교와 함께 예수의 가르침이 전파되면서 인간으로서 인간에 대한 새로운 존경심이 세계에 나타났다. 그리스도 사후의 첫 2세기 동안에 그리스도교는 로마 제국 구석구석까지 퍼지고, 쉴새없이 증가하는 다수의 개종자들을 사상 및 의지의 신공동체 속에 편입시켰다. 로마 황제들의 태도는 혹은 적대적이었고 혹은 관대했다. 2세기에도 3세기에도 이 새로운 신앙을 압박하려는 시도가 있었다.

그리하여 마침내 303년 이후 디오클레티아누스(Diocletianus) 황제 아래서 대박해가 있었다. 수많은 교회의 재산은 몰수되고 성서나 종교서는 압수당해 불태워졌으며, 그리스도 교도는 일반 법률 밖으로 내쫓겼고 많은 자가 순교했다. 그러나 이 대박해는 실패로 돌아갔다. 많은 속주에서 이 박해가 실패한 것은 주민의 대부분과 관리의 다수가 그리스도 교도였기 때문이다. 이리하여 317년에는 관용의 칙령이 부황제 갈레리우스에 의해 공포되었고, 324년에는 콘스탄티누스 대제가 즉위하여 그리스도교를 로마 제국의 종교로서 공인하게 되었다.

(8) 철학자의 돌

서력 610년, 25세의 마호메트는 알라신의 첫 계시를 받았다. 그러나 그는 메카의 부유한 상인의 미망인과 결혼한 젊은 남편으로서 역사에 처음 나타났을 뿐이었다. 40세가 될 때까지 그는 세상의 눈길을 끌 만한 일은 거의 하지 않았다. 당시 메카는 아라비아 전역에 알려진 '카버(Kaaba)'라는 하나의 검은 돌을 숭배하는 우상 신자의 도시였고 순례자의 중심지였다. 그러나 이 지방에는 다수의 유대인이 있었고, 또한 시리아에는 그리스도 교회가 있었다.

40세가 되자 마호메트는 예언자적 기질을 드러내기 시작했다. 그는 우선 자기 아내에게 유일신과, 그리고 덕에 대한 보상이나 죄에 대한 벌을 이야기했다. 그의 사상이 유대인이나 그리스도 교도의 관념에서 많은 영향을 받았다는 것은 의심의 여지가 없다. 그는 주위에 몇몇 신자를 불러모았고, 이윽고 시내로 나가 당시 유행하던 우상숭배를 공격하는 설교를 시작했다. 이 일은 시민들의 강한 반발을 샀다. 왜냐하면 카버의 순례가 메카 번영의 주요 원칙이었기 때문이다. 그러나 그의 설교는 한결 대담해지고 명확해졌다. 그는 종교를 완성할 사명을 받은 신의 마지막 예언자라고 자칭했고, 아브라함이

나 예수 그리스도는 선구자라고 주장했다.

그의 가르침을 추종하는 세력이 늘어남에 따라 시민의 적의도 또한 높아졌다. 마침내 그를 죽이려는 음모가 진행되자 마호메트는 충실한 벗이며 제자인 아브 베클과 함께 자기의 교리를 채용한 우호적인 도시 메디나로 달아났다. 그리하여 메카와 메디나 사이에 전쟁이 일어났으나, 곧 강화조약을 맺고 종전했다.

조약의 내용은 '메카는 유일신 알라를 예배하며 마호메트를 그 예언자로서 받아들이고 동시에 종전과 다름없이 그 신자가 메카에 순례할 수 있다'는 것이었다. 629년 마호메트는 지배자로서 메카로 돌아왔고, 632년 세상을 뜨기까지 4년 동안 그 가르침을 완성했다.

이리하여 이슬람교가 발생했는데, 그 가르침에는 몇 가지 특징이 있다. 첫째 타협할 줄 모르는 일신교(一神敎)로서 신의 지배와 부성(父性)을 단순하면서도 열렬히 믿으며, 그런 만큼 신학적 복잡성이 없다는 점이다. 둘째 희생을 주관하는 승려나 사원이 전혀 없다는 점이다. 그것은 피의 희생으로 타락할 가능성이 없는 완전한 '예언 종교'였다. 《코란》에는 메카 순례의 규칙에 합당하며 의식적인 성질이 논의의 여지가 없도록 씌어 있고, 또한 마호메트가 사후에 신격화되는 것을 방지하는 온갖 조치가 그 자신에 의해 기술되어 있다.

이리하여 이슬람교는 인간계의 한 세력이 되었다. 634년, 비잔티움의 군대가 요르단 강 지류인 야르뭇에서 분쇄되었다. 이어 이슬람 교도는 시리아, 예루살렘, 페르시아 전역을 정복했다. 이집트는 제대로 저항 한번 해보지 못한 채 이슬람 교도에게 무릎을 꿇었고, 그들은 다시 아프리카 북안을 지나 스페인까지 진격했다. 그리하여 732년 아라비아의 선봉대가 프랑스의 중부까지 쳐들어갔지만 프와티의 완강한 저항을 받고 피레네 산맥 너머로 밀려나고 말았다.

이 사라센 제국은 페르시아에서 마니교나 조로아스터교나 그리스도교의 교리를 수용했을 뿐만 아니라, 그리스어 또는 시리아어로 변역되어 보존되어 있던 그리스의 과학서의 영향도 받았다. 그런 이유로 이집트에서 그리스의 학문을 발견할 수 있는 것이다. 그리고 특히 스페인에서는 활발한 유대인의 탐구나 논의의 전통을 발견했다. 중앙아시아에서는 불교와 중국 문명의 물질적 업적과 만났다. 즉 화약과 종이의 제조법을 배웠던 것이다.

마지막으로 인도에서는 철학이나 수학과 접했다. 《코란》을 세상에 있을 수 있는 유일한 것이라고 믿었던 초기 신앙의 이단 배격적인 자기만족 경향은 매우 빠르게 사라져 버렸다. 아랍인의 정복의 발자취마다 학문이 생겨났다. 이렇듯 처음에 그리스인에 의해 시작된 여러 학문의 수집이나 비판이 다시 시작되었다.

오랫동안 버려진 채 무시되었던 아리스토텔레스가 알렉산드리아 박물관에 뿌린 씨앗이 이제 비로소 싹트고 성장하여 열매를 맺게 되었다. 수학과 의학, 물리학의 놀라운 진보가 있었다. 로마 숫자는 보다 간편한 아라비아 숫자에 밀려났고, 제로(0)의 기호가 처음으로 사용되었다. 대수학(algebra)도 화학(chemistry)도 아랍어 그것이었다. 아랍에서 실험화학자는 연금술사(alchemist)라고 불렸는데, 그들의 정신에는 아직도 많은 몽매함이 남아 있어, 그 방법이나 성과가 되도록 비밀에 부쳐지고 있었다. 그들은 엄청난 가치가 있는 야금(冶金)과 기타 여러 가지 기술, 즉 합금 · 염료 · 증류법 · 향수 · 광학유리 등을 찾아냈다.

그러나 그들이 탐구한 두 가지의 주요 목적은 실패로 돌아가고 말았다. 즉

'철학자의 돌' — 비금속을 귀금속으로 바꾸는 것과, 불로장수의 약을 만들어 내려는 것이었다. 이 연금술사들의 참을성 있는 실험은 그리스도교 세계에까지 퍼졌다. 그리하여 서서히 실험철학자의 연구가 시작된 것이다. 즉 근대적 실험과학의 길이 엉뚱한 곳에서부터 비롯되어 화학의 발달을 촉진했던 것이다.

5. 형이상학과 신앙

(1) 실증과 형이상학

실증(實證)이란 말은 학문 일반에 관해 널리 사용되고 있다. 그렇다면 실증이니 실증적이니 하는 말의 의미는 무엇인가? 그 정확한 표현은 콩트(Comte)의 《실증적 정신론》에 잘 나타나 있다고 생각되므로, 이제 이 저작에 의해 논의를 전개하겠다.

콩트는 실증적(positif)이라는 말을 다음과 같이 분석적으로 설명했다. ① 가공적(le chimérque)에 대한 현실적(le réel). ② 낭비(dépense)에 대한 소용(l'utile). ③ 불확실(l'indécision)에 대한 확실(la certitude). ④ 모호함(le vague)에 대한 명확(le précis). ⑤ 부정·소극적(le négatif) 혹은 파괴(ruine)에 대한 긍정적·적극적(le positif) 혹은 조직(organisation). ⑥ 절대적(l'absolu)에 대한 상대적(le relatif).

먼저 실증적 정신의 첫번째 특색은 현실적이라는 것이다. 따라서 실증주의의 본질은 무엇보다도 먼저 우리 생활의 현실적 요구에 알맞게 적응한 '참'에 근접할 수 있는 인식을 지향하는 데 있다고 하겠다. 그리하여 그 인식은 무익한 호기심에 공허한 만족을 주는 데 있는 것이 아니라 우리의 사생활이나 사회생활의 참된 조건을 끊임없이 개선하려고 하는 데 있다. 그러므로 그 사고는 건전하고 유용하며, 또한 막연한 회의나 끝없는 논의 같은 불확실한 것을 배척하고, 개인에겐 논리적 조화를, 사회에는 정신적 통일을 가져다주는 확실한 기반을 제공한다. 그와 같은 기반 위에서 모호한 것을 물리치고 명확한 지식을 추구하며 한 걸음씩 전진해 나아가는 것이 실증적 정신인 것이다.

이와 같은 정신이 부정성·소극성의 상반된 의미로서 사용되는 적극성을 뜻한다는 것은 자명한 사실이다. 특히 그 작용은 파괴가 아니라 조직하는 일에 있다. 현실적 과학이 체계적으로 발전하여 그 파괴적 작용이 직접 스스로에게 영향을 미치게 된 오늘날 과학에 부과된 조직적 임무는 막중하다. 물론 건전한 사고는 해결이 불가능해 보이는 듯한 문제는 모두 철저하게 배척할 것이다. 그러나 그때 그런 사고는 그 배척의 근거를 말함에 있어, 그 문제에 대해서는 아무것도 부정하지 않는다. 다시 말해서, 특수적이든 일반적이든 간에 사실의 단순한 진술로 환원될 수 있는 명제는 모두 현실적으로 이해할 수 있는 어떤 의미도 제공하지 않는다는 것을 기본적 전제로서 인정하는 것이다.

사실의 실증적 연구는 결코 절대적인 것이 될 수 없고, 우리가 갖고 있는 여러 가지 정신적·신체적 상황과 항상 상대적일 것이 분명하다는 사실이 감득되지 않으면 안 된다. 그렇게 함으로써 그 문제에 대해 서로 대립하는 의견의 어느 한쪽을 긍정하고 다른 쪽을 절대적으로 부정하는 일 없이, 각각의 의견에 대해 그 고유의 가치를 지지하며 긍정하고 부분적·경험적 인식을 조직적 상태로 이끄는 일이 중요한 것이다.

여기에 아무것에도 의존하지 않고 절대성에 대한 지향은 배제되고, 본질적으로 상대성을 띤 실증적 정신의 성격이 제시됨과 동시에 이 상대적 특질로 인해 관찰할 수 있는 온갖 현상 사이에 존재하는 항구적 관계, 즉 법칙의 연구가 본래의 의미로서의 원인 혹은 근거 통찰이 곤란한 경우에 대체하여 이를 보완하고, 회의주의의 의지처가 될 과학적 이론의 자의성(恣意性)을 배제하는 일에 기여하는 것이다. 이것은 실증과학이 자기의 불가결인 소재로서 제공되는 사실의 직접적인 관찰로부터 모든 현상의 법칙을 통찰하는 것을 그 본무(本務)로 삼고 있는데도 불구하고 직접적인 탐구에 '합리적 예견'을 대체함으로써 직접적 탐구를 되도록 모면하려 하고 있음을 말해 주는 것이다. 이 합리적 예견은 모든 현상 사이에서 발견되는 법칙으로부터의 필연적인 귀결인 까닭에 앞에서 제시한 실증적 정신의 모든 속성을 지지하는 것이 된다.

참다운 실증적 정신은 '예견하기 위해 본다'는 것, 즉 현상 사이에서 일반적이고 타당한 법칙을 구하고, 현존하는 것으로부터 앞으로 존재하게 되는 것을 통찰하기 위해, 이 현존하는 것을 연구함을 본무로 한다. 다시 말해서, 실증적 정신은 현상의 현실적인 법칙을 찾아내고, 이 법칙으로서의 '일반적 사실'에 특수한 사실을 결부시킴으로써 그 특수한 사실의 현실성과 효용성을 확보한다.

이렇듯 실증적 견지로부터의 현상 인식에서는 인식을 위한 인식이라는 이른바 순수지(純粹知)가 목적이 아니고 행동이 목적이다. 그것은 단지 사실로부터 이론을 끌어내는 것만이 아니라 다시 사실에 의해 이론을 증명하는 것을 목표로 한다. 따라서 실증과학은 합리적 경험론을 바탕으로 하고 있다고 할 수 있을 것이다.

그러나 이것은 실증적 정신이 완전한 의미에 있어서의 합리성은 아직 획득하지 못했다는 것을 나타내는 것이다. 참다운 합리성은 사물을 보는 자(자아)

와 보여주는 물건(대상)으로 분별하여 그것을 다시 결합시키는 데 있다. 실증적 정신은 이 분별의 입장에서 볼 수 있는 것만을 합리적으로 분석하고 그 일반적 법칙을 추상하여 우리의 개인적 혹은 사회적 실천에 도움이 되는 합리적 도구로 삼으려 하는 것이다. 그 단적인 표현이기도 한 합리적 예견은, 그러나 앞에서 말했듯이 실증적 정신의 상대적 특질에 기초한 것이었다. 새로이 발견한 일반적 법칙도 사실을 일반적으로 설명하기 위한 가설일 뿐이다. 아무리 합리적이라 하더라도 예견은 예견일 뿐이며, 따라서 그것은 사상(事象)의 상대적 진리를 가져다주는 데 불과하다.

이 합리적 예견이 참된 합리성을 획득하기 위해서는 그와 같은 예견을 가능하게 하는 명확한 근거가 있어야만 한다. 그리하여 그곳에서 비로소 진리의 절대적 파악의 가능성이 문제가 될 것이다. 이 일은 보는 자의 자아에 대한 반성을 재촉한다. 실증적 방법에 의해 얻어진 대상의 인식 연쇄는 그 각각의 인식 근거를 탐구하게 하는 인식의 자기반성으로 우리의 정신을 이끄는 것이다.

"인간의 인식이란 무엇인가, 그것은 어디까지 이를 수 있는가, 또한 그러기 위해서는 어떤 능력을 가져야만 충분하다고 할 수 있는가?" 이런 질문은 학문을 진지하게 연구하려는 자라면 누구나 한 번쯤은 음미해 보아야 할 문제이다. 이 음미에 의해 일반적 사실로서의 개개의 법칙이 전반적으로 더욱 확고히 통일될 때 학설이 태어나게 된다. 그 작업에 관여하는 것이 형이상학인 것이다.

(2) 형이상학의 의미

베르그송은 《형이상학 입문》에서 이렇게 말했다.

철학의 정의와 절대의 의미를 각각 비교하면, 철학자들 사이에 약간의 의견 차이가 있음에도 불구하고 사물을 인식하는 데 있어서 전혀 다른 두 가지의 방식을 구별하는 점에서는 서로 일치하고 있음을 보게 된다. 제1의 방법은 그 사물의 둘레를 도는 것이고, 제2의 방법은 그 사물의 속에 들어가는 것이다. 제1의 방법은 사람이 바라보는 시점과 표현할 때 쓰는 부호에 의존한다. 제2의 방법은 시점과는 전혀 관계가 없으며, 또 어떤 부호에도 의존하지 않는다. 제1의 인식은 '상대'에 머무르고, 제2의 인식은 만약 그것이 가능하다면 '절대'에 도달한다고 할 수 있을 것이다.

우리는 이 말로써 형이상학의 방법과 실증과학의 그것이 얼마나 다른 것인지를 통찰할 수 있다. 우선 실증과학의 방법은 분석에 있다. '분석'이란 주어진 대상을 전체적으로 인식하려고 하지 않고 그 단순한 부분, 즉 요소로 분할하여 인식해 나아가는 일, 본래 하나인 것을 나누어 명확히 하려는 것이다. 따라서 참된 분석은 단지 개개의 부분을 명확히 할 뿐만 아니라 그것에 의해 전체도 제시해야만 한다.

한편 이와 같은 방법은 필연적으로 우리로 하여금 사물을 밖에서 바라보는 입장을 취하게 만든다. 즉 분석은, 본래는 유일 불가분의 사물을 그 주위에서 차례로 취한 시점에서 표현하는 것이며, 그런 시점에서 현재 연구하고 있는 대상과 이미 알고 있는 다른 대상과의 접촉을 기술하는 것이다. 이 접촉의 기술이 앞서 말한 합리적 예견을 의미하는 것임은 명백하다고 하겠다.

이처럼 분석은 하나의 사물을 그 사물이 아닌 것과 조합(照合)하여 함수관계에 있어 표현하는 부호에 의한 설명, 말하자면 '번역'이다. 그러므로 분석은 시점의 수를 무제한으로 늘려가며 불완전한 번역을 완전히 하고자 힘쓰면서 대상의 주위를 계속 돌게 되는 것이다.

그런데 이 부호가 개념, 즉 추상적이고 보편적이며 단순한 개념을 의미함은 말할 것도 없다. 따라서 실증과학은 개념을 차례로 늘어놓은 다음 부분을 가지고 대상 전체를 재생하고자 하는 것이다. 그러나 그와 같은 재생은 개념의 부호적, 즉 추상적·보편적인 면을 표현하는 데 그치고 만다. 즉 개념은 대상의 특수성을 무시하지 않음에도 불구하고 그것을 부호로 대체시키는 까닭에 그 특수성이 보편화되고 개념과 본래의 대상이 완전히 합치하지 않게 되는 것이다. 개념에 의해 재생된 사물은 이를테면 '대상의 그림자 집합'과 같은 것으로서, 그것이 무엇인가를 제시하기는 하지만 그것이 무슨 연유로 그러한가는 말해 주지 않는다. 그 인식은 '실천적 확신'에 의해 지지되기는 하지만 '형이상학적 확실성'을 갖기에는 이르지 못하는 것이다. 그러므로 실증과학적 인식은 '상대'에 머무르게 되고 만다.

이와 같이 생각하면, 형이상학이란 간단히 말해서 대상의 절대적 포착을 목표로 하며, 기존의 개념을 버리고 이를테면 '부호 없이 행하려고 하는 학문'이라고 하겠다. 바꾸어 말하면, 대상에 대해 시점을 취하는 대신 대상 그 자체에 몸을 두고, 분석하는 대신 그 직관을 갖는 일이다. 분석이 밖에서 보는 방법인 데 반해 직관은 안으로부터 인식해 나가는 방법이다. 그것은 대상 그 자체와 일체가 되어 그 '생명', 즉 존재의 근본적 원리를 깊이 탐색하고 그것을 직접 보는 것이다. 여기에서 실증과학이 의존하고 있던 보는 자와 보이는 물건과의 분별 입장은 다시 통일된다. 왜냐하면 직관의 대상인 이 '생명'에는 보는 자도 보이는 물건에도 공통된 무엇인가가 있기 때문이다. 따라서 보는 자가 대상과 일체가 되어 그 생명을 직관한다는 것은, 보는 자가 자기의 생명, 즉 자기 존재의 은밀한 원리를 통찰함으로써 대상의 존재원리를 공감하는 것이다.

이리하여 형이상학의 대상은 보는 자까지 포함된 의미에서의 존재 전체라는 것이다. 실증과학의 이론은 대상의 참된 구성을 설명하기는 하지만, 현상과 그것을 지탱하는 원리로서의 본체 혹은 참된 존재를 일방적인 방식으로 구별하지는 않는다. 그러므로 실증적 연구는 어떤 가설 아래서 행해지고 개별적·특수적 존재를 대상으로 한다.

이에 비해 형이상학은 모든 현상의 배후에 공통되어 있는 본체 혹은 참된 존재의 전체를 대상으로 하기 때문에 포괄적이고 근본적인 시도라고 할 수 있는 것이다. 그것은 어떤 개별적·특수적인 것 전부를 속속들이 아는 것이 아니라 전체를 통일적으로 안다. 혹은 전체를 그 통일자에 있어 안다고 하는 것이다. 마치 햇빛은, 그것이 비추는 대상이 아무리 다양하더라도 아무 영향도 받지 않고 항상 동일한 성질을 유지하는 것처럼, 형이상학도 그 향하는 대상이 아무리 많더라도 그 다양한 내용적 지식에 모두 적용되는 형식의 통일성을 갖고 있는 것이다. 요컨대 형이상학에 대해서는 '인식의 형식'이 같다고 할 수 있다. 달리 표현하면 그것은 '형식을 벗어나 있다. 기존의 개념을 버리고 있다'는 말이 되는 것이다.

형이상학에 해당하는 라틴어는 metaphysica인데, 이것은 본래 ta meta ta physics, 즉 '자연학 다음의 책'이라는 말에서 유래된 용어이다. 이는 아리스토텔레스의 사후 그의 유고 편찬자가 '제1철학' 혹은 '신학'이라는 명칭

아래 자연학(physica)에 관한 글 뒤에 배열했다는 우연한 사정에서 생긴 명칭이다. 그래서 '뒤'를 의미하는 meta라는 말이 '이상'이라는 의미도 포함한다는 관계에 의해 그것이 '초월'의 뜻으로 해석되고, 형이상학은 현상을 초월하고 또는 그 배후에 존재하는 사물의 참된 본질, 존재의 근본 원리, 절대적 존재, 즉 형이상학적인 것의 상대성을 넘어 지양하는 것의 탐구라고까지 생각되기에 이르렀던 것이다.

한편 형이상이라는 번역어도 《역경》에 의하면 '형식을 가진 것', '유형(有形)의 것'으로서의 기물을 말하는 형이하(形而下)에 대해 '형식을 떠난 것', '무형의 것'으로서의 도(道)를 말한다. 기물이란 기십(器十)이라고도 하듯 그 수가 하나 이상인 도구를 말하며, 눈에 보이는 물질적 부호라고나 할 다양한 개념의 뜻을 내포하고 있다. 이에 비해 도는 방법, 비롯되는 곳, 조리, 근거의 뜻이다. 이리하여 형이상학과 metaphysica란 본질적으로 동의어라고 할 수 있는 것이다.

(3) 학적(學的) 인식과 양심

형이상학은 그 직관을 얻은 바의, 현상을 현상답게 만들어주는 참된 존재를 어떻게 해석하는가에 따라 갖가지 형이상학설을 낳게 했다. 즉 먼저 실재를 보편적인 것으로 간주하느냐 개별적인 것으로 간주하느냐에 따라 플라톤과 아리스토텔레스가 각기 취한 두 가지의 형이상학적 입장으로 나뉘었고, 실재의 양의 해석 여하에 따라 일원론, 이원론, 다원론이 구분되었으며, 또한 실재의 양의 견지에서 관념론과 유물론이 대립되고 있는 것이다. 그러나 이와 같은 형이상학설의 다양성은 실증과학적 인식에 대한 형이상학적 반성이 도리어 실증적 정신의 독자성을 명확히 하여, 우리가 현실의 세계 속에서 어떻게 살아가야 하는지를 제시하는 통일된 세계관을 나타내는 것이라고 해석할 수 있다.

데카르트(Descartes)는 《철학원리》의 불역(佛譯)에 곁들인 서문에서 철학(philosophia)을 'philos(좋아서 구하다), sophia(지혜)'의 뜻 그대로 '지혜의 탐구'라고 말했으며, 이 철학 전체로서의 '지혜'를 한 그루의 나무에 비유했다. 즉 그 나무의 뿌리는 '형이상학'이고 줄기는 '자연학'이다. 또한 이 줄기에서 다른 모든 학문이라는 가지가 뻗어나갔는데, 그것은 결국 '의학'·'기계학'·'도덕'이라는 세 가지의 주요한 학문으로 귀결된다. 그리하여 여기서 말하는 '도덕'이란 다른 모든 학문의 완전한 인식을 전제로 하는 궁극적인 지혜이며, 또한 가장 고고하고 가장 완전한 도덕을 의미한다고 설파되고 있다.

지금 여기서 이 나무의 '줄기'를 이루는 '자연학'으로서 실증과학을 생각한다면, 그것을 지탱하는 '뿌리'는 '형이상학'이 되는데, 이는 우리가 앞에서 고찰한 실증과학과 형이상학과의 관계를 단적으로 제시한 바와 같다. 그리하여 중요한 것은 '도덕'에 덧붙여진 단서이다. '기계학'이란 단순히 '기계적 기술'이라는 정도의 의미였고, 따라서 의학과 기계학은 인간을 포함한 모든 사물을 지배할 수 있는 듯한 실증과학의 가장 눈부신 개화(開花)라고 생각된다. 그러나 그런 학문이 가진 지배력은 아직은 악용될 가능성이 있는 어떤 목적에 대한 '수단적 선(善)'을 가져다주는 데 불과하다. 이 학문이 '도덕'에 의해 인도될 때 비로소 그 수단적 선은 선 그 자체로서의 '궁극적 선'으로 연결될 수 있는 것이다. 그러므로 '도덕은 다른 모든 학문의 완전한 인식을 전제한다'고 말해야 할 것이다.

우리는 현실적으로 살아 있는 한 우리를 에워싸고 있는 사물에 대해 항상 어떤 가치판단을 하고 있는 셈이다. 실증과학적 인식은 우리에게 실천적 확신을 주지만, 그에 수반되는 가치판단은 실증과학적 인식 자체가 가설적이기 때문에 아직은 잠정적이다. 그리하여 실증과학적 인식의 근거를 찾아 형이상학이 행하는 인식의 자기반성은, 필연적으로 도덕적 자기반성을 수반해야 할 것이다.

자아에 의해 자기의 존재를 자각하는 일은, 존재 전체와의 연관에 있어 자기 존재의 원리를 인식하고 세계 속에서의 자기의 위치를 자각하는 것을 의미하지만, 동시에 그것은 곧장 도덕적 자각에도 결부되는 것이다. 자각 혹은 의식이라는 라틴어는 conscientia인데, 그것은 또한 '양심'이라는 뜻도 포함하고 있으며, 더구나 이 '의식'과 '양심'이 공통의 전제로서 '인식'의 뜻을 가지고 있음은 결코 우연이 아니다. 여기서 일견 사변적으로 현실에서 유리된 것처럼 보이는 형이상학적 탐구가 실은 실천적 세계와 매우 밀접하게 결부되어 있다는 것을 알 수 있다. 그러므로 데카르트는 《방법서설》에서 형이상학적 사색을 설명할 때 다음과 같이 말했던 것이다.

> 이 나라에서의 나의 첫 사색에 대해 여러분에게 이야기해야 하는 것인지 나로서는 알 수가 없다. 왜냐하면 그 사색이 너무나도 형이상학적으로 일반적인 생각과 동떨어져 있으므로 누구나 흥미를 느낄 수 있다고는 말할 수 없기 때문이다. 그렇지만 내가 택한 토대가 충분히 단단한지 어떤지를 평가받기 위해 나는 그것에 대해 이야기해야 한다고 얼마쯤 강요를 당하고 있는 것이다.

형이상학적 사색은 실증과학 고유의 영역에서 벗어나려는 것이 아니라 확고한 실천적 원리를 택해야만 할 필연성에 의해 자극을 받아 실증과학의 성과를 증대시키기 위해 그것을 음미하는 것이다.

여기서 우리는 '지혜의 탐구'로서의 철학이 본질적으로 이론과 실천이 통일되어야 하는 희구에 의해 특징지어져 있다는 것을 명백히 볼 수 있다. 이 희구의 직접적 기반을 이루는 것은 형이상학적 탐구에 의해 도달된 참된 존재로서의 의식, 혹은 자아의 다양한 통일, 혹은 의식되고 있는 범위 내에서의 자기 존재의 원리다. 그리하여 이 '존재의 원리'를 어떻게 이해하느냐는 문제가 제기될 때, 그것이 바로 우리의 인식의 완성에 대한 희구를, 그리고 우리 자신의 본질 완성에 대한 의지를 의미하고 있는 것이다. 우리가 베르그송을 본받아, 형이상학적 인식은 만약 그것이 가능하다면 '절대'에 도달한다든가 '완전한 전체적 경험'을 목표로 하여 '절대'에 도달하려는 도상에 있다고 말한 것도 그 때문이다.

그 탐구 과정의 본질을 이루는 자기비판적 자기반성이 인식과 불가분의 관계에 있는 양심, 즉 선악을 판단하고 바른 선을 뜻하는 지·정·의(知情意)의 통일적 의식이나. '완선한 선체석 경험'이란 바로 그와 같은 통일적 의식의 가장 구체적인 표현이다. 그리하여 여기에서 '양심'과 '절대'의 관계가 새로운 문제로서 제기되는 것이다.

(4) 양심과 신앙

루소는 《에밀》에서 '양심'을 논미하며 이렇게 말했다.

나는 스스로 하고 싶어하는 일에 대해서는 다만 자기의 마음과 의논하면 된다고 생각한다. 즉 내가 선이라고 느끼는 것은 모두 선이고, 내가 악이라고 느끼는 것은 모두 악이다. 온갖 결의론(決疑論) 중에서 가장 중요한 것은 양심인 것이다.

우리는 루소의 이 양심론에서 학문적 인식이 신앙에 대한 길을 가로막는 것은 결코 아니며, 오히려 이성과 신앙은 그 긴장관계를 유지하면서도 통일되어 있음을 알 수 있다. 그러므로 참된 신앙에서는 이 이성과 신앙의 긴장관계야말로 불가결의 것으로 생각된다. 즉 학문적 인식의 경우와 마찬가지로 비판적 정신이 결여된 신앙은 참된 신앙이라고는 할 수 없는 것이다.

'신앙'이란 일반적으로 '절대' 혹은 '절대자'를 믿는 것이라고 알고 있지만, 엄밀히 말하면 신앙인의 태도는 절대자에 대한 개인의 이성적 걸음의 기원이란 의미로서의 '인격적' 신뢰로까지 전개되지 않으면 안 된다. 신앙에 대한 '의지가 이성에 어긋나' 있다면 그 신앙은 한낱 가벼운 믿음에 지나지 않을 것이다. 양심에 인도되지 않는 이성은 선의 행동으로 나아갈 수 없지만, 그 양심에 선악을 변별하는 방법을 가르치려면 원래의 인식능력인 이성의 도움이 있어야만 한다. 이렇듯 이성은 이론적 인식능력으로서의 오성(悟性)이며, 동시에 본디 인간의 실천적 세계의 규제에 관련되는 도덕적인 판단력도 포함한다. 그러므로 이성을 아직 충분히 활동시키지도 못하고 스스로의 도덕적 판단력을 행사할 수도 없는 동안에는 비이성의 인식에 쉴새없는 반성을 가하여 이성을 순화하고, 택해야 할 선을 목표로 하며 그 이론적 음미로 나아가지 않으면 안 된다.

이리하여 궁극적인 선악의 문제에 대해서는 우리는 먼저 '다만 자기의 마음과 의논하면 된다.' 즉 양심이라는 '영혼의 소리'에 귀를 기울이면 되는 것이다. 그리하여 여기서 말하는 '영혼' 이야말로 '자아의 다양한 통일' 로서의 의식, 곧 자기의 본질적인 존재의 자각인 것이다. 양심에 따른다, 즉 영혼의 목소리에 귀기울인다는 것은 인간의 본질(nature)을 이해하고 또한 존재 전체로서의 자연을 좇는다는 것이다. '통일' 을 목표로 하는 '다양한' 개별적 주체는 이성에 의해 자기를 이해하는 것과 동시에 의지에 의해 자기를 한정하려고 하는 것이다. 여기에 절대자에 대한 개인의 인격적 신뢰, 궁극적인 확실성에 대한 무조건적 희구로서의 신앙의 이를테면 원초적인 모습이 인정되며, 또한 그와 같은 신앙이 인식과는 불가분의 것임을 이해할 수 있다.

우리는 대개의 경우 철저히 회의적이지도 않고 철저히 신앙이 깊지도 않다. 즉 어느 정도는 의심하고, 또 어느 정도는 믿고 있다. 이것이 실증과학적 인식이 가져다주는 '실천적 확신' 의 특징인 것이다. 진리의 궁극적인 명증성을 구하려는 데카르트식의 형이상학적 회의와, 그것에 의해 발견된 '제1원리' 에 대한 근본적인 신뢰가, 그 실증과학적 인식인 확실성에 대한 신뢰에 도전하여 '지혜' 의 궁극적 단계에 도달하는 모든 과정을 지탱하는 것이다. 그리하여 이 '제1원리' 에 대한 근본적인 신뢰가 지금껏 실현되어 있지 않은 '궁극적 지혜' 로서의 '최고선' 에 대한 근본적 신뢰, 즉 사물의 고차원적인 통일적 질서에 대한 신뢰로 전개될 때 본래의 의미로서의 '신앙' 문제가 생기는 것이다.

이 '신앙' 의 대상이 되는 이른바 '신' 이라고 불리는 절대자를 어떻게 이해하느냐에 따라 온갖 종교가 구별되지만, 신앙과 종교 사이에 본질적인 관계는 없다. 이른바 '종교' 란 종파의 가르침이고 그 점에서 종교는 신앙을 요구하지만, 신앙은 종교를 전제로 하지 않기 때문에 그들 사이에는 본질적인 관계가 없는 것이다.

신앙의 대상으로서의 '절대자'는 적어도 '최고선'으로서, 그것은 존재 전체 중 자기 존재의 자각의 이른바 '투영(投影)'이라고 해석된다. 그리하여 그 점에 있어 우리의 신앙원리는 절대자의 본성과 어떤 유사성을 갖는 셈이므로, 존재로서의 사랑은 맹목적 믿음에 빠지는 일 없이 어디까지나 이성적인 것이고, 그렇기 때문에 자기비판적 자기반성에 의한 '이론에 대한 의지'는 그 자체가 '실천적 결의'가 되지 않을 수 없는 것이다.

인간은 선을 사랑하고 선을 인식하고 선을 택해야만 한다. 이것을 결정하는 것은 인간의 자유의사이다. '계시에 의거한 신앙'이란 신의 뜻에 인간이 자발적으로 따른다는 것, 즉 최고선의 빛에 인도되어 인간이 자기의 의지를 결정한다는 것이지만, 이것을 거꾸로 말하면 인간의 자유의지가 제약되는 것이라고 할 수 있다. 그리하여 이 인간의 자유의지의 피제약성이야말로 자기 존재의 자각에 수반되는 '양심'을 통해 알려지는 것이다.

우리가 사랑으로써 스스로를 어떤 대상과 하나의 전체가 되도록 결합시키려는 것은, 우리의 욕구하는 능력, 완성으로 향하는 우리의 인식의 힘, 즉 우리의 불완전성의 의식과 일체를 이루는 것이다. 이렇듯 사랑에 있어서는 우리의 의지가 부분적이고 한정된 대상에만 머무를 수가 없고, 하나의 전체를 향해 온갖 대상으로 나아간다고 하는 것은, 의지가 스스로에게 가하는 궁극의 대상이 '무한의 대상'이라는 증거이다. 이것은 '우리 존재'의 원리가 단지 그것만으로는 완전히 인식될 수 없다는 것, 단지 그것만으로 돌려진다면 그것은 아직 무엇인가가 불완전하여 다른 것에 의존하는 것이라는 점을 의미하고 있다.

만일 '피제약자', 즉 '유한자'가 자족(自足)하지 못한다면, 그는 자기 자신에 의해서는 결코 '완전자'가 될 수 없다. 이런 의미에서 유한자는 추상적인 존재이고 그것은 '무한자', 즉 '절대자'에 의지함으로써 오직 구체적인 존재에 도달할 수 있는 것이다. 신앙으로서의 '선에 대한 사랑'을 구현하고자 하는 과정에 있어 한편으로는 하나의 전체로서 '절대자'가 개인의식에 개시(開示)되고, 다른 한편 그 개인의식은 다양한 개별적 주체로서 자기의 '절대적 통일'을 목표로 하는 것이다.

이리하여 참된 신앙의 길은 모든 인간에게 열려 있다. 이 가르침을 받아들임으로써 인간은 단지 살아갈 뿐인 동물로부터 서서히 구별되어 세계 속에서 의식적으로 사는 구체적인 개개의 인간이 되는 것이다. 그러므로 '지혜의 탐구'로서의 철학을 배우는 의의는 궁극적으로 이 점에 있다고 하겠다.

(5) 인간의 발견

전후 7차에 걸친 '십자군 운동'은 무엇을 의미하는가? 여기서 이런 질문을 던진 까닭은 그 역사를 반추하기 위해서가 아니다. 예루살렘의 점령자 터키인에 대한 종교적 전쟁으로서 십자군은 조직되었다(1096년). 이 전쟁의 목적은 이교도로부터 예루살렘의 성지를 탈환하는 것이었다. 은둔자 피엘이라고 불리는 인물이 대체로 민주적인 방식으로 프랑스나 독일의 대중에게 선전활동을 벌였다.

그는 맨발에 누더기를 걸친 채 나귀를 타고 큰 십자가를 둘러메고 시장이나 교회에서 군중을 선동했다. 그러자 수세기에 걸쳐 그리스도교를 전파했던 성과로 곳곳에서 큰 반응을 나타냈다. 열광의 큰 파도가 서방세계를 석권했고, 그리스도교의 대중성이 비로소 나타났던 것이다.

이와 같은 운동은 확실히 전도 종교의 발전에 따라 발생한 신정신(新精神)과 관계가 있었다. 헤브라이의 예언자들, 예수와 그 사도들, 마니, 마호메트 등은 모두 인간 개개의 영혼에 호소했던 것이다. 그들은 개인의 양심을 신과 대면시켰다. 그리하여 새로운 종류의 종교는 인간을 인간답게 만들었던 것이다.

한편 로마 교황으로 대표되는 가톨릭 교회는 프란체스코(Francesco, 1182~1226)와 도미니쿠스(Dominicus, 1170~1221)에 의해 개혁의 새바람이 불기 시작했지만, 이미 부패와 타락이 만연해 있었다. 이런 상태에서는 당연히 비판자가 생기게 마련이다. 위클리프(Wycliffe, 1320~84)는 옥스퍼드의 명망 높은 학자로서 성직자의 부패와 교회의 어리석음을 적나라하게 비판했다. 그는 가난한 성직자들로 구성된 위클리프 교단을 만들었고, 교회와 자기 교리의 시비를 민중들이 직접 판단할 수 있도록 성서를 영어로 번역했다. 그는 성프란체스코나 성도미니쿠스보다 훨씬 학식 있고 유능한 인물이었다.

12세기에 이르자 유럽의 지성인들은 용기와 여유를 되찾고 서서히 지적 사업으로 눈길을 돌리게 되었다. 그들은 교회의 권위를 의심했으며, 근본적인 사태에 대해 논의했다. 이미 말한 바와 같이 아랍이 아리스토텔레스를 유럽에 부활시키기 위한 매개자가 되었고, 프리드리히 2세와 같은 군주는 아랍의 철학이나 과학이 유럽으로 들어오는 통로를 열었다. 그리하여 파리, 옥스퍼드, 볼로냐 등지의 대학이 그 학문의 중심지가 되었다.

그곳에서는 중세의 스콜라 철학과 닥쳐올 과학시대에 있어서의 명확한 사색에 필요한 전제조건인 언어의 내용 및 의의에 관한 논의가 활발하게 벌어지고 있었다. 그 탁월한 천재로 알려진 인물은 옥스퍼드의 프란체스코파 성직자로서 근대 실험과학의 아버지라고 불리는 로저 베이컨(Bacon, Roger,

1214~94)이었다.

그는 무지(無知)를 공격하는 긴 서한을 발표했다. 그는 그 시대의 무지를 맹렬히 비난했는데, 이것은 당시로서는 믿어지지 않을 만큼 대담한 행동이었다. 오늘날에는 이 세계의 신앙이 엄숙한 한편 우스꽝스럽기도 하다든가 그 일체의 방법이 유치하고 서투르고 그 교리가 유아적인 가설이라고 비난하더라도 별다른 신체상의 위협은 받지 않는다. 그러나 중세의 사람들은 현재 학살당하고 있거나 굶주리고 있거나 역병으로 죽어가고 있지 않은 한 그들 신앙의 정당성과 완전무결함을 절대적으로 믿고 있었다. 그리하여 그들의 신앙에 약간의 비판만 가해져도 몹시 분개했던 것이다.

로저 베이컨은 당시의 무지를 공격하는 한편 지식을 증대시키기 위해 많은 가르침을 주었다. 그는 실험 및 지식 수집의 필요성을 열정적으로 주장하는 가운데 아리스토텔레스의 정신을 재현했다. 실험 또 실험! 이것은 베이컨이 입버릇처럼 했던 말이다.

그 뒤 영국인 위클리프의 교설은 전 유럽에 전파되었다. 1398년 체코의 학자 후스(Hus, Jan, 1370~1415)는 프라하 대학에서 위클리프 교설에 대해 연속 강의를 했다. 이 가르침은 교양의 수준을 넘어 급속히 전파되었고, 많은 사람들의 공감을 얻었다. 그러나 후스는 결국 이단자로 몰려 화형에 처해지고 말았다.

독일에서는 마르틴 루터(Luther, Martin, 1483~1546)라는 수도사를 중심으로 교회를 비난하는 운동이 전개되었다. 그는 1515년 비텐베르크에서 정통의 갖가지 교의와 습관을 공격했다. 처음에 그는 스콜라 학자식의 라틴어로 논전(論戰)했지만, 이윽고 문자의 인쇄라는 새로운 무기를 가지고 일반 민중에 널리 호소할 수 있는 독일어로 자기의 주장을 알렸다. 이리하여 잉글랜드,

스웨덴, 스코틀랜드, 노르웨이, 덴마크, 북부 독일, 보헤미아 등이 로마 교회로부터 분리되었던 것이다.

(6) 어떻게 살 것인가

17세기에는 그다지 두드러진다고는 할 수 없지만 궁극적으로는 훨씬 의미 깊은 혁신적이고 조직적인 출판의 발달이 이루어졌다. 이 엄청난 진보의 지도자 중에서 손꼽히는 인물은 프랜시스 베이컨(Bacon, Francis, 1561~1626)이다. 베이컨은 앞에서 나온 로저 베이컨과 마찬가지로 관찰과 실험을 주장했다.

여기서 베이컨보다 약간 앞선 몽테뉴(Montaigne, 1533~92)를 그냥 지나칠 수는 없다. 부유한 집안에서 태어난 몽테뉴는 고등법원의 평정관을 지냈다. 그는 어려서부터 르네상스 문화에 심취해 있었다. 그는 아버지의 뒤를 이어 사법관이 되었으나 1571년 사직하고 고향으로 돌아가서 그의 이름을 온 세계에 떨치게 한 《수상록》을 집필하기 시작했다.

처음부터 몽테뉴의 사상체계나 철학체계를 예상하려는 것은 무리다. 굳이 말한다면 그의 주장은 단지 인간, 그것도 생활의 모든 조건에 밀착해 있는 인간으로서, 자연 및 사회나 그 밖에 운명의 필연성과 항상 얼굴을 마주하면서 이런 모든 조건과 비슷한 얼굴을 가진 인간, 혹은 죽음이라는 절대의 질서에 파묻히고 마는 숙명을 지니고 있으면서도 여전히 죽음과 함께 절대가 되려고 하는 허구의 의지―그 집념, 사랑, 증오, 광기 등이다. 그는 한마디로 '어떻게 살 것인가'를 사색한 인물이었다. 이리하여 그는 프랑스 모럴리스트의 시조라고 일컬어진다.

한편 '30년 전쟁'에 종군한 데카르트는 1619년 전선에서 철학상의 진리를 발견했다. 그의 사상은 이윽고 《방법서설》로서 결산된다. 또 그보다 앞서 이미 말한 프랜시스 베이컨은 《학문의 대개혁》을 저술함으로써 근대사상의 발판을 마련했다.

유럽의 고전철학의 발상의 뿌리는 르네상스에 있다. 그러나 르네상스가 쇠퇴한 17세기에 오히려 본격적인 자기발전을 이룩했다. 지리상의 발견 이후 해마다 성장한 유럽 생활권의 확대, 그에 수반되는 생산과 실천적 예지에 대한 무한한 요구를 측면에서 원조해 준 중세의 스콜라 철학은 16세기에 들어서면서 몰락해 가고 있었다.

최초의 반격은 폴란드의 코페르니쿠스에 의해 이루어졌다. 그는 그리스의 프톨레마이오스 이래 로마 교회가 공인해 온 천동설(天動說)에 의문을 품고, 우주의 중심은 태양이며 지구를 포함하여 모든 행성은 그 둘레를 회전하고 있다는, 당시로서는 충격적인 주장을 했다. 이에 교회는 즉각 금서령(禁書令)을 내렸지만, 재미있게도 신교측에서는 코페르니쿠스의 주장을 지지하고 나섰다.

교회나 루터의 반대에도 불구하고 진리는 역시 진리라는 것이 여실히 증명되었다. 코페르니쿠스에 이어 케플러, 갈릴레이가 지동설(地動說)의 진리를 증명했던 것이다.

런던에서 태어나 정계에 투신한 베이컨은 신시대의 생각을 있는 그대로 받아들였다. 그는 새로운 발명·발견의 방법록을 조립하기를 원했고, 자연현상의 탐구에 목적의식이나 목적인(目的因)이 일체 개입되어서는 안 된다고 역설했다. 그는 올바른 학문의 방법으로서 귀납법을 주장했으며, 정신의 활동을 경험 또는 실험에 의해 규제해야 하며, 그러기 위해서는 선입관이나 편견과 같은 오류의 원천을 끊임없이 경계해야 한다고 가르쳤다.

　베이컨의 귀납법에 의해 데카르트는 '연역법'을 주장했다고 속류(俗流)의 철학자들은 말한다. 그러나 이것처럼 잘못된 해석은 없다. 데카르트도 베이컨과 마찬가지로 외부 세계에는 인과율도 목적인도 없으며 다만 타성만 있을 뿐이라는 것, 따라서 외계를 규제하는 것은 인간의 이성뿐이고, 더구나 인간은 육체를 통해 자연과 접하는 이상 먼저 감각을 의심하는 일부터 시작하라고 가르쳤다.

6. 생존했던 세계

(1) 의식과 시간

시간은 붙잡으려고 하면 요정처럼 사라지고 만다. 우리는 시간이 과거와 현재와 미래라고 하는 세 개의 계기로 이루어져 있다고 생각한다. 그러나 누구나 알고 있듯이 과거는 이미 존재하지 않는다. 물론 미래도 아직은 없다. 이렇듯 과거와 미래가 없다고 한다면 순수한 시간점(時間點)으로서의 현재는 확대를 갖지 않는 기하학상의 점과 마찬가지로 현실로는 존재하지 않는다. 즉 시간은 전혀 없다. 그러나 비록 그것이 진실이라 하더라도 진히 존재하지 않는 시간이 어떻게 우리로 하여금 시간의 의식을 갖게 하는지를 설명하지 않으면 안 되리라.

과거와 현재와 미래로 분류된 시간을 각각 세 개의 계기로 보고, 그 통합으로서의 구체적인 '살아 있는 시간'을 고찰해 보자. 먼저 그 세 개의 계기 사이에는 어떤 관계가 있는가?

'아침 7시에 일어나서(과거), 지금 밥을 먹고 있지만(현재), 곧 회사에 갈 것이다(미래)'라고 하는 세 개의 계기를 결부시키고 있는 것은 '보다 앞'과 '보다 뒤'라는 순서관계이다. 이 '앞과 뒤'의 관계에 있어 그 반대의 관계는 성립되지 않는다. 3이 2보다 크다고 할 때 2는 3보다 크지 않은 것처럼, B가 A보다 나중에 생겼을 때 A가 B보다 나중에 생긴다는 관계는 성립되지 않는다. 즉 '보다 뒤'라는 관계는 비대칭적(非對稱的)이다. 또한 3이 2보다 크고 2가 1보다 클 때 3은 1보다 큰 것처럼, C가 B보다 나중에 생기고 B가 A보다 나중에 생겼을 때 C는 분명히 A보다 나중에 생기게 된다. 이렇듯 '보다 뒤'의 관계는 추이적(推移的)인 것이다.

또 '동시'라고 하는 관계는 사건 A와 B가 동시라면 B와 A도 동시이므로 대칭적이고, A와 B가 동시이고 B와 C가 동시라면 A와 C도 동시이므로 추이적이다. 따라서 A와 B가 동시라면 대칭성에 의해 B와 A는 동시이고, 방금 말한 추이성에 의해 A와 A는 동시이다. 즉 여기서는 반사성(反射性)이 성립된다. 이때 우리는 사건을 '동시'인 온갖 사건의 그룹으로 나눌 수가 있다.

그 동시인 그룹은 각각 닫혀 있어 서로 겹친 부분을 가지지 않는다. 그러므로 서로 겹치지 않는 임의의 두 가지, 즉 '동시' 그룹 a와 '동시' 그룹 b에 속하는 사건 A와 사건 B는, A가 B보다 나중에 발생했거나 B가 A보다 나중에 발생했거나 하는 관계가 되어야 한다. 동시가 아닌 모든 사건 사이에는 반드시 '보다 뒤'라는 관계가 성립된다. 이것을 연결성이라고 부른다.

자연수(自然數)의 영역에서 '보다 크다'고 하는 관계는 비대칭적이며 추이적이지만, 다른 어떤 두 개의 수를 놓고 볼 때에도 반드시 '보다 크다'는 관계가 성립되므로 연결적이기도 하다. 그리하여 자연수가 1 2 3 4 5……라고 배열되는 것을 보아도 알 수 있듯이, 비대칭적이고 추이적이며 연결적인 관계는 계열관계를 구성한다. 마찬가지로 동시가 아닌 모든 사건은 '보다 뒤'라는 관계에 의해 일렬로 늘어놓을 수 있다.

이리하여 모든 사건은 '동시'와 '보다 뒤' 또는 '보다 앞'이라는 두 관계에 의해 배열되고 일련의 역사 연표를 만들어낸다. 만일 우리가 오직 어떤 사람의 얼굴만 따로 떼어놓고 상기한다면, 그것만으로는 우리는 아무것도 알 수가 없다. 그러나 실제로 우리는 '올림픽 개회식날 스타디움에서 만난 사람이다' 하는 식으로 어떤 날짜를 가진 구체적인 상황과 더불어 그 사람에 대해 생각하게 된다. 즉 우리의 기억은 언제나 사회적인 틀 속에 갇혀 있으며, 그 틀은 역사의 '뒤와 앞'이라는 관계로 조립된다. 그러므로 우리는 상기(想起)된 얼굴을 '우리가 살았던 역사 연표' 속에 끼워놓고 그것을 과거의 사건으로서 인지할 수 있는 것이다.

그러나 이것만으로는 시간성을 설명하는 데 부족하다. 어떤 사건이 일정한 사회적인 틀 속에서 위치가 정해진다는 것은 인정한다 하더라도, 그 틀 자체의 과거성은 어떻게 인식할 수 있는가? 우리는 그것을 그 틀 자체가 '앞과 뒤'의 관계에 의해 배열된 사건의 연대지(年代誌) 속에 위치가 규정됨으로써 인식할 수 있다. 그렇다면 연대지를 성립시키고 있는 것은 무엇인가? 그것은 '보다 뒤'라는 관계의 계열성이다. 그런데 이런 계열성이 자연수의 영역에서 '보다 크다'고 하는 관계에서도 성립한다는 것은 방금 말한 대로이다.

그러나 '보다 크다'고 하는 관계를 시간관계라거나, 또는 2가 3의 과거라고 생각하는 사람은 하나도 없을 것이다. 시간성을 설명하는 데 계열성만으로는 부족하다. 시간성은 '보다 뒤'라고 하는 말 속에 은퇴시켜진 데 불과하다. 애당초 '보다 뒤'라고 하는 시간성의 직관이 없다면, 우리는 '보다 뒤'의 관계에서의 계열성을 인정하는 일조차 할 수 없을 것이다. 계열성이 날짜를 정확히 기억하는 데는 도움이 된다 하더라도, 그것은 시간성의 직관을 전제로 할 때 비로소 가능한 것이다.

과거와 미래는 현재 속에 침투하고, 또한 현재는 과거와 미래 속에 침투하고 있다. 우리가 역사적 존재인 것은, 우리가 계열관계로 맺어진 비연속적 순간의 집합 속에 살고 있기 때문이 아니다. 다만 지성의 추상에 의해서밖에 분리할 수 없는 상호침투적인 시간 속에 살고 있다고 하기보다는 그런 시간성 그 자체이기 때문이다.

그러나 돌이켜 생각해 보면, 만일 시간성이 상호침투하는 연속성 그 자체라고 한다면, 우리는 이미 과거와 미래를 구별할 수 없게 되리라. 그리하여 지각과 상기와 예상은 완전히 동일한 상황으로서 직관될 것이 틀림없다. 그러므로 참된 시간성은 연속적임과 동시에 비연속적이라고 하는 역설성을 갖추고 있지 않으면 안 된다. '현재'는 단순히 과거가 아니라거나 혹은 미래가 아니라거나 하는 것이 아니고, 과거였다고 하는 방식으로서 이미 과거는 아닌 것이고, 미래일 것이라고 하는 방식으로서 아직 미래는 아닌 것이다. 현재는 스스로의 과거를 벗어남과 동시에 스스로의 미래를 벗어나간다. 시간은 쉴새없이 자기를 벗는다는 의미에서 탈자성(脫自性)을 그 본질로 한다. 이 탈자성은 바로 의식 본연의 자세이다. 의식은 시간화하는 존재인 것이다.

일찍이 비겁한 행위를 한 것을 스스로 인정하는 사람이라도, 늘 비겁자로 취급된다면 화를 낼 것이다. 그의 노여움은 정당하다. 왜냐하면 그는 이미 비겁자가 아니며, 오히려 용감한 자에 가까울 것이기 때문이다. 그러나 누군가가 그의 이 항변을 듣고 당연하다고 생각하면서도 어느 정도는 자기에게 편리한 대로 생각할지도 모른다. 과거와 미래는 똑같이 연속적이면서 동시에 비연속적인 관계로 현재와 결부되어 있다고는 하나 이 둘 사이에는 두드러진 차이가 있다. 왜냐하면 그가 용감할 것이라는 가정은 단순한 가능성에 지나지 않지만 그가 비겁자였다는 것은 단순한 가능성은 아니기 때문이다. 즉 그는 용감할 수도 있지만 그에 반해 그가 비겁자였다는 것은 움직일 수 없는 필연으로서 나타나는 것이다.

우리가 '상황(의 속에 있는) 존재'인 것은, 우리가 고립된 존재가 아니라는 온갖 사회적 상관 속에 목까지 잠겨 살고 있는 제약된 존재이기 때문이지만, 단지 그런 이유에만 국한되지는 않는다. 동시에 우리는 시간적으로 과거에 얽매여 있는 존재이고 과거는 우리의 상황 그 자체인 것이다. 그리하여 우리는 이미 있었던 곳의 존재(비겁자)는 아니고 아직은 있지 않은 곳의 존재(용감자)일 것이라는 방식으로서, 자유로운 이상 우리의 자유는 결코 진공 속의 자유가 아닌 상황 속에서의 상황으로부터의 자유이고, 필연성 속에서의 필연으로부터의 자유이다.

(2) 신체와 공간

산등성이로 떠오르고 있는 달은 크게 보이지만 하늘 높이 떠오른 달은 작게 보인다. 그런데 산등성이에 걸린 보름달이나 웅장한 일몰을 사진으로 찍어보면 의외로 작세 나타나 실망하는 일이 있다. 실험에 의하면 우리의 시각에 있어 수직 방향에 있는 것은 수평 방향에 있는 것보다 작게 보이고, 이 차이는 대상과의 거리가 커질수록 현저하다. 우리의 눈은 카메라의 그것과는 엄연히 다르며, 우리의 시공간(視空間)은 기하학적 공간처럼 등질(等質)은 아닌 것이다.

인간은 수직 방향보다는 수평 방향의 거리를 바르게 변별하는데, 이는 행동 공간의 구조 차이라고 할 수 있다. 행동 공간은 신체의 구조에 의해 그 구조가 크게 좌우된다. 그러므로 신체는 모든 것을 공간화하는 원초적인 계기이고, '생존 공간'의 구조는 신체와 행동 공간의 구조에 의존하고 있다.

인간은 신체의 배 쪽에 주요 감각기나 섭식기(攝食器)가 집중되어 있고 그 방향에서 조작·행동 능력이 크므로 '앞과 뒤'는 명료하게 분절(分節)되고 전방 공간이 특권성을 갖고 있다. 또한 우리의 감각야(感覺野)는 신체 양측의 공간을 변별·비교하기에 충분하며, 손은 양방향을 향한 조작 능력을 갖는다. 그리하여 한쪽의 손이 보다 효과적이라서 양측 공간은 비등질적이 되고 '오른쪽과 왼쪽'이 구별된다.

'위와 아래'에 대해서도 같은 말을 할 수 있다. 특히 직립자세를 취하는 인간에게 있어서는 다른 동물과는 달리 머리의 방향과 행동 방향이 다르다. 즉 머리의 방향은 수직(위와 아래)이고 행동 방향은 수평(앞과 뒤)이기 때문에 '위'는 실용적 가치와는 다른 보다 정신적인 비실용적 특권성을 띠게 된다.

이렇듯 신체 구조와 행동 공간이 3차원적인 성격을 띠고 있는 인간인 경우, 공간지각이 본래 3차원적임은 극히 자연스러운 현상이라 하겠다. 2차원적인 지각은 오히려 파생적·추상적이라 생각될 정도이다. 그러나 우리가 살고 있는 3차원 공간은 지금 대충 말한 것처럼 결코 등질이 아니고 원초적으로 의미와 가치가 규정된 비등질적인 공간이다. 이것을 공간의 이방성(異方性)이라고 부른다.

공간의 이방성은 갖가지 형태를 띠고 나타난다. 우리 인간의 감각기관이나 조직기관은 전방을 향해 활동하도록 만들어져 있다. 따라서 전방의 공간은 빛으로 비추어지고 분절화된 밝은 의식적 공간이며, 이에 비해 배후의 공간은 어둡고 비문화적인 무의식적 공간이다.

귀의 위치로 보아 짐작할 수 있듯이 청공간(聽空間)에 있어서는 좌우의 변별성은 앞뒤 혹은 위아래보다 훨씬 높다. 더구나 오른손잡이라는 존재에 의해 좌우의 공간은 등질이 아닌 것이다.

또한 우리의 시공간은 위아래에 관해 등질이 아니다. 얼굴 사진을 똑바로 보지 않고 거꾸로 하여 보면 사람의 얼굴 모습이 완전히 달라 보인다.

우리는 어떤 사건을 시간적으로 위치 규정함에 있어 '앞과 뒤' 관계에 의거하여 구성된 시간틀(연대지)을 단서로 제시하지만, 이와 마찬가지로 어떤 대상을 공간적으로 정위(定位)하는 경우에는 3차원의 공간틀에 의지하고 있다. 만일 대상이 완전히 단독으로 나타난다면 우리는 대상을 정위할 수가 없다. 이를테면 공간적인 틀짜기가 없는 암흑 속에서 단 하나의 광점(光點)을 응시하고 있으면, 그 광점은 실제로는 움직이고 있지 않음에도 불구하고 뱅뱅 돌기 시작한다. 이것을 '자기운동'이라고 부른다.

더욱 극단적인 경우에는 자기 자신의 정위까지도 의심스러워진다. 예를 들어, 캄캄한 밤길을 걷고 있을 때 맞은편에서 비추는 헤드라이트의 빛을 응시하고 있으면 그것이 공중에 부동하여 나중에는 자기의 신체도 떠 있는 것처럼 느껴지며, 결국은 헤드라이트가 달려오는 것인지 자기가 달려가는 것인지조차 구별할 수 없게 된다.

주관적인 시간에 비해서 이런 주관적인 공간은 의식되는 일이 적다. 이것은 존재했던 공간 쪽이 존재했던 시간보다 훨씬 쉽게 객관화되기 때문일 것이다. '앞뒤', '좌우', '상하'라고 하는 존재했던 공간관계는 나의 신체의 현재 '방향'을 기준으로 한다. 지금 나의 '앞'에 있는 것은, 방향을 바꾸면 곧 나의 '뒤'가 되거나 나의 '우측'에 또는 '좌측'에 오거나 한다. 우리는 물구나무를 서는 일은 좀처럼 없고 상하로는 방향을 쉽게 이동하지 못하므로, '위와 아래'의 변환은 '앞과 뒤' 혹은 '오른쪽과 왼쪽' 만큼 간단하지는 않지만 결코 이례적인 일은 아니다. 예를 들어, 계단이나 언덕을 오를 때 우리는 이를테면 상하로 이동하고 있는 셈이 된다. 이런 관점의 상호변환은 '앞'과

'뒤', '우'와 '좌', '위'와 '아래'의 사이에 있는 비등질성을 상쇄하여 쉽게 등질공간의 직관으로 이끌어준다. 그러므로 '방향'을 바꾸는 일은 '다른' 시점으로 옮기는 것이므로 원리적으로는 다른 사람의 방향, 즉 그 사람이 존재했던 공간에 몸을 두어보는 일과 같은 것이다. 그러므로 등질화된 공간은 이미 주관적 공간은 아니고 모든 사람에게 공통된 간주관적인 객관적 공간인 것이다.

그런데 존재했던 시간인 경우에는 쉽게 방향을 바꾸어 시간을 거꾸로 돌릴 수는 없다. '뒤'에 생겨야 할 일이 '앞'에 생긴다거나 앞에 생겨야 할 일이 뒤에 생기는 것은 오직 영사기를 거꾸로 돌리는 경우일 뿐이다. 영사기인 경우에 시간을 거꾸로 돌리는 일이 가능한 이유는, 거기서는 사실상 시간이 추상되고 필름 장면의 '앞과 뒤'(혹은 '좌우'나 '상하')와 같은 공간관계로 환원되어 있기 때문이다. 그리하여 이런 공간관계가 이런 기준에 따라, 즉 방향을 바꿈으로써 쉽게 역전이 가능하다는 것은 이미 앞에서 설명한 바와 같다.

(3) 시간과 공간의 상관

의식이 비록 쉴새없이 자기부정적으로 스스로를 벗어나가는 시간적 존재라 해도, 우리는 그것을 주관적으로 의식하고 있지는 않다. 우리가 주관적으로 의식하고 있는 일 그 자체가 아닌 이상, 이것은 당연하다고 하겠다. 따라서 시간성은 줄곧 대상에 투영되고 외면화된다. 과거-현재-미래라고 하는 분리 불가능한 세 개의 계기는 제각기 분해되고, 스스로를 탈피한 관계는 서로 외면적인 한낱 공간관계 내지는 계열관계로 환원된다. 태양의 운동과 그 위치에 의해, 혹은 시계바늘의 움직임에 의해, 혹은 시계의 움직임을 숫자의 계열로 변환하는 일에 의해 시간을 잴 때, 우리는 공간화된 시간을 붙잡고 있는 셈이 된다. 공간화된 시간은 우리의 주관 밖에 있는 객관적·등질적 우주의 시간이다.

한편 우리가 보통 주관적으로 체험하는 시간은 탈자적인 근원적 시간도 아니거니와 등질적인 우주의 시간도 아니다. 시간은 아쉬울 만큼 순식간에 지나가거나 또는 짜증이 날 만큼 느리게 경과하거나 한다. 이것은 반성되고 대상화된 심리적 시간이다. 근원적 시간과 이 심리적 시간과의 관계는, 의식과 반성된 심적 상태와의 관계에 대응하고 있다. 과거-현재-미래의 탈자적 통일은 반성에 의해 분단되고 고정화된다. 그 탈자성은 대상화되어 서로간에 반쯤 외면적인 심적 상태의 계기가 된다. 슬픔의 상태 다음에 기쁨의 상태가 온다. 또한 그것이 통일인 한 심적 상태는 서로간에 반쯤 마술적으로 침투하고 있다. 슬픔 속에 어렴풋이 보이는 기쁨이라든가 기쁨 속에 그 자취를 남기고 있는 슬픔이라는 것도 있다. 흔히 시간의식이라고 불리는 것은 이 반성된 심리적 시간성을 의미한다.

근원적 시간은 우주의 시간을 '시간화' 시키고 있는 것이므로, 그것을 우주 시간에 의해 측정할 수는 없다. 이에 비해 심리적 시간은 우주의 시간과 마찬가지로 근원적 시간으로부터 파생된 2차적 시간이고, 대상화된 심적 상태의 계기이므로 우주의 시간에 의해 측정할 수 있다. 이를테면 심리적 시간의 '현재'는 하나의 상태이다.

그것은 상기를 요구하지 않고 대상을 현전시키는 상태로 간주되기 때문에 당연히 어떤 시간폭을 갖고 있다. 음악을 들을 때 지금 울리고 있다고 느껴지는 소리는 하나가 아니다. 몇 초인가의 시간폭으로 울리고 있는 소리가 현전하고 있다. 그 시간폭은 때와 경우에 따라 길거나 짧다. 여기서 짐작할 수 있듯이 우리는 심리적 시간을 객관적인 우주 시간에 의해 측정하는 까닭에 시간의 경과는 빠르거나 늦다고 느끼게 되었던 것이다. 물론 반드시 시계를 본다고는 할 수 없다. 그러나 시계를 보지 않는 경우도 외계의 변화 상태나 유기감각(이를테면 공복 여하)이 객관적 시간의 척도로서 도움이 된다. 어떤 시간 사이에 의미가 있다고 생각되는 사건이 발생했다면, 그때의 시간은 긴장되고 응축되어 있으므로 객관적 시간에 비해 짧고 빨리 지나갔다고 생각되는 것이다.

대상화되고 공간화된 객관적 시간은 참된 시간성은 아니다. 그러나 다른 한편 대상화되고 공간화된 시간과 비교하는 일 없이 우리가 살았던 시간을 의식할 수 있는지 어떤지는 의심스럽다. 의식은 항상 무엇인가에 대한 의식이고 대상으로서의 무엇인가에 의해 자기를 알린다고 한다면, 우리는 대상화되고 공간화된 시간을 매개로 함으로써 비로소 자기의 시간성을 파악하는 것인지도 모른다. 대상화되고 공간화된 시간이 없다면 존재할 수 있었던 시간은 한편으로는 스스로의 탈자적 통일을 의식하는 단서를 잃고 다른 한편으로는 비시간성에 의해 분단된 단속적 시간이 되어야만 한다. 왜냐하면 근원적 시간은 의식의 탈자성에 의존하고 있으므로 잠자거나 기절하거나 마취되어 있는 동안에는 시간이 존재하지 않기 때문이다. 아마도 시간은 우리의 예상보다 훨씬 더 공간화된 시간과, 그리하여 또 공간과 밀접하게 결부되어 있는 듯싶다.

그렇다면 공간에 대해서는 어떨까? 앞의 절에서 말했듯이 우리의 공간지각은 처음부터 어느 정도는 3차원성을 띠고 있다. 그러나 그것은 공간의 3차원적인 구조가 처음부터 분명하게 분절되어 파악되고 있음을 뜻하지는 않는다.

비등질적인 존재했던 공간과 운동감각의 연결은 더욱 밀접하다. '높이' 가 갖는 어떤 질적인 특성은 한낱 시각적인 앙각(仰角)의 차이에서 오는 것은 아니다. 산이라면 그것은 오른다고 하는 행동에 수반되는 운동감각과 분리될 수 없다. 또 '거리'는 걷는다고 하는 운동을 예상하고 있다. 아득한 지평선은 가 닿을 수 없는 느낌을 주지만, 운동은 시간과 결부되어 있으므로 가 닿을 수 없다는 것은 시간이 걸린다는 말과 같다고 할 수 있다. 실제로 우리는 15분 거리니 이틀의 행정(行程)이니 하고 말한다. 운동을 매개로 하여 공간을 시간화하는 것이다. 그러므로 시간과 공간은 전혀 다른 것이면서도 체험의 세계에서는 밀접하게 결부되어 있다.

아무튼 '존재했던 시간'과 '존재했던 공간'이 심리적 레벨에서 이와 같이 밀접하게 관련되어 있다면, 근원적으로도 시간과 공간을 완전히 분리하는 것이 타당한지 어떤지 하는 문제가 제기될 수 있다. 이것은 또 '존재했던 시간공간'과 '대상화된 시간공간'의 관계를 반드시 검토해야만 하는 일이기도 한 것이다.

(4) 계몽주의

17세기 말경 주목할 만한 정치·사회과학의 문헌이 탄생했다. 그 논의의 선구자로 존 로크(Locke, John, 1632~1704)를 알 필요가 있다. 그는 영국의 의회주의가 찰스 1세에 대해 투쟁을 개시한 해에 태어나서, 그후 '명예혁명'이 성공하고 영국이 의회정치 국가로 확립되었을 때까지 생존했다. 그런데 로크의 철학이야말로 영국의 민주주의를 표현하는 것이다.

로크는 스콜라 철학에 반기를 들고 실제로 정치에 뛰어들었다. 그의 철학은 인식론을 주내용으로 하며, 친구들과의 끝없는 논법 속에서 그 동기를 찾아냈다. 그리하여 1690년에 《인간오성론》이 완성되었다. "모든 사람이 인정하는 진리는 어떻게 하여 얻어지는가. 데카르트는 본유관념(本有觀念)의 존재를 말하는데, 이것은 어떤 명제를 일방적으로 강요하는 전제주의에 편리한 것이며, 실제로 모든 관념은 타고난 것이 아니라 감성적 경험에서 얻어진 것이어야만 할 것이다." 이것이 로크의 '경험론'으로서, 경험은 절대적 진리는 줄 수 없을지 모르지만 우리의 오성을 만족시키고 삶을 풍요롭게 만드는 데 충분한 상대적 진리를 준다. 로크의 경험론은 철저하지 못하다는 비판을 받고 있지만 강건한 상식의 철학이며 계몽시대에 큰 영향을 주었고, 특히 프랑스에서 발전의 계기를 마련했다.

더욱이 몽테스키외(Montesquieu, 1689~1755)는 1721년 《페르시아인의 편지》를 익명으로 발표했다. 이 책은 두 사람의 페르시아인의 입을 빌려 프랑스의 문물, 제도, 풍습을 통렬히 비판한 것으로서, 로크의 영향을 받은 작품이다. 즉 그들은 정치적·사회적 개조를 열렬히 바라고 있었던 것이다. 몽테스키외의 《페르시아인의 편지》는 새로운 정신의 발효를 준비했다.

그 무렵 시인 볼테르(Voltaire, 1694~1778)도 엄격한 형식미를 존중하는 고전주의에 불만을 갖고 자기 개성에 알맞은 창조의 길을 열고자 악전고투하고 있었다. 그는 1725년 사랑 때문에 로앙이라는 귀족과 충돌을 일으켜 영국으로 추방되었는데, 이것이 오히려 좋은 경험이 되었다. 볼테르는 1734년 《철학서한(영국으로부터의 편지)》을 발표했다. 여기서 그는 그가 본 영국인의 생활상을 소개했고, 이어 국민의 정치의식을 분석했으며 사상과 제도를 풀이했다. 특히 런던에서 참석했던 뉴턴의 장례식에서 깊은 감명을 받았다. 영국은 신분이나 가문과는 관계없이 인간의 재능을 인정하고 존중하는 곳이며, 문명에 공헌한 정도에 따라 개인의 가치를 평가하는 나라였다. 또한 영국은 '폭력으로 노예를 지배하는 대신 진리의 힘으로 사람들을 지배하는' 나라이기도 했다.

볼테르는 프랑스보다 앞서 영국에서 실현된 시민 도덕을, 헌법, 의회정치, 여론의 존중, 과학, 기술 등의 면에서 보고했고, 암시적으로 프랑스의 후진성과 정체현상을 풍자했다. 그리하여 교육과 사상을 지배하고 있는 교회와 신분제도 위에 안주하고 있는 귀족의 우매함을 꼬집고, 세계사의 창조에 동참하고 있는 이상 영국의 이상을 뛰어넘어 나아가지 않으면 안 된다고 주장했다.

1748년에는 또 몽테스키외의 《법의 정신》이 간행되었다. 이 책은 영국의 입헌정치와 삼권분립을 상세히 해설하고, 절대주의의 권력기구나 불관용(不寬容)에 독자적인 조명을 했다는 점에서 역시 세기의 해방에 도움이 되었다.

50년대에 늘어서면서 로크의 경험주의적인 감각론이 프랑스에 소개되었고, 디드로, 달랑베르 등은 철저한 유물론을 전개했다. 또한 루소(Rousseau, 1712~78)가 스위스에서 파리로 옮겨 언론계의 주역으로 활약했으며, 그 밖에도 프랑스 계몽주의의 주요 인물들이 모두 찾아들었다. 그리하여 이윽고 그들의 손에 의해 《백과전서》가 편집되었다.

계몽주의는 그 이름 그대로 아직도 구습이나 미망 속을 헤매고 있는 대중을 일깨우고 그들의 이성의 힘을 자각시켜 인류의 선의와 양식을 결집시키며, 사회의 불합리나 부조리를 극복하려고 하는 운동이었다. 그런데 이 계몽주의자들은 정부로부터 심한 탄압을 받았다.

프랑스에서는 1723년부터 루이 15세의 친정(親政)이 시작되었다. 그러나 서민 출신으로 왕비가 된 퐁파두르(Pompadour, 1721~64)는 시대의 풍조에 예민하게 편승하여 계몽주의자나 문학가를 보호했고, 디드로 등의 《백과전서》에도 많은 지원을 해주었다. 이리하여 프랑스의 계몽주의는 1750년경부터 언론계를 휩쓸 만큼 강력한 세력을 형성하게 되었다. 젊은이들은 다투어 볼테르의 책을 읽었고, 디드로의 활발한 논의에 격찬을 아끼지 않았다.

《백과전서》는 1772년에 완성되었다. 이 책의 영향으로 프랑스 국민은 중세 이래의 신학적 사고에 강한 회의를 느꼈고, 현세적 행복의 실현을 꾀하는 일이 인간 진보의 첫 단계라고 생각하게 되었다.

그 무렵에 루소도 《인간불평등 기원론》, 《신엘로이즈》, 《사회계약론》, 《에밀》, 《고백》 등을 발표하여 큰 파문을 일으켰다. 루소는 《사회계약론》에서 영국의 홉스, 로크 등의 정치이론을 계승했고, 다시 그 이론을 재평가하여 완전한 '인민주권론'을 만들어낸 것이다.

루소는 인간의 자연적 상태를 먼저 자애본능(自愛本能)으로 설명한다. 자애본능을 연장시켜 홉스는 만인의 만인에 대한 투쟁이 인간의 숙명이라고 생각했고, 인간은 스스로를 보전하기 위해 국가라고 하는 개인을 초월한 조직체에 대한 복종을 약속했다고 주장했다.

루소는 이에 반대하여 자유로운 인간이 사회를 형성한 것은 권력에 복종하기 위해서가 아니라 보다 더 높은 자유로 자기를 이끌어 나가기 위해 스스로 계약한 것이라고 했다. 따라서 개인은 국가 속에서 여전히 주권자이며, 국왕이나 정부는 주권자인 민중의 위촉으로 생겨난 존재에 지나지 않는다고 고찰했다.

루소는 다시 민중이 저마다 구체적으로 계약을 한 이상, 계약은 자기를 타인에게 복종시키는 것이 아니고 자기를 자기에게 복종시키는 것이며, 따라서 개개인은 사회적으로 평등하며 동시에 동등한 권리와 의무를 가지고 있다고 주장했다.

    루소의 사상은 세상 사람들의 마음을 문자 그대로 해방했다. 이리하여 프랑스 대혁명을 비롯하여 유럽 곳곳에서 변화의 물결이 일기 시작했던 것이다.

철학 연표

연 대	서 양	동 양
기원전 3000년	나르메르의 이집트 통일(제1왕조). 수메르 도시국가 발생.	
기원전 2700년	쿠프(제4왕조), 기제에 제1피라미드 건조.	
기원전 2300년	아카드의 사르곤 대왕, 메소포타미아 통일.	인더스 문명 발흥. 메소포타미아와 인더스 문명의 교역.
기원전 1800년	그리스인의 제1차 남하, 이집트 분열(제2중간기).	
기원전 1750년	함무라비, 메소포타미아 통일. 함무라비 법전의 성립.	
기원전 1700년	힉소스의 이집트 침입, 지배 (~1580).	
기원전 1600년	히타이트, 소아시아에 건국 (최초의 철기 사용).	
기원전 1500년	함무라비 왕조 멸망. 카시테, 바빌로니아에 왕조 건립 (~1100).	은(殷)제국 일어남.
기원전 1460년	도토메스 3세, 아시아, 아프리카에 영토 확장. 이집트 왕조의 최성기.	
기원전 1200년	그리스인의 제2차 남하. 히타이트의 멸망. 이집트의 쇠퇴.	인도 게르만 어족 펀자브에 정주. 인더스 문명 멸망.
기원전 1100년	페니키아인의 지중해 진출.	주(周)나라, 은을 멸망시키고 번병제도 실시.
기원전 950년	솔로몬왕의 영화.	
기원전 900년	이스라엘, 남북으로 분열(북쪽은 이스라엘, 남쪽은 유다).	게르만 어족 갠지스 강 유역으로 진출. 바라문교 성립.
기원전 800년	카르타고 건국.	춘추시대 시작.

연 대	서 양	동 양
기원전 753년	전설에 의한 로마 건국. 아시리아의 강성(750).	
기원전 700년	사르곤 2세, 아시리아 제국 건설. 아시리아 멸망.	주의 동천(동주).
기원전 585년	탈레스의 일식 예언(철학의 아버지).	공자 탄생(552). 노자 탄생(?).
기원전 492년	제1회 페르시아 전쟁. 페르시아의 패배(480).	
기원전 443년	페리클레스 시대, 소크라테스의 탄생(470). 소크라테스의 처형(399). 플라톤의 활약(427~347).	전국시대 시작. 제자백가의 시대. 맹자, 한비자 등의 활약.
기원전 336년	알렉산드로스 즉위, 페르시아 원정(334). 이집트에 알렉산드리아 시 건설(331). 알렉산드로스 사망(323). 아리스토텔레스의 활약(384~322).	
기원전 275년	로마, 탈렌토움을 격파하고 이탈리아 반도의 패자가 됨.	아소카왕, 중부 인도 통일, 불교 보호.
기원전 149년	카르타고 멸망.	진시황의 중국 통일(221). 사마천 탄생(145). 한무제(141~87)의 치세.
기원전 46년	율리우스력 제정. 로마군의 예루살렘 점령(65).	쿠샨 왕조(20년경).
서기 33년	예수 십자가에 못박힘. 로마의 철인 세네카 사망.	불교의 중국 전래(전67). 신라의 건국(전57). 고구려의 건국(전37). 백제 시조 온조왕 위례성에 자리잡음(18).

연 대	서 양	동 양
		쿠샨 왕조의 카니슈카왕 (140~170?) 치세. 중국에서 황건의 난 일어남(184). 고구려의 환도성 건축(197).
서기 268년	고트족 발칸 반도까지 침입.	진(晉)왕조 일어남(265).
서기 303년	그리스도 교도 대박해. 밀라노 칙령으로 그리스도교에 신앙의 자유 인정. 콘스탄티누스 대제 사망(337).	5호 16국 시대(316~439). 중국의 불교 탄압과 부흥. 고구려에 불교 전래(372). 고구려 광개토왕 즉위(391).
서기 395년	로마 제국 동서로 분열.	
서기 415년	서고트 왕국(~711).	신라, 처음으로 불법을 행함 (528).
서기 529년	성베네딕투스 수도회 창설.	수양제 고구려 공격, 을지문덕 수군 격파(612). 당나라 일어남(618).
서기 622년	이슬람력 원년.	삼장법사 인도로 감(629). 신라의 삼국통일(676).
서기 754년	로마 교황령의 성립.	안사의 난(755). 시인 이백, 두보의 시대. 고려의 건국 (918). 화약의 발명, 나침반 사용.
서기 962년	신성 로마 제국.	이슬람교 인도 침입(1038).
서기 1096년	제1회 십자군 원정.	금의 건국(1115).
서기 1209년	프란체스코 수도회 시작. 스콜라 철학의 전성.	칭기즈 칸 즉위(1206).
서기 1348년	페스트의 대유행(~51).	명나라의 건국(1368). 이성계의 조선 건국(1392).
서기 1414년	위클리프, 후스, 이단으로	

연 대	서 양	동 양
	처형됨.	
서기 1453년	비잔틴 제국 멸망.	
서기 1486년	바스코 다 가마, 인도 도착.	
서기 1492년	콜럼버스, 서인도제도에 도착.	
서기 1517년	루터, 종교개혁 주장.	
서기 1600년	영국 왕정복고.	명나라 멸망(1644).
서기 1688년	영국의 명예혁명. 존 로크의 활약. 프랑스의 계몽주의 활동이 활발해짐.	
서기 1751년	프랑스의 《백과전서》 발간. 루소의 《사회계약론》 발표됨(1762).	
서기 1767년	와트, 증기기관 개량.	동인도회사, 영국 정부의 감독 아래 들어감(1773).
서기 1783년	영국, 미국의 독립 승인.	청 건륭제의 《사고전서》 완성(1782).
서기 1789년	프랑스 대혁명 일어남.	조선에 천주교 전래(1786).
서기 1799년	나폴레옹의 정권 장악.	
서기 1817년	나폴레옹 몰락(1814). 스티븐슨의 증기기관차 발명(1815). 독일의 각성.	
서기 1822년	먼로의 선언(미국의 고립정책).	
서기 1830년	프랑스의 7월혁명. 루이 필리프 즉위.	
서기 1848년	마르크스의 '공산당 선언'. 프랑스 2월혁명.	아편전쟁(1840~42).

연 대	서 양	동 양
서기 1851년	루이 나폴레옹의 쿠데타.	태평천국의 난(1850~64).
서기 1862년	비스마르크, 프러시아 수상이 됨.	
서기 1865년	미국의 남북전쟁 종전. 링컨 암살됨.	일본의 메이지 유신(1867).
서기 1871년	독일 제국 성립. 파리 코뮌.	
서기 1896년	제1회 올림픽, 아테네에서 개최됨.	동학혁명(1894).
서기 1900년	영국에서 노동당 결성. 라이트 형제의 첫 비행(1902).	의화단 사건(~1901). 신해 혁명(1911).
서기 1914년	제1차 세계대전 발발.	
서기 1918년	러시아 혁명(공산주의).	
서기 1921년	히틀러, 나치스의 실권 장악.	손문의 죽음(1925). 5·30사건.
서기 1928년		장개석, 국민정부 수석 취임. 중국 공산당의 대장정(1934~35).
서기 1939년	독·소 불가침 조약. 제2차 세계대전 발발.	
서기 1941년	루스벨트 '네 개의 자유' 발표. 독·소 전쟁 시작. 일본군의 진주만 기습.	
서기 1945년	얄타 회담. 루스벨트의 사망. 무솔리니 및 히틀러의 죽음. 일본의 항복.	한국의 해방.

옮긴이의 말

1872년 영국 몬머스셔의 명문 귀족의 아들로 태어난 버트런드 러셀은 오랜, 그리고 적극적인 생애를 통해 보통 사람으로서는 생각할 수도 없을 정도로 여러 분야에서 뛰어난 업적을 남겼으며, 한 인간으로서는 도저히 실행이 불가능한 많은 일을 한꺼번에 감당해 나갔다.

케임브리지 대학을 졸업한 러셀은 그 대학의 강사가 되었으나, 제1차 세계대전 중 반전운동(反戰運動)에 참여한 것이 화근이 되어 사직했다. 그후 유럽 및 러시아와 미국 등을 방문하여 대학의 강의를 맡기도 했으나 주로 저술활동에만 전념했다.

논리학자로서의 러셀은 프레게의 업적을 계승했으며, 페아노와 쿠츨러 등의 영향을 받았다. 데데킨트와 칸토어 등의 현대수학의 성과를 근거로 19세기 전반에 비롯된 기호논리학의 전사(前史)를 집대성했는데, 화이트헤드와 공동으로 저술한《수학원리(Principia Mathematica)》3권은 바로 그 성과이다. 이 저작에서 그가 시도한 것은 논리에 의해 수학의 기초를 세우는 것, 즉 수학을 논리로부터 도출하려는 것으로서, 수학적 대상을 실재라고 간주하는 논리주의 수학을 완성한 것이다.

또한 철학자로서의 그의 업적은 특히 이론철학에서 현저하다. 무어, 비트

겐슈타인 등과 더불어 케임브리지학파의 일원으로 19세기 말부터 영국에서 유력한 학설이었던 관념론에 대한 실재론을 주장했다. 다만 그의 경우엔 시대에 따른 변화가 눈에 띈다. 즉 일시적이기는 하지만 그는 헤겔학파의 영향하에 있었으며, 또 A. 마이농의 영향으로 신실재론(新實在論)을 주장했다. 이에 관한 저서로는 '철학이란 무엇인가'로 잘 알려진 이 책《철학의 제문제(The problems of philosophy)》가 있다.

그러나 그는 인식론과 존재론을 자기 논리의 소재로 삼았으며, 한편으로는 영국 고유의 경험론의 전통을 근거로 삼고 있다. 또한 논리적 원자론이라는 명칭에서도 알 수 있는 바와 같이, 실재의 이론적 단위를 설정하여 그것에 대한 환원이나 분석을 중시하는 입장을 명백하게 했다. 또한 빈학파나 논리적 실증주의를 신봉하는 철학자 및 논리학자에게 자극을 준 것은 러셀 철학의 큰 공헌이라고 할 수 있다.

사회운동가로서의 러셀은 초기의 무정부적인 급진주의에서 탈피하여 점차 보수화했으나, 원폭 금지운동, 베트남 전쟁 반대운동 등 평화운동에도 앞장섰다. 또한 그의 경향은 서구적 자유를 근간으로 하는 사회민주주의로, 정치이론도 과학이론과 같이 이데올로기나 광신적 독단에서 해방되는 것이 필요하다는 입장이었다.

대표적인 저서로는 《사회개조의 제원리》,《심리분석》,《서양철학사》,《물질의 분석》,《의미와 진실의 탐구》,《수리철학 서설》 등이 있으며, 특히 1950년에는 《철학에 있어서의 과학적 방법》,《자유와 조직》,《권위와 개인》 등으로 노벨 문학상을 수상했다.

고전으로 미래를 읽는다 024
철학이란 무엇인가

초판 발행 _ 1988년 4월 20일
개정판 2쇄 발행 _ 2014년 3월 20일

옮긴이 _ 권오석
펴낸이 _ 지윤환
펴낸곳 _ 홍신문화사

출판 등록 _ 1972년 12월 5일(제6-0620호)
주소 _ 서울시 동대문구 용두 2동 730-4(4층)
대표 전화 _ (02) 953-0476
팩스 _ (02) 953-0605

ISBN 978-89-7055-693-2 03160

ⓒ Hong Shin Publishing Co. Printed in Korea
＊값은 뒤표지에 있습니다.
＊잘못 만들어진 책은 바꾸어 드립니다.